Riemann

JAN GROSSARTH

Vom Aussteigen & Ankommen

Besuche bei Menschen, die ein einfaches Leben wagen

Riemann

Für Eva

Umwelthinweis:
Das für dieses Buch aus 100 % Recyclingfasern hergestellte
und mit dem blauen Engel ausgezeichnete Papier *Top Recycling Pure*
von Lenzing Papier, Austria, liefert Carl Berberich.
Die Einschrumpffolie (zum Schutz vor Verschmutzung)
ist aus umweltfreundlicher und recyclingfähiger PE-Folie.

2. Auflage
Originalausgabe

Lektorat: Ralf Lay
Satz: Barbara Rabus
Druck und Bindung: GGP Media GmbH, Pößneck
Printed in Germany
ISBN 978-3-570-50123-8

www.riemann-verlag.de

Inhalt

Auf dem Klo des Münchner Studentenwerks trank ich am Wasserhahn eine Minute wie ein Kalb am Euter seiner Mutterkuh, denn es war Nachmittag, und wir hatten heute überhaupt noch kein Wasser gefunden, nur etwas Essigsoße, zum Essen hatte es eine Kidneybohne gegeben, ein Melonenstück und die übliche Puffreisschokolade.

Wir gingen über die Leopoldstraße zum Lidl. Um fünf erreichten wir ihn, und wieder hatten wir Glück: Alle Container auf dem Parkplatz waren offen und voll. Doch leider hatte sich das Waschpulver einer aufgeplatzten Packung über Früchte und Camemberts gelegt wie Neuschnee über eine Almwiese. Die Brote hatten das Waschmittel aufgesogen. Vermeintliche Joghurts entpuppten sich bei genauerem Hinsehen als Becher mit abgelaufener Katzenmilch. Aber wir fanden auch genießbare Äpfel und einen Käse und gingen damit wieder zum Friedhof.

Dort setzten wir uns an den Rand eines Bassins aus Marmor und wuschen mit dem klaren Wasser, das für die Grabpflanzen gedacht war, das Obst. Mit Blick auf das Grab der Familie Westermeier aßen wir Äpfel und Käse mit dem Toastbrot von gestern. Einen Zehnerpack Eier versteckte Pavlik, der sich als Elfen bezeichnete, hinter einem Busch. Er wollte sie tags dar-

auf wieder abholen und für die Studenten braten, die zu seinem Workshop kommen würden.

»Der Grund, warum ich kein Geld mehr benutze, ist einfach«, sagte er, »weil ich klar sehe, dass es keine Zukunft hat.« Manchmal kam er mir vor wie der heilige Franziskus.

Warum aussteigen?

Neulich stand in der *Frankfurter Rundschau* die Geschichte von einem Steward aus Amerika. Als ihm ein Koffer aus der Gepäckablage auf den Kopf fiel, hatte der Steward genug, und als das Flugzeug auf der Landebahn abgebremst hatte, machte er sich eine Dose Bier auf und ließ die Rutsche, die für Notlandungen über dem Meer vorgesehen ist, aus dem Ausgang des Fliegers rollen. Er nahm einen Schluck und rutschte. Er war ausgestiegen. Angekommen war er auf einer Landebahn.

Gründe dafür, auszusteigen, werden zahlreiche genannt, etwa Endzeiterwartungen in einer Welt, in der Rohstoffe knapp werden und deren immer komplexere städtische Strukturen mit einem Computervirus ins Chaos gestürzt werden können. Es gibt ideologische, lebenspraktische oder religiöse Motive. In der bürgerlichen Welt sind meist die praktischen ausschlaggebend: Wenn der Frust der Menschen, die eine gute Ausbildung und Wohlstand anvisieren oder erreicht haben, aber dafür mehr und mehr Freiheit aufgeben müssen, groß genug ist, denken sie plötzlich darüber nach, Ziegenhirt in den Pyrenäen zu werden oder einen Warsteiner-Treff in Dubai zu eröffnen. Es werde doch immer schlimmer: Die Konzerne verlangten von ihren Angestellten die totale Mobilität und Vierzehn-Stunden-

Tage, schließlich hinterließen sie den Psychologen und Selbstfindungs-Seminarleitern die ausgequetschten Zitronenschalen, etwa die fünfundvierzigjährige Betriebswirtin, die schlimmstenfalls ohne Gummirutsche aus dem Fenster steigt.

Je mehr Firmen-Kontaktabende und Karrieremessen man zum Beispiel während eines Wirtschaftsstudiums besucht, desto eher könnte man geneigt sein, den Einstieg in diese Welt zu vermeiden. Die Sprache der Stellenanzeigen, die Lebensläufe ohne Ecken und Kanten einfordern, scheinen lebensfern, wie auch die Rhetorik der Manager, die von »Highperformern« sprechen, für die in ihrem Unternehmen immer ein Platz frei sei, und die unter den besorgten Blicken der unteren neunzig Prozent im Hörsaal ihren eigenen Glanz sehr genießen. Da kann man schon einmal auf die Idee kommen, dass es vielleicht besser sei, sich von diesen Leuten gar nicht erst abhängig zu machen, sondern etwas Einfaches zu arbeiten, einen Imbiss aufzumachen oder einen Waffelstand, Hauptsache, ich darf ich selbst bleiben. Diese Karrieremessen sind eine Ausprägung unserer Gesellschaft, die Neuorientierung selten toleriert, die in den meisten Bereichen immer noch Linearität fordert im Lebenslauf und in den Einstellungen. Da ist ein Ausstieg oft eine tragische Abnabelung, ein Bruch mit der bürgerlichen Welt, wenn keine Alternative mehr gesehen wird.

Neben den Aussteigern, die vor der Entfremdung flüchten, gibt es aber auch die radikal Konsequenten. Sie müssen nicht erst in den Tretmühlen stecken, sondern machen per se das, was sie selbst richtig finden. Narzissten, Fanatiker, die sowieso nur als Einsiedler leben könnten, womöglich. Oder Charaktere, die einen so starken Eindruck hinterlassen, dass eine Begegnung mit ihnen nachwirkt und Konsequenzen für das eigene Leben verlangt. Für die *Frankfurter Allgemeine Zeitung* hatte ich im Jahr vor dieser Reise, im Sommer, solch einen Menschen besucht, einen Selbstversorger. Wir lebten einige Tage zusammen, ernteten Heu und pflückten Kirschen. Erst bekam ich von unseren Gesprächen Migräne. Alle seine Gedanken kreisten um die Idee, dass nur die Landarbeit mit Muskelkraft nachhaltig sei und wir alle bald dahin zurückmüssten. Seine Welt war eine ganz andere. Die Begegnung ging mir nicht mehr aus dem Kopf.

Jetzt bin ich von einer Reise zu vielen Menschen zurück, deren Lebensformen und Motive für ein einfaches Leben sehr unterschiedlich waren. Unangepasst zu leben ist fast immer mit materiellem Verzicht verbunden, das einte alle: das einfache Leben. Auch wenn für jeden Einzelnen »einfach« etwas anderes bedeutet.

Die Kopfschmerzen kamen wieder, aber auch die Bereicherungen. Foucault schreibt in seinem Werk *Wahnsinn und Gesellschaft*, wenn der Vernünftige nicht mehr mit dem Wahnsinnigen kommuniziere, sei er mit Sicherheit selbst ein Wahnsinniger. »Man wird sich seinen eigenen gesunden Menschenverstand nicht dadurch beweisen können, dass man seinen Nachbarn einsperrt« – so zitiert er Dostojewski. Von April bis Juni habe ich den Wahnsinn des Büroalltags verlassen und einfach mit Leuten gelebt, die immer einfach leben. Die Reise in den Alltag der Kleinbauern, Mönche und vom »Peak Oil« oder »New Age« inspirierten Siedler, die für mich ein Selbstversuch war, vielleicht eine Reise in die Zukunft, in jedem Fall auch ein Abstecher in die lebendig gebliebene Ideengeschichte, beginnt mit einer Suche nach einfachem Leben in Mecklenburg-Vorpommern.

KAPITEL 1

Ostvorpommern: Auf der Suche nach Alternativen

Die graue Ostsee und der graue Himmel waren am Horizont fast eins geworden. Die Felder lagen weit und leer. Lastwagen fuhren auf einer Straße, die die Boddenwiesen durchschnitt. Als sich Himmel und Erde am Horizont hinter einem Schleier aus Regen immer näher kamen, legte sich das Bild einer dicken Frau über das Naturschauspiel. Sie trug eine blaue Uniform. Die Kontrolleurin spiegelte sich im Zugfenster und fragte nach meiner Fahrkarte.

Leise rollte die Bäderbahn über Usedom, sie hatte ein Herz für die Prärie und hielt an jedem menschenverlassenen Bahnsteig. Die Kontrolleurin nickte und wollte weitergehen, da fragte ich sie, ob sie wisse, wo auf der Insel es alternative Hofgemeinschaften gebe. Das wusste sie nicht, aber vielleicht jemand in Stubbenfelde, das sei ländlich und weniger touristisch als die anderen Orte. Ich ließ die Ostsee und den Himmel aus dem Blick, denn ich war nicht hier auf der Insel, um die Freiheit des Himmels zu suchen, sondern die Freiheit der Menschen.

Regen und Wind begrüßten mich in Stubbenfelde, vom Bahnsteig ging ich über ein Feldsträßchen von Haus zu Haus. Friedliche Tauben kreisten über den Wohnhäusern. Regentröpfchen trugen Meeresdüfte von Salz und Algen durch die Luft. Wenn mir mal ein Mensch entgegenkam, fragte ich nach Aussteigern.

»Wat suchen Sie?«, wunderte sich eine Gemüsearbeiterin, die in dem Vorgarten mit dem Taubenstall stand.

»Nee, Kommune, so wat gibt hier nicht«, sagte ein alter Mann, der hölzern von seinem Hollandrad abstieg.

»Nö, ham wir nich«, sagte die Postbotin.

Ich hatte schweres Gepäck und stieg in die nächste Bäderbahn, die wieder zurückfuhr und hinein ins arme Land. Usedomer Inselbäder zogen vorbei. Jetzt war ein Stau auf der Landstraße. Viele Autos hatten fremde Kennzeichen, Polen kamen zum Urlaub und Dortmunder und Münchner. Diese Insel florierte und dachte nicht ans knapper werdende Erdöl. Alternatives Leben auf Usedom zu suchen, das war keine gute Idee. Aber im Hinterland würde die vergangene Welt der Kleinbauern, Künstler und Klöster dann ja vielleicht beginnen, eine Reise zu Menschen, die schon immer wenig gehabt, schon immer Kultur hervorgebracht hatten, die heute die Letzten ihrer Art waren – oder doch wieder Avantgarde.

Die Reise ins einfache Leben fing in Ostvorpommern an, also dort, wo auch das Spiel »Mensch ärgere Dich nicht« beginnt: ganz in der Ecke. In dieser Ecke war das Leben nicht leicht. Es gab Landflucht und Arbeitslosigkeit, aber das konnte ein guter Nährboden für neues Leben sein, das freiwillig einfach war. Ostvorpommerns verlassene Höfe und das weite Land mussten Menschen anziehen, die wieder von der freien Feldarbeit träumten, so wie Ernst Wiechert in den frühen dreißiger Jahren, die hierhergezogen waren, um ihren flachen Fernseher und ihre goldene Verbeamtungsurkunde und ihre Zahnzusatzversicherung über Bord zu werfen, damit Freiräume entstehen, die wieder vom Leben ausgefüllt werden können. Denn in Ostvorpommern gab es mittlerweile Bauernhöfe für fünfundzwanzigtausend Euro, halb zerfallen oder ganz in Ordnung, und dazu so viel Land, wie es ein Mensch benötigt, um sich selbst zu versorgen. In Frankfurt kostete eine Autogarage so viel. In Zwangsversteigerungen sollen Vorpommer'sche Höfe schon für fünftausend Euro verkauft worden sein. Es wäre möglich, sein Reihenhaus im Westen für zweihunderttausend Euro abzugeben, hier einen schönen alten Hof zu kaufen und von Gartenarbeit und vom Aldi bis zum Tod zu leben. »Sorgenfrei«, »ausgesorgt« – zwei Lebensziele, die doch eigentlich weit oben standen in der bürgerlichen Lebensagenda.

Ein Regionalexpress fuhr von Züssow aus weiter ins Hinterland. Anders als die ruhige Bäderbahn quietschte er und klang nach Schwermetall und Hydraulik. Der Zug durchquerte Rapsfelder, die bis zum Sichthorizont reichten, dann Birkenwälder, dann wieder Rapsfelder. In den Orten standen, zwanzig Jahre danach, immer noch sozialistische Betonruinen, sie waren von guter Qualität.

Weil ihr Name melancholisch klang und sie weit genug vom Tourismus der Küste entfernt war, blieb ich eine Nacht in der Stadt Torgelow. Ein heruntergekommener Bahnhof war ihr Eingang. »Alle Wessis sind Scheiße!!!«, stand auf seiner Backsteinwand.

Die Bahnhofsgaststätte hatte geschlossen, das erste Wirtschaftsunternehmen in der Bahnhofstraße war ein Bestattungsinstitut. Der Sänger DJ Ötzi war auf Plakaten angekündigt, er sollte im Sommer in der Stadthalle auftreten. Dann würden sich zwei treffen, die ihren Zenit überschritten hatten, und sie würden gemeinsam tanzen, Torgelow aus Ostvorpommern und Ötzi aus Tirol. Ansonsten war hier alles deutsch: Eines der teureren Gerichte bei Mama Mia hieß »Pizza Prachtvoll«, und in Torgelow schnitten noch deutsche Männer Dönerfleisch vom Spieß. Das Raucherstübchen bot Tomatensuppe mit Brot für einen Euro an. Warum sollte in Torgelow jemand seine Tomaten da noch selbst anbauen?

Ich sprach auf die Mailbox meines Handys, ich sei für ein Vierteljahr verreist und nicht erreichbar. Nicht erreichbar! Dem kleinen Piepmatz diesen Satz ins Ohr zu sprechen, den »Aus«-Knopf zu drücken und es ernst zu meinen, das brachte ein Glücksgefühl.

Ganz andere Signale sendete mein Zahn. Er schmerzte bis in die Schläfen, denn kurz vor Reisebeginn hatte ich eine Wurzelbehandlung gehabt, um dann für die kommenden drei Monate die Krankenversicherung zu kündigen. So viel Integrationsbereitschaft musste sein auf einer Reise ins einfache Leben, die ja auch ein Selbstversuch war.

Auch in Torgelow war der erste Eindruck enttäuschend: nirgends eine Kommune, keine Selbstversorger, kein Bundesrichter, der zur Bio-Zucchini konvertiert war. Ich suchte im Rathaus Rat. Letzte Tür links, da saß Herr Blume, der Pressesprecher der Stadt Torgelow. »Es entzieht sich meiner Kenntnis, ob es solche Leute noch gibt«, sagte Herr Blume.

Ich betrat eine Bäckerei und fragte nach alternativem Leben. Ein Gast meinte, »so Leute« gebe es fünf Kilometer stadtauswärts. Ich folgte der Spur. Entlang der Straße zum Friedhof standen auf Rasenparzellen, die aussahen wie in Fertighausprospekten, weiße quadratische Häuser, konfektioniert wie Oberhemden aus dem Otto-Katalog. Die Sparkasse wollte sie loswerden, dann doch für fünfundsiebzigtausend Euro.

Hinter dem Friedhof führte ein Weg links in den Wald. Aus dem Wald führte ein Steg wieder heraus. Er trug meine Füße trocken über feuchtes Grünland, auf dem Ziegen weideten.

Weiter vorn tat sich ein Wall auf, der mit gen Himmel gerichteten Stammspitzen gegen Angreifer geschützt war. Das konnte so einen Abenteurer wie mich nicht zurückhalten. Ich durchschritt den Wall durch eine Pforte. Dahinter eröffnete sich ein Blick auf Lehmhütten, Rieddächer, Strohballen und Feuerstellen. Oh, was gab es für sonderbare Aussteiger in diesem Landstrich! Auf dem Boden hatten sie eine Steinspirale ausgelegt. War wohl ein ritueller Ort. Doch Eispapier lag auf dem fein gemulchten Grund. Es war ein Museumsdorf. Ein Ukranenland für Grundschüler.

Das Dorf war verlassen, doch in einer Schmiede standen noch zwei Ukranen in grünen Gewändern. Sie tranken Bier aus Plastikflaschen und sagten, ich sei zu spät, um das Museumsdorf zu besichtigen. Und zu spät, um den Aussteiger zu besichtigen. Bis vor drei Jahren habe hier ein Mann aus Bremen gelebt, ein früherer Mitarbeiter von BMW. Er sei Mitte vierzig gewesen, habe allein seine slawische Hütte erbaut und darin einen Winter und einen Sommer lang gelebt wie die Menschen vor tausendvierhundert Jahren. Der Mann war weg, die Hütte war noch da und in den Besitz des Museums übergegangen. Sie hatte eine Holzliegefläche zum Schlafen, im Herzen eine Feuerstelle, die überhangen war mit Wildschweinfell, damit keine Funken das Strohdach entzünden konnten. In einer Ecke stand ein Holzkasten-Klo, darunter ein Eimer. Nach seinem Jahr im Ukranenland, habe man gehört, zog der Sonderling nach Sri Lanka, lernte eine Frau kennen und bezog mit ihr eine Villa, erzählte einer der Männer in den grünen Gewändern. Vielleicht war ihm das Leben als Germane unterm Wildschweinfell doch nicht »sorgenfrei« genug. Aus der Enge der Büros heraus betrachtet, schillerten die Ideen vom Landleben oft wunderbar, doch aus der Unsicherheit des Menschen, der in der Welt ohne

Versicherungen und Bezüge lebte, schienen die Büros dann wieder wie Schutzkokons. Der Germane lag jetzt wohl an einem Südseestrand.

Berlin verloren, Grünz gewonnen: Siedler in der Uckermark

Ein Zug brachte mich nach Prenzlau, von dort fuhr der Bus nach Grünz, das deshalb mein nächstes Ziel war, weil es dort einen abgelegenen Gasthof gab, das Deutsche Haus nahe der polnischen Grenze.

Bloß dienstags und freitags fuhr dieser Bus, und es war ein Glück, dass Dienstag war. Der Bus war kein Bus, sondern ein Taxi und fuhr durch ein ozeanisch weites Rapsfeld. Die Energiewende zeigte sich blühend, sie erinnerte daran, dass das Erdöl nicht ewig sein würde. Zwar sagten das die Zivilisationsskeptiker schon seit Jahrzehnten, aber dass sie doch irgendwann mal recht haben sollten und der Wohlstand vom Öl abhing, war ja sonnenklar. Windräder warfen ihre Schatten auf die gelben Felder, der Raps nahm kein Ende, und das Taxi überquerte die Gaspipeline Nord Stream, die aus Russland kam, hier noch eine Baustelle war und bald die europäische Energieversorgung sicherstellen sollte.

Das Taxi fuhr unter einer Brücke der Autobahn A 11 hindurch, die Berlin mit Stettin verbindet und von der es heißt, sie sei in den achtziger Jahren noch so wenig befahren gewesen, dass Bauern Strohballen auf der rechten Fahrspur gelagert und Kinder dazwischen Federball gespielt hätten.

Im Deutschen Haus antwortete die Wirtin auf die Aussteigerfrage: »Meinen Sie so Leudde, die aus Berlin hierherkommen und nich mehr arbeiten? Jo, kann soin, dat es die hier gibt, aber ich weiß nich, wo.« Sie ging in die Küche, wo die Köchin Schweinebraten mit Gewürzen spickte, lieh mir für die Suche ihr Fahrrad, und ich fuhr die Dorfstraße hinab. Das Dorf Grünz bestand nur aus dieser einen Allee und aus einer abzweigenden Straße. Auf einem Plan stand, dass einmal im Monat der Büchereibus kam und zwanzig Minuten blieb. Hätte es das Internet noch nicht gegeben, wäre es für einen Menschen in Grünz kaum möglich gewesen, nicht zum Hinterwäldler zu werden. Nun relativierte sich die Distanz von Stadt und Land.

Die Dorfstraße führte bergab zu einem See. An einer Hofeinfahrt stand eine Frau, die eine beigefarbene Weste aus dicker Wolle trug, eine blaue Arbeitshose, einfache Arbeitskleidung einer Landwitwe von 1950. Sie trug eine Brille, ihr Haar war lang und grau. Sie wirkte wie eine Frau, die die Härten des Lebens kennengelernt und sich ihren Frieden trotzdem bewahrt hatte. Sie sah so aus, als sei sie zugezogen, aber arbeitete trotzdem.

»Was suchen Sie?«, fragte sie über die Gartenpforte.

»Wahrscheinlich Sie.«

»Mich?«

Über gemähten Rasen, in dem wilde Kräuterinseln standen und auf dem ein Ständer mit Wäsche zum Trocknen hing, gingen Sabine und ich ins Haus, dessen Backstein an manchen Stellen so hell war, als sei er mit Kreidewasser überstrichen worden. In der Stube knisterte der Kamin. Das Inventar war teilweise antik, teils dreißiger Jahre, fünfziger, siebziger. Das meiste kam von Flohmärkten. Unter den Fensterbänken standen Setzkästen mit Gemüsekeimlingen. Im Badezimmer stand eine Emaillewanne auf Zierbeinchen wie aus einem Film der Vorkriegszeit.

Draußen befand sich der alte Schweinestall, der jetzt die Galerie der Landarbeiterin war. Von ihrer Malerei lebte sie aber nicht, sondern vom Garten und von drei Tagen, an denen sie im Bioladen in Prenzlau arbeitete.

Zum Tee gab es Kuchenreste. Wir froren, obwohl der Ofen sein Bestes gab, und wärmten unsere Hände an den Teetassen. Sabine war in Berlin aufgewachsen. Sie lebte hier mit ihrem Mann Thomas, der gleich von einer Lehmhaus-Baustelle wiederkäme, wo er arbeitete. Dieser schöne Hof hatte Sabine und ihren Mann fast nichts gekostet, aber sie mussten mutig sein und viel Arbeit auf sich nehmen. Als sie hierherkamen, hatten sie auch fast nichts. Sie waren typische Wendeverlierer, 1989 begann für sie der materielle Abstieg. Als die Berliner Mauer fiel, lebte Sabine mit ihrem damaligen Mann und ihren zwei Kindern noch in einer großen Mietwohnung in Prenzlauer Berg, doch die Mieten schossen hoch wie Aktienkurse, und schnell kostete die Wohnung mehr als fünfhundert Mark statt hundert. Sabine war zweiunddreißig, Ostberlin in Aufbruchsstimmung, aber sie kam schnell zu der Auffassung, dass sie im falschen Boot saß: zu alt und zu gebunden, um mit aufzubrechen. Als Bibliothekarin bekam sie keinen Job. Der wachsende Wohlstand Ostberlins drohte Sabine und Thomas aus der Stadtmitte herauszuspülen wie Wellen Muschelreste an einen Strand. Das freie Deutschland schien für Sabine und Thomas einen Plan zu haben, der mit ihren Vorstellungen nicht zusammenpasste: Plattenbau, Marzahn oder Neukölln. Sabine fiel eine Zeitschrift in die Hände, in der Aussteiger porträtiert waren, unter anderem stand darin die Geschichte eines Berliner Professors, der seinen Besitz verkauft hatte und nach Südfrankreich aufs Land gezogen war. Sabine und Thomas hatten leider kaum etwas zum Verkaufen.

Aussteigen, das war eine Idee aus dem bürgerlichen Westen. In der DDR war das Leben ohnehin für die meisten Menschen einfach, der Arbeiter-und-Bauern-Staat war stellvertretend für alle aus den Zwängen des imperialistischen Weltkapitalismus ausgestiegen, und für den Einzelnen war darüber hinaus kein Ausstieg mehr vorgesehen. Jetzt war Berlin frei, doch Sabine und Thomas fühlten sich nicht frei.

»Ich wollte mich lösen von den Dingen, die alle taten. Von der rasanten Anpassung«, sagte Sabine. Die DDR wollte sie wirklich nicht zurück, aber die neue Welt hatte sie sich auch anders vorgestellt. Hier liefen alle dem Geld hinterher. Es schien ihr, als sei es kaum noch möglich, sich selbst zu erhalten. Sabine fragte sich, wo sie sich als alte Frau sehen wolle in vierzig Jahren, und der naive Wunsch, dann in einem Garten vor einem Landhaus zu sitzen und Kinder und Enkel mit Kuchen zu bewirten, war am stärksten. Ein Makler zeigte Sabine und Thomas Höfe in der Uckermark, sie kauften das Haus in Grünz für fünfundfünfzigtausend Mark: mit einem Kredit, Baukindergeld, Arbeitslosenhilfe und Dorferneuerungs-Fördergeld. 1997 zogen sie ein. Mittlerweile war ihr gemeinsames Kind geboren, Sabines drittes, bald kam das vierte.

Ein Sprung aus Berlin ins einfache Leben, so wie bei Ernst Wiecherts Romanfigur Thomas von Orla, als der Erste Weltkrieg noch der »große Krieg« war. Ihn führte die Suche nach unschuldigem Landleben nach Ostpreußen, wo er Fischer wurde in einer Welt der Hechte, Haubentaucher und der güldenen Sonne. Er wollte seine Jahre nicht mehr zubringen wie ein Geschwätz:

> Güte und Weisheit und nichts haben wollen. Frieden schließen, aber den Frieden, hinter dem kein Krieg mehr steht (...), und er bedachte, dass bei reiferer Erkenntnis dem Menschen wohl nicht

mehr gegeben sei, als in dem kleinen Umkreis seines Lebens das Rechte zu tun und zwei oder drei Menschen bei der Hand zu nehmen und sie zusehen zu lassen, wie man es tue.

In Grünz bewohnten Thomas und Sabine Müller anfangs nur einen Raum, alle anderen waren feucht, kalt und dreckig. Draußen stellten sie ein Plumpsklo auf. Sie entkernten das Gebäude. Der alte Kachelofen funktionierte noch, es gab keinen Wasseranschluss. Sie sanierten jahrelang. Da im Umkreis viele Zugezogene lebten, fanden die beiden schnell Anschluss, Sabine lernte im Nachbardorf eine norddeutsche Künstlerin kennen, die ihr die Malerei beibrachte, für ihre Kinder konnten sich die beiden mehr leisten als in Berlin, denn die Zugezogenen hatten einen Tauschring gegründet, den es heute noch gibt. Sabines und Thomas' gemeinsames Monatseinkommen lag etwas höher als tausend Euro. Sie wollten bald noch mehr Gemüse selbst anbauen und auch Kartoffeln, dann hätten sie noch mehr für sich und mehr zum Tauschen.

»Wir haben hier eine gute Überlebenschance«, sagte Thomas.

Die beiden waren nicht sorgenfrei, weder finanziell noch sonst wie, aber sie wirkten so, als hätten sie viel vom Leben.

Der Tauschring in der Uckermark war eine interessante Konstruktion für eine Welt, in der es wenig Geld gab. Ein Bekannter hatte neulich die Spülmaschine von Sabine und Thomas repariert. Ein Sohn der beiden bekam Gitarrenunterricht, dafür arbeiteten sie immer wieder auf den Höfen der anderen mit. Ohne den Tauschring könnten die Zugezogenen hier nicht so gut leben: Einer züchtete Gemüse und gab den anderen Gemüsesetzlinge, der andere half bei der Ernte, dafür kochten die

Gartenbesitzer Essen für die Erntehelfer mit. Etwa fünfzig Zugereiste und einige Einheimische nahmen daran teil. Einige boten Honig und Brot an, andere Fleisch und Ziegenkäse, wieder andere Pullover aus Filz, selbstgehäkelte Socken, Saatgut, Apfelsaft, holzgeschnitzte Löffel und Messer, Obstwein, Keramik, Polnischunterricht, Reiturlaub, Lebensberatung, Massage, Einkaufsdienste, Shiatsu-Kurse, Bauarbeiten. So war ein vielseitiges Leben möglich für die, deren Fähigkeiten der Markt nicht mehr wertschätzte. Im Tauschring bestimmten nicht Angebot und Nachfrage den Preis, denn es gab keinen anonymen Markt, sondern eine Ökonomie, in der man sich in die Augen schaute, wenn man einen Tausch machte. Auch sonst war vieles anders: Der Wert der Dinge wurde nach der dafür eingesetzten Arbeitszeit bemessen. Zwölf Uckertaler hatten einen Gegenwert von einer Stunde Arbeitszeit. Ein Glas Tomatensoße kostete vier Uckertaler. Es war eine komplizierte Rechnung, die dem Preis zugrunde lag, schließlich stecken Samennachzucht, Aufzucht, Umpflanzarbeit, Kompostgewinnung, Ernte und Einkochzeit in der Tomatensoße, aber am Ende hatten die Tomatenbauern berechnet, dass sie für ein Glas eine Viertelstunde gearbeitet hatten. Preisunterschiede waren zugelassen und gewollt, von der Planwirtschaft hatten die meisten Siedler auch genug. Das Modell Uckertausch schien nicht nur für die Uckermark interessant.

Eigentlich hatte Thomas, der jetzt von der Arbeit zurückgekommen war, nicht aufs Land hinausgewollt. Er war ein Berliner. Thomas hatte einen roten Vollbart und rote Haare, die genauso schulterlang waren wie die seiner Frau und genau an derselben Stelle etwas links von der Kopfmitte gescheitelt. Er trug eine graue Arbeitshose und einen Fleecepullover, blieb still und wirkte, obwohl er freundlich war, als lege er keinen großen Wert auf meinen Besuch. Nicht, weil er misstrauisch war oder verschlossen, sondern weil er zu tun hatte. Er stand am Gasherd und briet etwas aus Karotten, neben dem Herd lag die aktuelle *Zeit*. Gleich würde die jüngste Tochter vom Gymnasium aus Löcknitz zurückkommen, der Schulbus fuhr eineinhalb Stunden.

Mit den Kindern war der Ausstieg nicht einfach gewesen: Die beiden älteren Töchter, die im Grundschulalter waren, weinten bitterlich, sie wollten zurück nach Berlin und verstanden nicht, was der Exodus sollte. Im Winter, wenn es um vier Uhr dunkel wurde und in der Uckermark oft minus zwanzig Grad kalt war, lasen die Eltern viel und gingen meist um sieben oder acht Uhr abends schlafen, und die Mädchen schrieben Briefe an ihre Freundinnen in Prenzlauer Berg. Draußen war das Land dunkel, und drinnen beheizten sie nur einen Raum. »Man kann davon auch mal die Schnauze voll haben«, sagte Thomas. »Dieses Ganz-klein-Werden vor dieser Gewalt da draußen ist wunderbar«, sagte Sabine, »aber unsere Kinder mussten vieles mitmachen dafür, dass ihre schrulligen Eltern ihre Träume verwirklichen.« Sie hatte noch heute manchmal ein schlechtes Gewissen.

Wer aus seinem alten Leben absprang, musste sich meist mit dem Vorwurf des Egoismus auseinandersetzen, für die eigene Freiheit verloren Beziehungen an Intensität oder andere Menschen an Freiheit. Auch Ernst Wiecherts Romanfigur ließ seinen Sohn in der Stadt zurück, und die nationalsozialistische Presse fand Wiecherts Buch *Das einfache Leben* daher »egoistisch«: eine Absage an die Volksgemeinschaft. Dafür versöhnten die schwülstigen Heimatbeschreibungen die völkische Zensur, sodass das Werk letztlich nicht verboten wurde.

Sabine schrieb mir noch eine Telefonnummer von einem befreundeten Paar auf: »Echte Aussteiger.« Sie lebten ganz in der Nähe und waren einverstanden, dass ich sie am folgenden Tag besuchte.

Abendessen im Deutschen Haus. Schweinebraten. Ein Geschäftsreisender aus Schleswig-Holstein saß neben mir, er aß Schweinesülze und erzählte von seiner Kindheit hier in Ostpommern, nur ein paar Kilometer weiter in einem Ort, der heute in Polen liegt. Am 30. Januar 1945, in einer sternklaren Eisnacht, flüchtete seine Mutter mit ihm und seinen drei Geschwistern, darunter war auch ein Säugling, auf dem Pferdewagen in Richtung Westen. Die Maschinengewehre der Russen waren schon zu hören, die Familie schlief die erste Nacht der Flucht im Wald, am nächsten Tag marschierten sie weiter, der Wagen brach im Haff ins Eis, die Russen holten sie ein, ein Soldat nahm die Mutter an die Hand und zog sie davon, sie nahm ihren fünfjährigen Sohn an die Hand und schleifte ihn zum eigenen Schutz mit, trotzdem schleppte der Rotarmist sie beide in die nächste Scheune und vergewaltigte die Frau, dem Kind gab er zur Beruhigung ein Stück trockenes Brot, und als die Front vorbeigezogen war, zogen Mutter und Kinder wieder auf den ostpommerschen Hof zurück, den sie bald in Polen zurücklassen mussten, doch sie durften weiterleben.

In dieser Gegend hatte es einen faden Beigeschmack, als Wohlstandskind vom einfachen Leben zu träumen. Ostelbien hatte ein paar tausend Jahre hartes Landleben hinter sich, Feudalismus, Naziterror, Vertreibung, Sozialismus, Landflucht. Eine Verklärung des verzichtvollen Lebens schien hier geschichtsvergessen, zynisch.

Feigen aus dem Garten, Botschaften aus dem Jenseits

Der Bus fuhr am nächsten Morgen nicht. Zwei auf dem Fahrplan kleingedruckte Ziffern, 2 und 5, bezeichneten die Wochentage Dienstag und Freitag; heute war die 4, der Donnerstag, und die 4 stand nicht auf dem Plan. So war es wohl in der Uckermark.

Ich wanderte mit meinem Rucksack und Ziehkoffer über die Landstraße bis in den nächsten Ort, Schmölln; es waren einige Kilometer. Nachts hatte es geregnet. Die Straßenränder waren feucht, die Mitte des Asphalts wieder trocken. Es roch wie im Tropenhaus. Selten fuhr ein Auto vorbei. Die Straße war dafür ein Nacktschnecken-Highway. Braune und schwarze Schnecken krochen regellos in alle Richtungen, große und kleine. Unter meinem Fuß knackte es. Ich war trotz aller Vorsicht auf eine gelbe Schnecke getreten. Sie hatte ein Haus gehabt, aber es brachte ihr keinen Vorteil.

Ich ging entlang der sogenannten Märkischen Eiszeitstraße und kam mir vor wie Wolfgang Büscher auf seiner Wanderung nach Moskau. Die sibirisch weiten Feuchtwiesen und die tropische Luft warfen die Frage auf, warum das Mammut, das auf einem Hinweisschild der Märkischen Eiszeitstraße abgebildet war, hier überhaupt ausgestorben war. Vielleicht hatten die Russen damit zu tun. Es war so schwül wie bei Homo Fabers Weg durch den Dschungel.

Auch in Schmölln fuhr der Bus nicht. Ich versuchte, ein Auto zu stoppen. Nach eineinhalb Stunden hielt ein silberner Passat und nahm mich mit in den Ort B. Dort holte mich Heike ab, deren echter Vorname ein anderer war. Eine Frau in den Vierzigern mit Lederhose, Strickpulli und Crocs, sie fuhr einen

Jeep. Lang und verfilzt waren ihre Haarzöpfe, nur die Haare, die oben auf ihrem Kopf wuchsen, waren recht kurz geschoren. Vielleicht war sie eine echte Punkerin.

Wir fuhren einige Kilometer, die letzten hundert Meter ruckelte der Jeep über einen Feldweg mit Schlaglöchern voller Wasser.

Ihren Selbstversorgerhof nannten Heike und ihr Lebensgefährte Reiner Mey, der eigentlich auch anders hieß, »Paradies«. Der Garten Eden begann mit einem roten Klinkerhof, dahinter im Grünen standen verstreut mehrere Minihäuser, so klein wie die Trulli in Apulien. Eines war das Badehaus; es war aus Glas, und Pflanzentriebe sprossen darin. Die Badenden hatten aus der Wanne heraus einen freien Blick in den Garten, und die Pflanzen des Gartens hatten einen freien Blick auf die Badenden. Dann gab es ein Klohaus. Es war aus Holz und Ikea-blau gestrichen. Eine weitere Laube, es war Reiners Wohnhaus, ähnelte einem mit Teerpfannen gedeckten Iglu. Heikes Domizil war größer, es sah aus wie ein normales Gartenhäuschen. Ein dunkelgrünes Getreidefeld umgab das Paradies, so wie das Meer eine Insel. Hier auf der Insel lebten Molche, Kröten, Blindschleichen und tausend Schmetterlinge, während der Ozean nur eine Getreide-Monokultur und etwas Unkraut tolerierte. Auf dem Hof roch es nach Gräsern und Blüten, besonders stach die Brennnessel heraus. Wir setzten uns in den Wintergarten des Haupthauses, das als Stall, Lagerraum und als gemeinsames Wohnzimmer genutzt wurde. Es gab Rhabarberkuchen aus selbst angebautem Rhabarber, eigenen Eiern, eigener Ziegenmilch und fremdem Mehl, und ein nicht sehr streng erzogener Bernhardinerhund schleckte hechelnd an meiner Hand.

Nach dem Kaffeetrinken arbeitete Reiner, der fast zwanzig Jahre älter war als Heike, im Stall. Er hatte lange graue Locken wie einst Rudi Völler, aber ein hübscheres Gesicht. Sein Oberlippenbart war noch etwas blond. Reiner sprach mit rheinpfälzischem Akzent, sein Haar wallte, wenn er ging, wie das eines Propheten.

Er erinnerte mich äußerlich auch an August Engelhardt, von dem es eine Schwarzweißpostkarte gab, die ihn vor Palmen auf der Südseeinsel Kabakon zeigte. Auf dieser Insel im Bismarckarchipel lebte der Nürnberger Industriellensohn Engelhardt einige Jahre bis zum Ersten Weltkrieg als Verkünder einer vegetarischen Kokosnussreligion. Von der Insel aus verlegte er eine deutschsprachige Vegetarierzeitschrift, in der er seine Lehre multiplizierte: die reine Kokosnussdiät. Die Kokosnuss veredle den Menschen, glaubte Engelhardt, weil die Kokosnuss die Frucht sei, die am nächsten zur göttlichen Sonne wachse. Mit diesem Wahnsinn fand Engelhardt im Wahnsinn der vorletzten Jahrhundertwende tatsächlich einige Jünger, von denen die meisten auf Kabakon ihrem Wahnsinn schnell erlagen; auch der Apostel selbst musste sich nach Schwächeanfällen mehrmals in einem Hospital auf der Nachbarinsel gegen seinen Willen mit »nichtkokovorer« Kost wieder aufpäppeln lassen.

Reiner entrollte einen Ballen Stroh und trug das Stroh, Häufchen für Häufchen, mit den Händen in den Stall hinein. Er hielt nicht viel von Heugabeln, er meinte, sie würden diese Arbeit nicht erleichtern. Er erzählte mir von seinem großen Prozess: Er hatte gegen die Grundsteuer geklagt. Er war vor Gericht gezogen, weil diese Steuer ihn so empört hatte, obwohl er sie als Mieter selbst gar nicht zahlen musste. Es ging ihm um die Sache: Denn Gott, so seine Argumentation, sei Eigentümer allen

Grundes, und von daher müsste wohl vielleicht Gott – den es laut der Präambel des Grundgesetzes, die ihn ausdrücklich nennt, ja gebe –, müsste also Gott die Grundsteuer an das Amt Uecker-Randow zahlen, niemals aber er, Reiner. Die Verfassungsklage wurde abgewiesen. Das erhöhte Reiners Groll auf das deutsche Rechtssystem. Immerhin spendeten ihm Sympathisanten einige Euro Prozesskostenhilfe. Ein Unbekannter, der von dem Fall gelesen hatte, überwies sogar fünfhundert Euro. Reiner erzählte das mit großem Ernst. Was ihn wohl antrieb?

Nachdem wir das Stroh in den Stall gebracht hatten, gingen wir mit den Hunden im Wald spazieren. Es war schöner Urwald, mal nicht so ein dünner Holzindustriewald. Die Hunde witterten des Öfteren Wild und wollten es jagen, aber sie konnten nicht, denn Reiner führte sie an langen Leinen.

»In jedem Menschen ist ein Gottesfunken, ein Gewissen«, sagte er, »und wenn man im Sinne dieser Stimme handelt, weiß man immer die richtigen Lösungen.« Etwa so: Einmal hatte er Zahnweh, der Zahn eiterte. Die innere Stimme sagte ihm: Trink Tee aus bestimmten Gartenkräutern. Er trank diesen Tee und hatte am nächsten Tag keine Schmerzen mehr.

Wir gingen weiter in den Wald hinein. Es war so ein Ernst-Bloch-Märchenwald: Aber wir gehen im Wald und fühlen, wir sind oder könnten sein, was der Wald träumt.

Plötzlich standen wir inmitten eines grün bewachsenen Kraters, der einen Durchmesser von etwa sechzig Metern hatte. Das sei ein alter slawischer Wall, sagte Reiner. Der stamme noch von den Ukranen. Das war mal etwas Echtes, nicht nur ein Museumsdorf.

Im Winter hatte Benno, der Bernhardinerhund, in diesem Waldstück ein Reh gejagt. Er fasste es und biss es tot. Das Reh wurde eingefroren und später an die Hunde verfüttert. Es gehöre zur artgerechten Tierhaltung, dass Jagdhunde auch jagen dürften, sagte Reiner.

Er war in letzter Zeit viel mit Gott beschäftigt. Er übersetzte alte Texte, die er für Offenbarungen hielt, in ein zeitgemäßes Deutsch und stellte sie dann ins Internet. Er hatte vom Atheismus zur christlichen Theosophie gefunden, zu Büchern wie *Dreißig Jahre unter den Toten* von Emanuel Swedenborg. Der hatte behauptet, im Jenseits gewesen zu sein, und berichtete in dem Buch darüber. Reiners Transskription zufolge widerrief Luther seine Rechtfertigungslehre im Jenseits, jene Rechtfertigungslehre, die auf die große Frage, wie der in Schuld verstrickte Mensch sein Seelenheil wiederfinden konnte, mit der Formel »sola fide« geantwortet hatte, durch den Glauben an Christus und Gott allein. Das gute Tun des Menschen sei nicht ursächlich für die Vergebung, sondern die Gnade Gottes. Der Mensch könne Gottes Vergebung nicht durch gute Werke verdienen, sondern die Vergebung gehe all unserem Tun voraus. Katholiken glauben hingegen, die Sünde könne von Gott trennen. Und sie haben wohl Recht, wie Emanuel Swedenborg bereits gegen 1700 und Reiner Mey seit einiger Zeit wussten.

Reiner sagte, als wir weiter durch den Wald spazierten, die Hunde immer kecker an ihren Leinen zerrten und sein Haar im Abendwind wehte wie die Flagge in der Hand einer Freiheitskämpferin, auch ein anderer Prophet sei im Jenseits zum Christentum konvertiert, gegen 1500. Und mir kam es recht merkwürdig vor, dass jener Prophet nach seinem Tod erst so viele Jahrhunderte darüber nachgedacht hatte.

Als uns die Hunde aus dem Wald wieder zurück in Richtung Paradies zogen, sagte Reiner, die katholische Kirche sei mit dem Teufel in einem engen Bunde, sie sei der eigentliche Antichrist, denn sie predige Armut und Demut und lebe selbst in Prunk und Hochmut. Er war also kein Lutheraner, auch kein Katholik, sondern wohl ein autonomer Christ. Es schien schwer möglich zu sein, in wenigen Stunden die Reiner'sche Theologie zu verstehen. Vielleicht war sie auch nicht zu verstehen, weil sie verrückt war. Aber so schnell zu sagen, irgendwas sei verrückt, war wiederum eine sehr bürgerliche und bequeme Lösung, auf diesen Reflex wollte ich auf meiner Reise verzichten. Dass die selbsternannten Vernünftigen denen nicht mehr ernsthaft zuhören, die sie als verrückt bezeichnen, kann beiden nicht weiterhelfen und der Wahrheit nicht dienen. Michel Foucault hat das sehr gut beschrieben: wie die Brücke, die von der Vernunft zum Wahnsinn führte und zurück, in den vergangenen Jahrhunderten Stein für Stein eingestürzt ist. Heute lachen die Vernünftigen etwas zu laut über die Randständigen. Für Foucault ist das ein Zeichen dafür, dass die Vernünftigen selbst bereits Wahnsinnige sind. Wahnsinn und Vernunft könnten einander in Frage stellen und nur so einander retten, sie hingen untrennbar miteinander zusammen. Wer die Unvernunft des Menschen negiere, mache letztlich nie von der eigenen Vernunft Gebrauch. Foucault sah das Delirium als Dienerin der Vernunft. Die Ironie wäre dann nur ein Mittel, um sich selbst als Beobachter zu positionieren und sich aus der Gefahrenzone zu bringen.

Neben der Propheterie war Reiner, der früher ein strenggläubiger Atheist gewesen war, gelegentlich mit Gerichtsprozessen beschäftigt. »Ich habe nicht Jura studiert, aber ich kriege aufgezeigt, was ich lesen soll«, sagte er. Er hörte auf seine innere Stimme, folgte den Anweisungen und vertrat sich mit dem so angeeigneten Wissen selbst vor Gericht. Früher hatte er auch Buchkataloge durchgeblättert und ein Pendel über die Seiten gehalten. Er befragte das Pendel, welches Buch er bestellen sollte, um die Zusammenhänge zwischen Gott und der Welt zu verstehen, und das Pendel schlug an den entsprechenden Katalogstellen aus.

Das war vor ein paar Jahren gewesen. Inzwischen lehnte er spiritistische Praktiken wie das Gläserrücken oder auch den Gebrauch des Pendels ab. Gott wohne in jedem Wesen, und wenn man etwas wissen wolle, solle man sich direkt an ihn wenden und nicht an irgendwelche Geistwesen, »deren Motive und Beweggründe« dafür, ein Pendel ausschlagen zu lassen, man nicht kenne.

Reiner war aber weiterhin versessen darauf, sich mit Autoritäten anzulegen. Eine erste in seinem Leben war seine Mutter, die unter Tränen zusammengebrochen war, als er erklärt hatte, den Kriegsdienst verweigern zu wollen. Sie war Bäckerin und fürchtete, ihr Geschäft schließen zu müssen, wenn sich die Sache im Ort herumspreche. Reiners Haar war schon damals so lang gewesen wie heute. »Geh doch rüber«, sagten die Bürgerlichen in der Bundesrepublik seinerzeit gern zu Langhaarigen wie ihm. Nun war er drüben.

Nach dem Abitur studierte Reiner Mey Grafikdesign und fertigte später gern grafische Arbeiten für die alternative Szene an, etwa gegen die militärischen Tiefflüge. Einmal habe er auch Werbung für einen Pharmakonzern gemacht, doch er habe Gewissensbisse bekommen und das nie wieder getan.

Hier im Paradies war Reiner der V-Mann zu Gott. Heike hingegen arbeitete mehr im Garten. Für das Überleben auf dem Selbstversorgerhof war das auch die wichtigere Aufgabe. Heike hatte dieses Leben aus einem hedonistischen Motiv gewählt; das harte Landleben tat ihr gut. Reiner war eher politisch und soziologisch sendungsbewusst, und von hier konnte er störungsfrei von oben empfangen und nach draußen senden.

Bereits seit vierzehn Jahren lebten die beiden in dieser Abgeschiedenheit. Sie mussten kaum mehr etwas aus dem Supermarkt kaufen und brauchten fast kein Geld. Nur fünfzig Euro zahlten sie monatlich als Miete für den Hof, die nahmen sie von Reiners Ersparnissen. Dem Vermieter war es recht, dass das Gebäude überhaupt bewohnt war, und die Mieter hatten auch schon viel renoviert. Sie hatten keinen Pachtvertrag, sie und der Vermieter vertrauten einander. Siebzig Euro betrug die monatliche Stromrechnung, die Tiefkühltruhe war eine teure Mitbewohnerin, auf die wollten die beiden aber nicht verzichten. Rund zwanzig Euro im Monat kamen fürs Holz hinzu, mit dem sie fünf Räume nach Bedarf beheizten: Bad, Gewächshaus, Gemeinschaftsraum, die beiden Wohnhäuschen. Das Auto war am geldhungrigsten, fünfhundert Euro im Jahr plus Spritkosten. Etwa jeden zweiten Tag fuhren sie irgendwohin, zum Einkaufen, Tauschen, zum Volleyballtraining mit anderen Aussteigern in einer alten DDR-Sporthalle.

Vom Arbeitslosengeld hätten sie besser leben können, aber das wollten sie nicht. Reiners Geld reichte noch aus, er hatte vor dem Einzug ins Paradies sein Haus verkauft. Das Geld, sagte er, liege unverzinst auf dem Sparkonto. Denn mit Zinsen wolle er nichts zu tun haben. Darüber nachgedacht, was werde, wenn sein Erspartes aufgebraucht sei, habe er nicht. Denn er habe Gottvertrauen: »Es wird immer wieder einen Weg geben, wie wir zu Geld kommen.« Er war so entspannt wie seine Jogginghose.

Reiner glaubte an eine Verkündung Gottes, die um 1900 an einen Herrn Franz Schumi erfolgt sein sollte. Demnach werde das Geld ganz von der Erde verschwinden und die nahe Zukunft der Weltwirtschaft in Tauschökonomien liegen.

Das Wirtschaften als Selbstversorger war jedenfalls eine Kunst, und hörte man Heike zu, wie sie von ihren Kreisläufen erzählte, bekam Nachhaltigkeit, das schwammigste Wort der deutschen Sprache, plötzlich harte Konturen. Heike führte durch ihren Garten, und sie erzählte: »Wir trennen die Pisse und die Kacke, und Männer pissen sowieso dahin, wo sie wollen.« Den Urin aus den Klos verdünnten sie und gaben ihn dem Kompost bei, und der Kot kam im Eimer zu den Hühnern, ja, zu den Hühnern, die ihn fraßen, ja, die ihn fraßen.

Das Spülwasser aus der Küche leiteten Heike und Reiner in einen Klärteich. Dort bauten Wasserpflanzen die Seifenstoffe ab, und der Wasserstand des Teichs, in dem Kröten und krötenfressende Nattern lebten – natürlich gab es Schlangen im Paradies –, blieb wegen der Verdunstung in etwa konstant. Die Abwasserklärung müsse in unserer Gesellschaft zukünftig anders gehen, sagte Heike: »Dass man zweihundert Milliliter Pisse mit zwei Litern Wasser mischt und etwas Kacke mit fünf Litern, um sie dann zu trennen, das kann so nicht weitergehen.« Sie erklärte, in den Kläranlagen der anderen Welt müsse sehr viel Energie aufgewendet werden, um das Feste wieder vom Flüssigen zu trennen. Weil sie die Energie nicht aufwenden wollten, richteten Reiner und Heike in ihrem kleinen Wasserkreislauf Komposttoiletten ein, parallel dazu ein Pissoir. Den Urin daraus schütteten sie mit Wasser verdünnt als Dünger auf die Felder, um den Kreislauf zu schließen.

Neben Hühnern gab es Ziegen. Die lieferten bis zur Weihnachtszeit Milch, sie versorgten Heike und Reiner ein Dreivierteljahr, nur von Januar bis April, wenn das nächste Zicklein gekommen war, gab es eben keine Milch für die Menschen. Manchmal schlachteten die beiden auch ein Tier. Und zwar nur dann, wenn es zu viele Tiere gab, die sich nicht mehr gemeinsam halten ließen, wenn ein Ziegenbock zu viel da war oder wenn sich zwei Hähne ständig stritten. Veganer, fand Reiner, sähen sehr ungesund aus.

Das Trink- und Nutzwasser kam aus einem eigenen Brunnen. Reiner hatte die Qualität des Wassers mit seinem Pendel geprüft, das Ergebnis war positiv. Sein Pendel hatte ihm zuvor auch die Wasserader für den Brunnen gezeigt. Da der Hof keinen Fließwasseranschluss an das öffentliche Netz hatte, blieb den beiden aber sowieso nur der Brunnen. Arbeit gab es das ganze Jahr lang, auch im Winter. Bis in den Dezember war viel zu tun, die Ernte dauerte bis in den November, es folgte die Verarbeitung des Saatguts, wochenlang. Die Arbeitssaison begann Mitte Februar wieder mit der Anzucht der Auberginen und des Winterporrees.

Heike hatte auch schon eigene Seifen hergestellt, aus Kastanien, die Saponin enthielten, einen Seifenstoff. Damit wusch sie ebenso die Wäsche. Sie konnte fast alles produzieren, was die beiden zum Leben benötigen, dazu fehlte ihr allein die Zeit. Aber die Information, dass man alles Lebensnotwendige aus der Natur herstellen konnte – ohne Chemiekonzerne und Atomkraftwerke –, wirkte recht beruhigend. Heike konzentrierte sich auf die Lebensmittelproduktion. Die Kartoffelvorräte reichten das ganze Jahr, bis in den Januar gab es frische Paprika, und die Tiefkühltruhe hielt das übrige Gemüse im Winter frisch. Salatkaufen finde sie inzwischen komisch, da drehe sich ihr »das Herz« um, sagte Heike. Von einigen Gemüse- und Obstsorten ernteten die beiden viel mehr, als sie essen konnten: Erd-, Johannisbeeren, Gurken, Tomaten. Leute aus dem Ort konnten davon bekommen und spendeten dafür etwas, wenn sie wollten. »Festpreise sind ungerecht, weil der eine tausend Euro in der Stunde verdient und der andere von Hartz IV lebt«, sagte Heike. Deswegen Spenden, und deswegen waren sie auch im Uckertauschring sehr aktiv. Sie boten etwa Gemüsepflanzen oder Marmelade an.

Zum Abendessen gab es Brezeln, selbstgemachten Ziegenkäse mit und ohne Knoblauch, und Reiner trank eine Halbliterflasche Oettinger Export. Er erzählte, er sei seit fünfzehn Jahren nicht mehr beim Arzt gewesen. Er war, wie Heike, nicht kranken- und rentenversichert. Das entsprach auch nicht ihrem Bild davon, was in Zukunft wichtig sei. Reiner sah die nahe Zukunft der Weltwirtschaft in Tauschökonomien, im Zeitalter nach dem Erdöl. In dieser Welt gab es wenige Autos, und die fuhren ohne Benzin, es gab auch keine Sozialhilfe mehr, keine Entwicklungshilfe, keine Arbeitslosen, keine Staaten, sondern Gemeinschaften, so wie im Utopia der französischen Pamphletisten, die mit der Flugschrift »Der kommende Aufstand« derzeit viele Anhänger für solch ein Reich der Kommunen fanden, eine Zukunft »in strukturlosem Beisammensein und lokalem Basteln« (Jürgen Kaube).

»Interessanterweise gibt es nirgendwo einen Hinweis darauf, dass Gott Staaten wollte«, fuhr Reiner fort. Jede Gemeinde müsste den eigenen Müll selbst entsorgen, überhaupt übernahm jeder Mensch und jede Gemeinschaft die Verantwortung für sein und ihr Handeln. »In der Bibel kann man nachlesen, dass die Kinder Gottes in kleinen Gemeinden lebten und keinen Herrscher über sich hatten. Lediglich ein Richter, ein Mensch, der auf die Stimme Gottes hörte und so die göttlichen Gebote achtete und in der Gemeinschaft durchsetzte, war für das Recht verantwortlich.« Nach der angeblichen Verkündung Gottes an Franz Schumi, an die Reiner glaubte, werde es künftig keine Staaten mehr geben, sondern kleine Gemeinschaften, in der alle notwendigen Lebensmittel angebaut und hergestellt werden.

Diese Utopie traf wunde Punkte des Kapitalismus, den mancher als System der organisierten Verantwortungslosigkeit ansieht, weil dann Macht und Verantwortung zu oft in keinem Zusammenhang mehr stehen. Im Tauschring erhielten die Leute größere Wertschätzung für ihre Arbeit als durch reinen Geldlohn.

Es war bemerkenswert, wie gastfreundlich und offen die beiden waren. Man muss sich den unangekündigten Besuch eines Fremden in einem deutschen Reihensiedlungshaus vorstellen: »Guten Tag, ich möchte ein Buch über das Leben deutscher Reihenhausbewohner schreiben und ab morgen ein paar Tage bei euch zu Gast sein.«

Ich schlief in einem Bauwagen, der »Gästezimmer« hieß. Nachts zirpten die Grillen, obwohl es nicht sehr warm war; der Himmel war schwarz, und die Bäume waren superschwarz. Die Nachtigall sang wie bei Eichendorff, aber vielleicht war es auch gar keine Nachtigall.

Am nächsten Morgen gab es Frühstückseier, deren Eigelbe eine satte, ins Orangerot gehende Färbung hatten. Ich erinnerte mich daran, was die Hühner zu fressen bekamen, und aß mit gezügeltem Appetit. Auf dem Etikett des Kirschmarmeladenglases, das auf dem Esstisch stand, war geschrieben: »Die Herstellung dieser Ware hat mich etwa ½ Stunde meiner Lebenszeit gekostet. Sie hat demnach einen Wert von sechs Uckertalern.«

Mitte der neunziger Jahre waren die beiden, gerade frisch verliebt, auf der Suche nach einer alternativen Lebensgemeinschaft. Sie begannen ihre Reise auch ganz im Nordosten. Sie kamen nicht weit. Sie mieteten den verfallenen Hof und lebten erst mehr als fünf Monate in ihrem Campingwagen. Sie hatten keinen Strom und bauten den Hof um. Sieben Container voller Schutt fuhren sie weg. Nach fünfzehn Jahren hatten sie sich jetzt schon sehr vom Leben in der Stadt entfremdet. Sie redeten von ihr wie von Babylon. Heike sagte, sie mache das Großstadtleben krank. Zweimal im Jahr besuchte sie ihre Mutter und Freunde in Hamburg. Sie genoss diese Zeit in der alten Heimat. Aber sie empfand den Lärm, Konsum und Stress der Leute als lebensfern.

Reiner äußerte sich weniger diplomatisch: »Ich sehe die Stadt als eine Anhäufung von Schmarotzern, als eine Ansammlung von Leuten, die von den Herrschenden profitieren wollen. Das war immer schon so. Die Landbevölkerung soll den Städtern dienlich sein, Lebensmittel anbauen, Kohle abbauen, Holz fällen, Metall herstellen.« Er sagte weiter: »Die Stadt verleitet zum Konsum und letztlich zu Alkohol, zu Drogen und zur Ablenkung vom eigentlichen Sinn des Lebens. In der Stadt wird ja im engeren Sinne fast nichts erarbeitet, sondern nur verwaltet und verkauft.« Und vom Steuergeld bekomme die Stadt Theater und Museen – und das Land Kläranlagen, Atomkraftwerke, Haus- und Atommüll, Industriegebäude, die subventionierte industrielle Landwirtschaft.

Die rot-grün gestreifte Selbstversorgertomate

Am Mittag jätete Heike Unkraut. Sie stand am Rand eines der Beete, die über den weiten Rasen verteilt waren. Heike düngte die Beete mit Komposterde und Ziegenmist, manchmal tauschten sie im Tauschring zusätzlich Eselmist ein, da die Ziegen zu wenig Kügelchen hinterließen. Mist war für den Hof ein wertvolles Gut, Selbstversorger lernen schnell, in Energiekreisläufen zu denken. Heike war eine friedliche Punkerin, und Reiner sah aus wie ein lustiger Onkel aus der Kinderstunde, doch er konnte zornige Reden halten. Im Garten wirkte Heike besonders ausgeglichen. Wir rupften eine Stunde Unkräuter, und Heike erzählte weiter von den unkonventionellen Methoden ihrer Landwirtschaft: Sie bearbeitete die Felder nach dem System der Vier-Felder-Wirtschaft, ließ also Beete immer auch brachliegen, sodass sich die Böden erholen konnten. Stark-, Mittel- und Schwachzehrer werden dabei in dieser Reihenfolge gesät, und im vierten Jahr liegt das Feld brach. Die Sortenvielfalt an Gemüse und Obst war verblüffend und überstieg das Angebot auf einem Wochenmarkt bei weitem: Im Tomatengewächshaus oder draußen würden im Sommer sechzehn Sorten reifen, schon jetzt keimten die Pflanzen, sie hießen Lemon Tree, die rot-grün gestreifte Tigerella (»Eine typische Selbstversorgertomate«, sagte Heike), Stripe Roman oder die schwarze Eiertomate Black Plum.

In den Beeten wuchsen zahlreiche Kartoffelsorten, neben Linda und anderen Allerweltssorten auch Färbekartoffeln, mit deren Schalen sich Stoffe lila kolorieren ließen. (Zudem färbte Heike mit der Krappwurzel rot, mit der Färberkamille gelb und mit Färberwait blau, Letzteres aber selten und ungern, da Maden und Urin zur Rezeptur gehören, weshalb aus Worms überliefert sei, dass dort noch um das Jahr 1900 große Wagen den Urin der jungen Männer gesammelt hätten.)

Eine weitere hier wachsende Feldfrucht war die exotische Yacon-Knolle. Ich biss in eine, die noch vom vergangenen Herbst übrig war, sie schmeckte wie eine Kreuzung aus Salatzwiebel, Melone und Kohlrabi. Im Heilkräuterbeet wuchsen Seifenkraut, Eibrich, Leinsamen, schwarzer Sesam, Mohn, Bockshornklee, Zitronen-Verbene, Koriander, Rauke, Knollenfenchel, Pflücksalate. Neben den üblichen Äpfeln und Kirschen züchtete Heike Physalis, Zitronen, Orangen, Granatäpfel und Feigen, die im mit Holz beheizten Gewächshaus überwinterten, mehrere Paprikasorten, Brombeeren, Chilischoten, Knoblauch, Myrte, ukrainische Wildgurken, die bis spät in den Herbst Früchte trugen, und Lorbeer. »Wir können uns immer auf unserem Lorbeer ausruhen«, scherzte Heike.

Und was noch alles in dem Garten, durch den wir spazierten, zu finden war: In einem selbstgebauten Kräutertrockenschrank erwärmte sich die Luft durch die Sonne, die auf ein sich am Rücken des Schranks entlangschlängelndes schwarzes Rohr schien. Etwas weiter stand ein Solartrockner, ein roter Holzkasten, mit Styropor isoliert, wiederum von der Sonneneinstrahlung erhitzt. Er konnte acht Liter kaltes Wasser innerhalb von wenigen Stunden auf fünfundvierzig Grad aufwärmen.

Auch diese Geräte hätten zwar Hoffnung machen können für die Jahrtausende nach dem Öl und nach der Atomkraft, aber sie sahen andererseits derart hölzern und wackelig aus, dass darauf kein Mut zu gründen war, und sie funktionierten nicht im Winter, wenn sie am dringendsten benötigt wurden.

»Es ist ein körperlich sehr anstrengendes Leben, aber auch ein befriedigendes; denn ich weiß bei allem, warum ich das tue«, sagte Heike. Schon früh hatte sie sich gegen eine klassische Karriere, aber auch gegen Kinder entschieden, sie hatte andere Prioritäten. Sie arbeitete erst als Erzieherin behinderter Kinder, lebte in dieser Zeit sieben Jahre lang in einem kleinen Bus. Von Bremen bis zu den Alpen hatte sie wechselnde Jobs. Dann zog sie in eine Künstlerkolonie in der Eifel, wo sie als Kupferschmiedin arbeitete. In einer Holzhütte lebte sie dort ohne Strom, zweieinhalb Jahre auf zwölf Quadratmetern. Heike entfremdete sich bereits im Eifler Holzhaus von der Stadt. Nach einem Jahr besuchte sie erstmals Hamburg, und sie suchte zunächst die Streichhölzer, als sie Licht machen wollte. Ihre Mutter kam heute manchmal zu Besuch ins Paradies. Sie sagte dann, solch ein Leben hätte sie sich auch gern aufgebaut.

Am Nachmittag brachte mich Heike wieder zum Bahnhof. Der Jeep ruckelte durch die Felder, die von einer riesigen Landmaschine mit Streukügelchen gedüngt wurden. Beim Fahrkartenkauf am Bahnhof in Pasewalk krabbelte ein schwarzer Käfer, auf dessen Flügelseiten weiße Punkte waren, aus meinem Jackenärmel und fiel auf den Schalter. Der Käfer krabbelte weiter in Richtung der Kartenverkäuferin. Ich schubste ihn auf seinen Rücken, er lag auf dem Tresen und ruderte mit den Beinchen. Ich legte meine Bahncard mit einer Ecke auf den Käfer. Die Karte wanderte langsam über den Tresen. »Magisch. Wie beim Stühlerücken«, sagte ich. Die Kartenverkäuferin guckte schief, vielleicht hielt sie mich für wahnsinnig. Im Zug nach Sachsen-Anhalt krabbelten weitere Ameisen aus meinen Kleidern, auch noch nach drei Stunden. Ich war von Leben erfüllt.

KAPITEL 2

Ein politisches Ökodorf in der Altmark

Alle zwei Stunden hielt der Bus, der aus Oebisfelde kam, in Poppau in der Altmark. Nicht mal einen Fluss oder Bach oder See sah man in Poppau, nur Rapsfelder, Weizen, Höfe. Hier, auf halber Strecke zwischen Wolfsburg und Stendal, lag ein Dorf, das eine Handvoll Ökos dreizehn Jahre zuvor gegründet hatten. Das waren keine Einsiedler, sondern eine ganze Gruppe von Siedlern, die herausgegangen waren in die Wälder, um sich ein eigenes Dorf zu bauen. Sie benannten es sozusagen nach sich selbst: Ökodorf. Bis heute hatten sie sich ganz schön vermehrt, vor allem durch Zuzug sich gut integrierender Zuwanderer. Sie waren jetzt mehr als hundert. Sie waren hier, um in Gemeinschaft zu leben und um gut zu leben – sowohl im qualitativen als auch im ethisch-moralischen Sinne. Von solchen Ökodörfern gab es mehrere in Europa, dieses war eins der ersten und größten in Deutschland.

Die evangelische Kirche von Poppau war so groß wie ein Stromverteilerhäuschen. Daneben lag der Mittelpunkt der Welt. Auf einem brusthohen Granitfelsen, der vor dem Dorftümpel stand, war diese Behauptung in Stein gemeißelt – »Mitt'n in de Welt«. Einst sei nämlich von diesem Stein aus die Welt vermessen worden, sagt die Sage. Die beiden Eisenketten, die man dafür verwendet hatte, lagen noch heute unter dem Stein unter der Erde, weshalb man sie nicht sah. Auch das nahe gelegene Dorf Baben behauptete dasselbe von sich, und welcher Ort wirklich Mittelpunkt der Welt war, wusste niemand. In einer Region, in der sich diese Sage gleich an mehreren Orten bildete, musste eine tiefe Ahnung davon vorhanden sein, dass man am Ende der Welt lebte.

Das Ökodorf war ausgeschildert, der Weg führte von Poppau weg durch fantasielose Felder in Richtung Wald. Die Äcker waren auch hier gigantisch. Man sah oft ihr Ende nicht. Der Raps stand in früher Blüte, das Getreide war erst knöchelhoch. Hier hatte jeder Maiskeimling und jeder Weizenhalm eine Funktion für den Sozialismus gehabt. Auch die Pflanzen durften solidarisch sein. Jeder Halm wusste, wofür er wächst. Heute wuchsen sie für die Großagrarier.

Ans Feld grenzte Wald, eine Kiefern-Monokultur. Vielleicht war das auch noch DDR-Wald, »finsterer« DDR-Wald, möchte man sagen: Auf Moosböden standen die Kiefern so kerzengerade wie die Halme auf dem Feld. Die Stämme der Bäume waren schmal, durch den Wald konnte man weit hindurchsehen, und man sah doch nichts als Wald. Dieser Wald hatte keine Geheimnisse. Keine Büsche, keine Hügel, keine Farne, keine Brombeeren, keine Rehe, keine Elfen, keine Geister. Das wäre nichts für Ernst Bloch gewesen, Kleingeist des Sozialismus, kein Geist der Utopie. Schnell wachsender Wald, total durchdachter Wald.

Am Waldrand bog die schmale Straße Sieben Linden ab. Nach einigen Metern hatte sie keine Betondecke mehr und war von Sand bemantelt, der aber nicht alle Schlaglöcher verdeckte. Im Kiefernwald waren einige junge Birken und Buchen zu sehen, rechts vom Weg eine Eichenkolonie. Hier war der Wald schon ein bisschen multikulti.

Eine Steinspirale auf dem Sandweg markierte die Grenze des Ökodorfs. Jeder Siedler, der neu hinzuzog, musste hier einen persönlichen Gegenstand vergraben, das war ein Aufnahmeritual. Jeder musste hier sein Handy abschalten wegen der Strahlung, sein Auto abstellen wegen des Lärms. Rechts war die erste Bauwagensiedlung zu sehen, umgeben von einem Rondell aus Stämmen, deren Spitzen wie bei indianischen Zelten aneinandergelehnt waren. An den Bauwagen hingen zwei regenbogenbunte Pace-Fahnen und eine Jamaikaflagge. Die Bewohner hatten die Hippiekultur in die Altmark gebracht, aber vierzig Jahre zu spät.

Wie auf einem Campingplatz am Gardasee hing am Eingang eine Platzkarte. Sie zeigte Wege, Gebäude und zentrale Einrichtungen: das Biotop, das Regiohaus, die Pflanzenkläranlage, die Obstbaumschule, den Junge-Leute-Platz. Und die Nachbarschaften, in denen die Leute nach jeweils eigenen Regeln zusammenlebten, sie hießen Globolo, Windrose, Brunnenwiese, Club 99, 81/5 oder Strohpolis.

Ulkige Ute, grüner Gisi

Die E-Mail, die im Frühjahr vom »Bildungsreferat« des Ökodorfs Sieben Linden gekommen war, ähnelte in der Diktion einem Elternbrief, den Schüler vor einer Klassenfahrt bekamen:

Lieber Jan,
vielen Dank für Deine Anmeldung zu den »Projekt-Interessierten-Tagen« vom 7. bis 9. Mai 2010.

Bitte schick uns der Vollständigkeit halber noch Deine kompletten Daten zu (Adresse etc.). Die Anmeldung ist hiermit verbindlich.
Du bist im Mehrbettzimmer untergebracht (5 Personen, Matratzenlagerstandard).
Bring bitte einen Schlafsack, Bettlaken, Handtücher, Hausschuhe, Taschenlampe (bei Ankunft im Dunkeln schon griffbereit in der Tasche, da unsere Wege nicht beleuchtet sind) und bei Bedarf ein eigenes Kopfkissen mit.
Bitte nicht mitbringen: Haustiere, nichtbiologische Körperpflege- und Reinigungsmittel und eingeschaltete Handys.
Bitte überweise den Teilnahmebeitrag von 125 Euro unter Angabe Deines Namens mit Titel und Datum des Seminars auf unser Konto (s.u.).
Einen Seminarplatz können wir nur dann sicher gewährleisten, wenn der Teilnahmebeitrag spätestens 14 Tage vor Seminarbeginn bei uns eingegangen ist.

Freundeskreis Ökodorf e.V.
Volksbank Uelzen-Salzwedel
Kto.-Nr. …, BLZ …

Biologisches Shampoo hatte ich dabei, Weleda-Kastanie, ich kam als Musterschüler, wie ein Erstklässler mit bienenwachsimprägniertem Lederkanister. Das Handy war sowieso aus. Aber ich war zu spät, es war Freitagabend, und die Klassenfahrt hatte bereits vor einer halben Stunde begonnen.

Im Seminarhaus sah es hölzern aus wie im Reformhaus. In einem Vorraum ließ man die Schuhe stehen, ging mit wolligen Socken hinein und über Holzböden in die erste Etage, wo man seine Sachen in einen Schlafraum legte, auf eine Matratze unter eine Dachschräge, und dann betrat man den großen Raum im Dachgeschoss, wo die Wollsocken einander guten Abend sagten und sich auf unbehandeltem Parkett eines artgerechten Lebensraums erfreuten.

Eine Frau – Mitte dreißig, grün-rote Kleider, schwanger – leitete die Vorstellungsrunde gemeinsam mit zwei Achtundsechzigern, einem etwas jüngeren Mann in Lederjacke und einem älteren mit grauem Vollbart. Jeder in der Gruppe musste seinen Namen mit einem Adjektiv verbinden, das mit demselben Buchstaben begann. Ein Indianerstab wurde reihum gegeben. Wer ihn hielt, stellte sich vor, während die Seminarleiter die Zeit stoppten. Jeder hatte eine Minute. Sprach er einige Sekunden länger, unterbrachen ihn die Leiter.

Im Stuhlkreis saßen die ulkige Ute, der ehrliche Erhardt, der stille Sebastian, die schwangere Simone, der dolle Dieter, der grüne Gisi, die rasende Romy, der wahrhafte Werner (ich hatte erst »der *wehr*hafte« Werner verstanden und gedacht: »Wie seltsam!«). Starke Sonja, lustige Lena, wilder Wolf – ich war der jeanstragende Jan.

Der Achtundsechziger in Lederjacke war der Chef. Er sprach gefühlsschwer wie Udo Lindenberg und spielte zwischendurch Lieder auf der Gitarre. Eines hieß »Om shalei« oder so ähnlich. Alle sollten mitsingen. Der Mann äußerte darüber hinaus den Wunsch, dass wir mitfühlten, mitschwangen, mitsummten, dass wir uns öffneten, so wie ein Oberlehrer in der Nachkriegszeit von seinen Schülern Geradesitzen verlangte. Er sprach offenbar auch gern über Politik. »Die Fragen, die man links liegen gelassen hat, sind jetzt im Zentrum der Politik angekommen«, sagte er. Gemeinschaften und die »Ökodorfbewegung« gewännen immer mehr an Bedeutung. Er sagte lächelnd: »Der Buddha der Zukunft wird eine Gemeinschaft sein.« Das verstand, wer mochte.

Der älteste Mann in der Runde, der graubärtige Seminarleiter, stellte sich vor. Er saß einige Plätze von den anderen beiden Seminarleitern entfernt, der Schwangeren und dem Gitarrenmann, trug Filzpantoffeln, und sein Bart wuchs vom Kehlkopf bis unter die Wangenknochen hinauf wie Efeu an einer alten Villa. Um seinen Hals hing ein fröhlicher Schal. Sein Haar war voll, er sah aus wie ein in die Jahre gekommener Westernheld, außen faltig und innen feurig, sein Körper war nur noch ein Klappergestell, knochig wie die Äste eines dürren Olivenbaums.

Der Mann stellte sich vor: »Wolf, der wilde Wolf. Ich bin froh, hier zu sein, so froh. Ich bin froh, dass ihr gekommen seid, ich brauche eure Energien, danke. Im Februar wäre ich fast über die Schwelle gesprungen. Ich habe seit anderthalb Jahren Lungenkrebs. Im Februar kamen meine Freunde, um sich zu verabschieden. Aber als ich schon im Schüttelfrost halb über die Schwelle gesprungen war, kam die Lebensenergie zurück.« Er schnaufte nach jedem Satz, manchmal musste er einige Atemzüge lang röcheln, um dann weitersprechen zu können. »Ich glaube an Wunder. So gut wie jetzt hatte ich es noch nie. Man hat mich von allen Aufgaben freigestellt, ich habe nichts mehr zu tun, außer zu atmen, vierundzwanzig Stunden am Tag.« Seine Lunge ächzte beim Einatmen wie ein poröser Blasebalg. »Danke für eure Wertschätzung, danke. Jetzt darf ich wieder bei euch sein. Ihr seid mein Lebenselixier.« Das war rührend und prätentiös zugleich. Der wilde Wolf. Wir waren sein Lebenselixier.

Im Seminarraum wurde ein gelber Papierbogen ausgerollt, auf dem das politische System des Dorfs aufgezeichnet war. Wie konnte man sich für ein so kleines Dorf ein so kompliziertes System ausdenken? Es gab mehrere Räte. Die Ratsmitglieder hatten diese Arbeit in der Regel ehrenamtlich zu machen. Neulich hatten die Räte etwa darüber debattiert, wie mit dem

Problem des Schwalbenkots auf einem öffentlichen Platz umgegangen werden sollte. Netze anbringen? Putzdienst organisieren? Die schwangere Simone referierte detailliert über die Aufgaben der Räte, und der Gitarrenmann sagte manchmal auch etwas dazu, man merkte ihnen an, dass es ihnen Freude machte, Fremden von ihrem Lebenskonzept zu erzählen. In der kurzen Zeit von dreizehn Jahren, die das Ökodorf Sieben Linden bestand, hatte sich schon eine eigene Kultur entwickelt.

Zwischen den Referaten besichtigten wir einzelne Nachbarschaften. Manche sahen aus wie Anthroposophenhäuser, rund und biologisch-dynamisch, eine Hausgruppe entstand gerade neu, Bauarbeiter stapelten Strohballen zu einer Wand. Eine Bauwagensiedlung sah aus wie eine Forschungsstation am Polarkreis, die Wagen waren aus lackierten Brettern, und blitzblanke Schornsteine stachen aus ihnen rauchend zum Himmel heraus. Einige Teilnehmer unserer Kennenlerngruppe interessierten sich ernsthaft dafür hierherzuziehen, andere waren vage an Lebensalternativen interessiert, Dritte wollten anderswo ein Ökodorf gründen.

Die meisten Dorfbewohner waren älter als vierzig, auch viele Kinder lebten hier. Doch in der Altersgruppe von fünfzehn bis fünfunddreißig Jahren hatte das Dorf kaum einen Bewohner außer einigen jungen Leuten, die ein freiwilliges ökologisches Jahr machten. Die ersten hier geborenen Kinder kamen gerade erst in die Pubertät. Manche hatten in diesem Alter Probleme mit ihren Öko-Eltern. Die Tochter eines Mannes schminkte sich, wie dieser erzählte, jeden Morgen fast eine Stunde vor Schulbeginn. Ein Junge bat seine Mutter, wenn Schulfreunde zu Besuch waren, ausnahmsweise mal »irgendwas Normales« zu kochen.

Etwa neunzig Erwachsene und dreißig Kinder lebten in Sieben Linden, in einem Jahr zogen etwa fünf bis zehn weg und ebenso viele wieder neu hinzu. Die Population blieb in den letzten Jahren konstant. Hier galt ein Zuzug nicht als Lebensentscheidung. Fast alle arbeiteten im Ökodorf. Eine Siedlungsgenossenschaft besaß das Land, einer Wohnungsgenossenschaft gehörten die Immobilien, und zur Finanzierung des Kollektivs musste jeder beitragen: Wer nach Sieben Linden ziehen wollte, musste Genossenschaftsanteile für fast zwanzigtausend Euro kaufen. Jeder hatte sein eigenes Einkommen, nur ein Teil des Geldes ging an das Gemeinwesen. Gemeinschaftsmitglieder, die in einem Haus wohnten, zahlten rund fünfhundert Euro monatlich für Vollverpflegung und Warmmiete. Zudem sollte jeder einige Stunden im Monat ehrenamtlich für die Gemeinschaft arbeiten: Geschirr spülen, fegen, Klos leeren, den Sonntagskaffee vorbereiten, die Bibliothek betreuen oder sich in politischen Räten engagieren. Gemeinschaft hieß nicht nur, dass immer jemand zum Kartenspielen da war, sondern sie verlangte, eine Menge Dienste wahrzunehmen und Regeln einzuhalten. Eine Wehrpflicht gab es nicht.

Der Weg zur Dorfzugehörigkeit war überdies nicht leicht. Wer Mitglied werden wollte, musste in der Regel Vorstellrunden durchlaufen und eine Probezeit im Dorf verbringen. Danach stimmte die Dorfgemeinschaft darüber ab, ob der Bewohner bleiben darf. Die Gruppe, von der sehr wahrscheinlich einige schon gegen die Abschiebung von Asylbewerbern protestiert hatten, nahm selbst längst nicht jeden auf.

Am nächsten Morgen besuchte ich Wolf, dessen Lebenselixier ich seit dem Vorabend war. Der wilde Wolf lebte im Globolo, so nannte sich eine Nachbarschaft, die aus mehreren Bauwagen bestand. In einem davon lebte Wolf seit vielen Jahren. Das Globolo befand sich an einem heiligen Ort, einem Rondell, in dem besondere Energien flossen. Daneben wuchs eine Kathedrale aus Hainbuchen heran, aber es dauerte noch einige Jahre, bis aus den mickrigen Bäumen ein gotisches Baumgebäude werden würde. Wolf wäre dann schon tot. Er hustete, und dann hatte er wieder Luft zum Erzählen. Er zeigte auf ein Blumenbeet im magischen Garten. Darin wohne Luce, der Geist, sagte Wolf. Er sei schon von zwei Dorfbewohnern gesichtet worden. Er ließ keinen Zweifel daran, dass er ihnen glaubte.

Wolf hatte in den Siebzigern mit Kokain gedealt. Er übernachtete in südamerikanischen Fünfsternehotels, lernte dort Mick Jagger kennen, brachte Drogen nach Europa und verkaufte sie dort. An einem Oktobertag im Jahr 1980 starb Wolfs Vater, am nächsten Tag wurde sein eigener Sohn geboren. Tod und Neugeburt innerhalb weniger Stunden empfand der wilde Wolf als einen schweren Schock, der ihn plötzlich in bürgerliche Bahnen lenkte. Er arbeitete als Handwerker auf Ibiza, und nach der deutschen Wiedervereinigung zog er mit seiner Familie und seinem Zwillingsbruder in das vom Vater geerbte Haus in Salzwedel. Wolfs Zwillingsbruder wurde 1997 Gründungsmitglied des Ökodorfs. Wolf zog einige Jahre später nach, die Brüder hingen sehr aneinander. Sie waren ständige Konkurrenten auch im Ökodorf. Holz fällen, Wände verputzen – er wollte immer schneller sein als sein Bruder, schaffte es aber selten. Als dieser vor drei Jahren starb, wollte Wolf auch sterben. Jetzt hatte er Krebs, aber nun wollte er doch wieder leben.

In einem Heilbeet hatte der kranke Wolf Erbsen gesät, auf die er täglich pinkelte. Die Erbsen sollten auf diesem Weg Informationen darüber enthalten, was Wolfs Körper fehlte, und im Sommer, wenn sie reif seien, würde Wolf sie essen. »Dafür muss man natürlich einen Schlag haben«, sagte Wolf, »aber ich glaube daran, ich hänge am Leben.« Als Wolfs Ärztin ihn vor einigen Monaten begutachten sollte, um für die Kasse zu entscheiden, ob er ein Pflegefall sei, zitterte er plötzlich am ganzen Körper und musste sich eine Weile hinlegen.

»Eine Viertelstunde in Verbindung mit dem System hat mich pflegebedürftig gemacht. Hier im Dorf bin ich nicht pflegebedürftig.« Er kehrte in seinen Bauwagen zurück, und er sagte noch: »Mein Tod wird kein Notfall, mein Tod wird ein Glücksfall, ich will in einem Purzelbaum über die Schwelle springen.«

Am Anfang wollte Sieben Linden noch eine vollständige Selbstversorgung erreichen, alle Nahrung, die hier verzehrt wurde, sollte selbst angebaut und geerntet sein. Davon waren sie mittlerweile abgekommen. Das Dorf hatte, wie es schien, seinen Schwerpunkt auf Seminarveranstaltungen verlegt wie diese Informationstage. Fast täglich waren Seminargäste da, es gab diverse Bauwochen zum Mitarbeiten für jedermann, »schöpferische Biografiearbeit«, »Tiefenökologie«, »gewaltfreie Kommunikation«, »Strohballenhausbau«, »Gourmet-(F)rohkost«, »Gemeinschaftsbildung nach Scott Peck«. Sieben Linden erwirtschaftete mit diesen Seminaren einen wichtigen Teil seiner Einnahmen. Der Großteil des Dorfes wurde mit Privatvermögen und -krediten finanziert, aber auch der Staat und Stiftungen hatten viel Geld beigetragen: Das Dorf bezog Solareinspeisevergütungen, Erwachsenenbildungszulagen, es hatte anfangs Förderzuschüsse der Deutschen Bundesstiftung Umwelt erhalten, bekam Zuschüsse vom Land Sachsen-Anhalt, wovon etwa die neun jungen Leute bezahlt wurden, die hier ein freiwilliges ökologisches Jahr (FÖJ) machten. Die Welt draußen zahlte mit für diese Zukunftswerkstatt. Die Leute aus den Städten kamen hierher und zahlten auch dafür Geld, um sich das selbstgewählte einfache Leben der Ökodorfbewohner anzusehen und davon für ihr eigenes Leben zu lernen. Wobei viele Bewohner des Ökodorfs mit diesen Seminaren Geld verdienten, was sie dafür nutzten, doch nicht ganz so einfach leben zu müssen, also nicht den ganzen Tag Kartoffeln zu ernten, sondern bei einem Tässchen Bio-Tee vor dem Overheadprojektor zu stehen und über die Vorzüge der Rohkost zu referieren.

Trotzdem schufteten einige auch auf den Feldern. Betrachtete man nur Obst und Gemüse, betrug die Selbstversorgungsquote siebzig Prozent. »Selbstversorgungsquote« war ein Wort, das schon am ersten Tag häufiger fiel, es war ein Wort, das Sieben Linden so wichtig war wie Vegetariern der Grünkernbratling. Jetzt, im frühen Mai, kam aber so gut wie nichts von dem, was wir dreimal täglich im Speiseraum aßen, aus dem eigenen Anbau: weder Äpfel noch Orangen, noch die großen Mengen an Blattsalaten, Hirse-, Reis- und Polentagrieß. Bloß die Kürbisse und einige Marmeladen waren noch vom Vorjahr von der eigenen Scholle.

Das selbst angebaute Gemüse, so hatte jemand berechnet, sei mehr als zweimal so teuer wie das, welches der Ökogroßhandel lieferte. Auch das Heizholz aus den eigenen Wäldern war wesentlich teurer als zugekauftes. Aber man baute selbst an und fällte selbst Holz, weil man an die lokale Versorgung glaubte und das Geld im Dorf halten wollte.

Ein Bauer macht Ernst

Ich musste an den Bauern denken, von dem ich im vergangenen Sommer viel über Energiekreisläufe und Selbstversorgung gelernt hatte und von der Härte des einfachen Lebens.

Tau lag noch auf den Wiesen um den Hof, der Bauer machte

morgens um fünf erst mal Rückengymnastik. Anschließend nahm er einen Eimer, ging über die Wiese zur Quelle, schöpfte Wasser, trug den Eimer wieder ins Ofenzimmer und erhitzte die zwei Liter. Lauwarm trank er sie, danach konnte er besser arbeiten. Um kurz nach sechs stand der Selbstversorger mit der Sense im klammen Gras wie schon seit eineinhalb Monaten jeden Morgen. Er erntete und trocknete das Gras, mit dem er im Winter seine Tiere fütterte. Er wollte ohne Geräte auskommen, die Strom oder Diesel verbrauchten. Einzelne Gräser waren schon verblüht, sie reichten uns bis über die Knie. Ich hatte einen Rechen und zog zwei Tage das Gras, das in der Sonne nach wenigen Stunden getrocknet war, zusammen und trug es auf den Heuhaufen. Der Mann stand im Gras, wetzte seine Sense alle zwei, drei Minuten, weil die Maulwurfshügel sie abstumpften. Vierzig Tage Mahd hatte er jetzt hinter sich, zweihundert Stunden Arbeit. Etwa zwei Wochen Heuernte lagen noch vor ihm, bis diese Wiese abgeerntet sein würde, die nicht einmal einen Hektar groß war. Im Gras standen Gänsedisteln, Ampfer, Weidelgras, Frauenmantel, Löwenzahn, Weißklee, Wiesenschwingel. Seine Kühe, sagte er, seien wohl die einzigen in Deutschland, die nur handgeerntetes Heu fräßen. Er sah seine Wirtschaftsweise, wie die Sieben-Lindener ihre, als Modell für die Zukunft.

Der Bauer trug am frühen Morgen Wadenstrümpfe aus Wolle, eine Lederhose und eine Wolljacke, um halb acht, wenn die Sonnenstrahlen die Wiese erreichten, zog er die warmen Sachen aus und trug jetzt nur noch schwarze Boxershorts, Holzschuhe und als Nierenschutz einen karierten Wollschal. Sein Körper war fettfrei und kräftig. Kühe liefen vorbei. »Kühe sind Luxus, etwas für Reiche«, sagte er, sie fräßen so viel, dass er nicht mehr als zwei ernähren könne. Der eigenwillige Bauer lebte auf einem Hof im südwestlichen Niedersachsen, hatte über die zwei Kühe hinaus auch zwei Kälber und einige Schafe, Hühner, eine Ziege. Die konnte er mit seiner Muskelkraft ernähren, nicht mehr. Die Muskelkraft, das war sein Maß der Vernunft. Er hätte zum Bioladen gehen und Rindfleisch kaufen können, zumindest etwas Winterfutter für die Viecher. Er glaubte jedoch, dass nur die Handarbeit und der Nahrungskreislauf der Tiere eine positive Energiebilanz aufweisen und ressourcenverbrauchende Wirtschaft nur auf Zeit funktionieren kann. Er wollte so leben, wie er es für natürlich hielt. »Das Paradies ist nun mal vorbei«, sagte er manchmal. Was die Muskeln nicht leisten konnten, war zu viel. »Über unsere Verhältnisse leben« war in Finanzkrisen und wenn man über die Zukunft des Schuldenstaates sprach, eine beliebte Floskel der Politiker und Journalisten. Doch niemand hatte ein Maß dafür, was »unsere Verhältnisse« waren.

Der Bauer hatte es und lebte konsequent danach. Doch sein Maß wollte niemand annehmen. Es galt zwar als fortschrittlich, politisch grün, gegen die Atomkraft und für Nachhaltigkeit, gegen Kinderarbeit in Indien und Wasserknappheit in der Sahelzone zu sein und auch gegen Dumpinglöhne in China und gegen das niedrige Arbeitslosengeld – aber Muskelkraft? Zu der wollte niemand zurückkehren.

Er bewohnte einen großen Hof mit zehn Hektar Land, zur Hälfte Wiese, zur Hälfte Wald. An der Hofeinfahrt hatte der Spaßbauer, wie er sich selbst nannte, eine große Tafel installiert, über die er sich der Außenwelt mitteilte. Heute stand darauf: »40. Heutag! Schaffe ich's nochmal? Zwanzig Tage brauche ich wohl noch.« Selten reagierte jemand darauf. In der Nachbarschaft lag ein Fachwerkgehöft, in das ein Mann aus der Stadt gezogen war. Er hatte dem kauzigen Selbstversorger neulich geraten: »Du musst die Sachen so formulieren, dass die

Leute machen, was du von ihnen willst.« Der Bauer hatte geantwortet: »Ich will sie so formulieren, dass die Leute verstehen, was ich denke und fühle.« Der Bauer schrieb auf diese Tafel aber auch manchmal sehr deutliche öffentliche Aufforderungen an seine Nachbarn, etwa dass sie keine Chemikalien mehr auf die Felder spritzen sollten.

Der Hof selbst zerfiel. Ein Brett hing vom Dachgiebel herab. Im Schweinestall lagen, hingen, standen: eine Schubkarre mit Brennnesseln, Fahrräder, ein ausgestopfter Hase, Kinderbilder, Taue, trocknende Tierdärme, ein Kanu, alte Holzräder, luftgetrocknetes Schaffleisch für den Winter. Draußen trocknete ein Fell in der Sonne, vor einer Regenwanne standen schmutzige Einmachgläser, auf der Wiese verstreut lagen Tierschädel. Auf der Stalltür stand geschrieben: »Ich bleibe auf dem Land und ernähre mich, wie ich kann.«

Als ich den Hof zum ersten Mal betreten hatte, dachte ich: »Hier wohnt ein Irrer.« Nach vier Tagen war ich wieder zurück in der Welt und wunderte mich eine Zeit lang sehr über die Welt. Diese konnte der Selbstversorger von dem Südwesthang aus, auf dem seine Wiese lag, beobachten. Das Land war weit und schön, auf der Wiese lagen Kuhfladen und Ziegenkötel. Von hier oben überblickte der halbnackte Mann die Höfe und Felder seiner Nachbarn, einer der Bauern brummte mit einem Hundert-PS-Fendt-Traktor über seinen Acker. Jener spritzte das Unkrautbekämpfungsmittel Glyphosat.

Seit vor drei Jahren die Frau des Naturbauern und ihre gemeinsamen beiden Söhne ausgezogen waren, die besser leben wollten, hatte er sich auch vom kommunalen Wassernetz abgekapselt und war zur Quelle zurückgekehrt. Nun hatte er Angst, das Glyphosat seines Nachbarn könne ins Quellwasser gelangen. Er wollte es aber nicht auf Schadstoffe messen lassen, dann würde es ihm nur nicht mehr schmecken. Mit seinem Nachbarn war er zerstritten. Er sagte ihm gelegentlich seine Meinung, und der Nachbar verzweifelte an dem kauzigen Sonderling.

Der Bauer molk die Ziegen und machte täglich einen frischen Käse aus der Milch. Nachmittags zapfte er sie an, wenn er Lust auf einen süßen Schluck hatte. Lud er Bekannte oder seine Kinder zum Essen ein – es gab Eintopf, Trocken- oder Dosenfleisch –, mochte kaum jemand kommen. Wenige seiner Gäste wollten diese Kost. Sein Geschirr spülte er in einer Regenwasserwanne vor dem Stall. Seine Bettlaken wusch er mit kochendem Wasser, die Kleidung mit kaltem Wasser mit Molke, das Geschirr leckte er ab und spülte es dann mit der Wasser-Molke-Mischung. Sich selbst wusch er täglich im Bach und wöchentlich mit warmem Wasser und Seife. Im Winter beheizte der Bauer nur ein Zimmer. In dessen Mitte stand dann ein gusseiserner Ofen, auf dem sich kochen ließ.

Die Quelle fiel manchmal trocken, dann ging der Bauer mit einem Eimer zur nächsten, vier Kilometer entfernten. Im Winter musste er kaum drei Stunden am Tag arbeiten, er las stundenlang Romane über die Südsee. Donnerstagabends ging der Bauer Tangotanzen. Dann trug er eine schwarze Stoffhose und ein rotes Achselshirt, radelte eineinhalb Stunden lang über die Hügel in das Tagungshotel »Wilde Rose«. Er tanzte barfuß.

Der Bauer glaubte, dass eines Tages sehr viele Menschen aufs Land würden zurückziehen müssen. Die linksliberale Politikszene, in der einige seiner alten Kumpels aus der Anti-Atomkraft-Bewegung heute Posten hatten, ging ihm auf die Nerven.

»Ich kann mich doch nicht hinstellen und andere als Atommafia beschimpfen, wenn ich nicht selbst die Muskeln habe und Heu mit der Sense mähe«, sagte er. Er hielt die permanente Suche der Städter nach Selbstverwirklichung und Unabhängigkeit für eine Illusion, doch wie er gegenüber anderen Lebensentwürfen redete, das hatte auch etwas Überhebliches. Die Stadt war ihm so fremd geworden wie er selbst einem Besucher, der aus der Stadt kam.

»In Mexiko oder Guatemala fand ich die Menschen schöner«, sagte er. »Ich glaube, dass es sich in einem Land, in dem es kein Hartz IV gibt, aber viele Kleinbauern, würdevoller leben lässt.«

Vor ein paar Jahren hatte er handschriftlich ein Buch geschrieben. Ich las es, er schrieb an die Städter: »Arbeiten Sie ein halbes Jahr mit uns, und Sie werden nicht mehr von Umwelt reden, weil Sie dann erleben, dass Sie die Umwelt sind.«

Mit seinen Fäkalien düngte er die Wiese, das war konsequente Kreislaufwirtschaft. »Für mich ist Scheiße Gold. Dass wir aus Scheiße Sondermüll gemacht haben, darin sehe ich das Symbol für den Niedergang unserer Kultur«, sprach er.

Auch im Ökodorf Sieben Linden gab es Kompostklos, doch hier wurde weniger über die eigenen Exkremente gesprochen. Hier war Scheiße vielleicht nur Silber. Man sprach lieber über das, was man bereits Gutes tat, als über die Widersprüche zwischen Ideal und tatsächlichem Leben. Jeder Mensch, der für sein Leben solche Ideale hat und sie verletzt, erlebt solche Konflikte, und für viele ist das der Grund, die Ideale früher oder später zu relativieren, weshalb es mir sehr imponierte, dass die Menschen hier ein ganzes Dorf gebaut hatten und in die Felder der Altmark ausgewandert waren, um ihre Ideale zu verwirklichen. Auch sie wollten in der Natur leben, ohne sie zu verbrauchen, auch sie taten demnach schon Gutes: siebzig Prozent beim Obst und Gemüse, mehr Gutes als Schlechtes.

Die meisten waren Vegetarier, einige aßen aber auch Fleisch. Andere waren strenge Veganer, sie aßen kein Produkt, zu dessen Entstehung ein Tier beigetragen hatte. Entlang dieser Fronten kam es gelegentlich zu Konflikten. Im Dorf war es einmal zu einem politischen Streit zwischen Nichtveganern und Veganern gekommen, der um Fragen der Tierhaltung ging. Die Fleisch-Agnostiker wollten im Dorf Nutztiere halten und auch Hühner schlachten, die Veganer wollten jede Tierhaltung verbieten. Mittlerweile war ein Kompromiss gefunden, der jede Schlachtung verbot, die Haustierhaltung aber in Ausnahmefällen erlaubte (etwa Meerschweinchen für die Kinder) und der einer an der Dorfgrenze gelegenen Fuhrhalterei gestattete, Nutzpferde zu halten, wenn diese nicht unter Gewaltanwendung eingesetzt würden.

Auch zum Wasser waren die Menschen hier sanftmütig: Ein fünfzig Meter tiefer Brunnen versorgte das ganze Dorf. Abwasser, Spülwasser und Urin wurden in einer Schilf-und-Kiesel-Kläranlage gefiltert und dann in dem angrenzenden Wald verrieselt, damit es zurück ins Grundwasser sickern konnte. Der kompostierte Kot aus den Plumpsklos wurde nach zwei Jahren in der Baumschule wieder als Nährboden eingesetzt.

An einem Abend aß ich mit dem kranken Wolf im Gemeinschaftsraum Spinatsalat. Er hatte die Chemotherapie vor einigen Wochen abgebrochen. Als Wolf im Winter einen Termin für eine neue Chemo beim Arzt ausmachen wollte, sagte man ihm, erst in vierzehn Tagen habe dieser wieder Zeit. Wolf ging im Wald spazieren. Er dachte gründlich nach und beendete die Strahlentherapie. Stattdessen entschied er sich dafür, seine Seele aufzuräumen. Er sprach von nun an, anders als zuvor, alles aus, was ihn bedrückte, und ließ dafür sogar einen alten guten

Freund aus Indien anfliegen, um mit ihm einen Streit abzuschließen, der ihn viele Jahre belastet hatte.

Es gibt einen älteren Film über Sieben Linden. Darin kommt auch Wolf zu Wort, der gesunde Wolf mit demselben grauen Bart von der Oberlippe bis zum Hals, aber ein Wolf mit fünfzehn Kilogramm Körperfett mehr und hundert Falten weniger. Er zeigt im Film auf eine Baumreihe, die sehr weit weg hinter einem großen Maisfeld zu sehen ist: »Die Kiefern dahinten sind meine Palmen.« Wolf schien mir ein Romantiker in einer politischen Welt zu sein. Wir tranken Kräutertee zum Spinatsalat. Wolf grüßte fast jeden der vielen Essensgäste, die am Büfett standen. Seine Krankheit interpretierte er als einen Auflösungsprozess. Er sagte, er gehe immer mehr von einem groben, materiellen Wesen in ein »feinstoffliches« über, werde sensibel für die Energien, die im Rasen steckten, in den Bäumen, in allem Leben, wie für den Geist Luce, der im Blumenbeet lebte. Dazu gehöre es auch, sein Ego abzubauen, und zwar vollständig. »Danke, danke dir für alles, das Gespräch, dass du hier bist. Das tut mir so gut«, sagte er.

Nachts war eine Party für uns Seminarteilnehmer. Drei ältere Frauen tanzten, ich sprach mit Gisi. Mein Backenzahn schmerzte unentwegt. Der grüne Gisi, ein Junggeselle und Gitarrenlehrer auf der Suche nach einem neuen Leben in einer Gemeinschaft, eine schlaksige Erscheinung mit lockigem langem Haar und einer Brille mit runden Gläsern in der Größe von Fünfmarkstücken, brachte mir aus seinem Zelt eine Zahnmedizin – »selbst angesetzten« Schwedenbitter, wie er sagte. Wir gingen vor die Tür, die Luft war kühl. Nur wenn Schwedenbitter und Ringelblumensalbe nicht helfen, sagte er, müsse man wegen seiner Krankheiten zum Arzt gehen. Ich spülte den bitteren

Kräuteralkohol fünf Minuten lang in der linken Wange, er brannte auf der Zunge und im Backeninneren. Gisi schaute zu und lachte wie ein freundliches Teufelchen, zappelte fröhlich mit dem Oberkörper und sagte: »Schwedenbitter rulez.«

Zum Abschluss des Kennenlern-Wochenendes spielte der Seminarleiter am Mittag wieder auf seiner Gitarre. Diesmal sangen wir ein Lied, dessen Text mich an Kinderschlafmusik erinnerte. Es klang so: »Bobo Malek, Bobo Malek, Suschu Maja.« Der Gitarrist schloss seine Augen fest und schwang seinen Körper beim Singen gefühlvoll hin und her. Jetzt müssten wir alle viel mehr spüren als zu Beginn des Seminars, sagte er. Ich spürte Zahnweh und fühlte mich bedrängt. Die Gruppe schien energetisch aufgeladen, ich war müde, der undichte Stöpsel in der Energiebadewanne. Ich betrachtete den todkranken Wolf, der »Bobo Malek« sang, und ich sang dann doch mit. Für Wolf war dieses Singen vielleicht der Höhepunkt seiner letzten Wochen. Er hatte seine Augen fest geschlossen.

Dann kam die Fazitrunde. Der Indianerstab wurde wieder herumgereicht, wer ihn hielt, lobte: »Sehr berührend«, »Die Erlebnisse werden lang nachklingen«, »das Ursprüngliche«, »das Spirituelle«. »Wir sind Gemeinschaft geworden, nicht?«, sagte Wolf. »Ja, toll, Menschen kennenlernen, sich nahekommen«, sagte die lustige Lena.

Das Bedürfnis nach Nähe und Gemeinsamkeit musste wieder sehr groß geworden sein in unserer Zeit, man sah es nicht nur bei Fußballfans. Wir wussten nach zwei Tagen kaum etwas voneinander – außer unseren albern garnierten Vornamen – und waren doch zu einem schwingenden Menschenkreis geworden.

Am Abend würde eine weitere Gästegruppe zusammenkommen, das war meine nächste Chance zum Mitschwingen.

Wir schwitzen gern für die Pferde

Ich freute mich nach dem vielen Reden und Tanzen auf die körperliche Arbeit in der »Pferdebauwoche«. Ich zog in ein Lehmhaus um, in dem neben mir noch zwei weitere Teilnehmer der Arbeitswoche schliefen. Es hieß »Villa Strohbunt«. Das Haus hatte eine friedliche Aura, massive Baumstämme trugen es. Sie waren von außen und innen sichtbar. Es gab über unseren Matratzen im Obergeschoss wenige schwache Leselampen und sonst kein elektrisches Licht. Auch eine Heizung gab es nicht, doch die dicken Lehmwände wärmten, und Wolldecken lagen im Wandschrank.

Meine neuen Mitbewohner waren eine drahtige, ältere Frau mit Kurzhaarfrisur und Hardy, ein junger Kerl, der hier war, um für ein freiwilliges ökologisches Jahr Probe zu arbeiten. Die Frau schlief in der anderen Ecke. Es gab einen Nebenraum, der durch einen Vorhang abgetrennt war; hier zog sie sich abends und morgens um. Hardy lag links neben mir.

Am Montagmorgen gingen wir durchs Dorf und dann einen Hügel hinauf. Es gab Wege, die mit türkisen Steinen am Rand markiert waren, und Wege mit roten Steinen. Die roten Wege zu gehen war für Gäste verboten, sie wurden nur von den echten Ökodorfbewohnern genutzt. Unser Weg in die Fuhrhalterei führte an drei Äckern vorbei, auf denen vereinzelt Menschen in beigefarbenen Westen oder mit Filzhüten Setzlinge pflanzten. Sie sahen aus wie die Tolstojaner im Russland der vorletzten Jahrhundertwende. Oben befand sich die Fuhrhalterei, hier traf sich unsere Gruppe. An der Pferdebauwoche nahm noch ein Dutzend Leute teil, die nachts in Zelten schliefen oder in Wohnmobilen. Wir saßen vor dem Pferdestall im Stuhlkreis und stellten uns einander vor. Diesmal wählten wir die Methode, dass wir uns Tiernamen zu unseren Vornamen ausdachten, die mit denselben Anfangsbuchstaben begannen: Nora Nashorn, Sebastian Seelöwe, Nino Nasenbär, Ole Otter, Hardy Hamster, Nadja Nacktschnecke, Gerd Gans, Jan Jaguar. Die Chefin hieß Silke. Silke Hagmaier war die Pferdespezialistin des Ökodorfs, sie trug ein türkisfarbenes Stirntuch. Ihr Haar wallte über beide Schultern. Obwohl es schon grau war, sah es aus wie leuchtende Sonnenstrahlen auf einer naiven Kinderzeichnung. Silkes Gesicht lachte auch, wie die Sonne lachen konnte, doch trotzdem wirkte sie streng. Von Silke Hagmaier war in dem Film über Sieben Linden zu erfahren, dass sie als Aufnahmeritualhandlung ein Goldamulett am Dorfeingang vergraben hatte, das sie von ihrer Großmutter geerbt hatte. Sie könne die Stelle heute nicht mehr wiederfinden. Es sei ihr wichtig gewesen, die Verhaftung an solche Gegenstände zu verlieren, sagte sie. Nun teilte sie uns mit, dass noch jemand spät am Abend dazukommen werde, der an einem Ritterturnier nahe Berlin teilgenommen habe, Autos ablehne und nun neben seinem Pferd herfahrend auf dem Fahrrad zurückreise.

In der Pferdebauwoche sollten wir keine Pferde bauen, sondern den Pferdestall und die Gehege der Wallache ausbessern, die hier im Ökolandbau als Zug- und Pflugtiere eingesetzt wurden. Einige hatten sich Urlaub dafür genommen. Andere wollten erfahren, ob so ein naturnahes Leben gut für sie sei, wieder andere schätzten die archaische Auszeit vom Büro. Für unsere Mitarbeit bekamen wir den Schlafplatz gratis, für die Verpflegung zahlten wir sechzig Euro. Das Ökodorf profitierte von der Entfremdung der Stadtmenschen: Mal kamen Leute, um im Rahmen von »Einkochwochen« Marmelade zu machen, es gab Gartenbauwochen oder einwöchige Arbeitsdienste für junge Leute (»Jule-Bauwochen«).

Wie eine Gauchoranch in Argentinien lag die Fuhrhalterei in der Landschaft, etwa zweihundert Meter vom Dorf entfernt und leicht erhöht.

Um halb neun begann hier die Arbeit. Sie begann anders als in der Wirtschaftsredaktion der F.A.Z. Wir bildeten einen Kreis und fassten uns an den Händen, schlossen die Augen, atmeten tief ein und aus. Ein, zwei Minuten lang. Dann sangen wir einen Morgenkanon, wie fortan jeden Morgen. Silke sang ihn mit einer hohen Stimme vor, die unerwartet zart klang:

Round and round the earth is turning,
turning, turning round to morning
and from morning round to night.

Der Arbeitsblues war uns eingetrichtert. Im Kopf lief er den ganzen Tag weiter. Sonst gab es nur noch zwei Geräusche: Vogelzwitschern und Hämmern.

Silke gehörte zu den Hardlinern. Die Hardliner aus Sieben Linden waren im »Club 99« organisiert, einer der Nachbarschaften, deren Gründungsmitglieder dreizehn Jahre zuvor begonnen hatten, sich wie Henry David Thoreau vor hundertfünfzig Jahren ganz ohne Strom und elektrische Geräte und nur mit Handarbeit ein erstes Haus zu errichten, die »Villa Strohbunt«. Das naturnahe Bauen war mühsam: Um einen acht Meter langen und etwa fünfzig Zentimeter dicken Baumstamm mit Muskelkraft durchzusägen, brauchten die Frauen und Männer anfangs eine Dreiviertelstunde. Sie bauten schuldlos und ehrlich, so wie die Ausgebeuteten der Dritten Welt. Zu Beginn lief noch einiges schief. Sie hatten auf chemische und natürliche Holzschutzmittel verzichtet, und nach einiger Zeit malmten Holzbockkäfer so laut in den Balken, dass das Geräusch nachts beim Schlafen störte. Silke und ihre Freunde mussten das Gebäude aufwendig retten: Es wurde mit Folie verkleidet und innen auf mehr als sechzig Grad erhitzt. Die Käfer starben, es war keine vegane Heldentat. Das zweite Gebäude bauten die Naturmenschen später mit nassem Holz, weil darin noch keine Käfer sein konnten. Aber etwas anderes Missliches geschah: Die Balken schrumpften, als sie trockneten, und im Lehm der Wände bildeten sich Risse, die jetzt noch da waren.

Nun war der Club milder geworden und setzte auch Maschinen ein. »Sorgenfrei« wollten diese Leute nie werden, im Gegenteil, sie sorgten sich viel, vielleicht mehr um die Menschheit als um sich selbst. Sie zogen Konsequenzen aus dem, was sie als richtig und falsch begriffen, und verzichteten dafür, das Gute zu tun, auf Komfort. Sie waren so gesehen Gegenmodelle zum Bürger.

Als wir alte Holzpflöcke aus der Erde drehten, fragte ich mich, was eigentlich ein Bürger ist. Vielleicht das: ein Mensch, dem Status, materielle Sicherheit und soziale Anerkennung wichtiger sind, als dass er auf ebendiese Dinge verzichtet, um den Weg der Wahrheit zu gehen. Um das zu verschleiern, unternimmt er so allerlei. Etwa behauptet er, es gäbe keine Wahrheit. Das nimmt ihm die Last der Konsequenz und zieht eine angenehme Trennline zwischen ihm und denjenigen, die von der Wahrheit sprechen, denn diese kann er nun als Fanatiker und »gefährlich« bezeichnen oder sie belächeln. Und so ist er selbst fein raus, da er sein eigenes angepasstes Leben im goldenen Licht der Friedfertigkeit erstrahlen lässt und die Notwendigkeit, den Radikalen, ob Ökos, Religiösen, Linken oder Rechten, nur ein Wort zuzuhören, nicht mehr gegeben ist. Er muss nicht aussehen wie ein Bürger aus Heinrich Bölls Zeiten: mit Schlapphut, Ballonhemd und frisch gewichsten Schuhen. Der Bürger trägt heute auch verwaschene Jeans und Sneakers. Diese Definition, mit der ich auf die Reise ging, war nicht sehr freundlich gegenüber dem Bürger. Aber ich durfte es mir erlauben, denn ich war selbst einer.

Die Fuhrhalterei sah aus wie der Pferdehof eines Landadligen im Mittelalter. Drei Ställe aus verwittertem Holz standen auf dem Gelände, zwei dicht beieinander, einer weiter oben am Hügel. Dazwischen weideten sechs Pferde.

Wir Gastarbeiter hatten für die Woche mehrere Aufgaben. Wir sollten alle Querbalken eines morschen Rondells und alle Außenzäune erneuern. Recht häufig mussten sie ersetzt werden, da Silke Hagmaier immer noch auf Holzschutzmittel verzichtete. Das morsche Holz, das wir nun abnahmen, würde zu Brennholz gemacht oder kompostiert werden. Des Weiteren sollten wir einen achtzig Meter langen Graben schaufeln, durch ihn würde später eine Wasserleitung neu verlegt werden, damit die Pferdetränke von der einen an die andere Grenze des Geheges verlegt werden könnte. Dadurch müssten die Pferde von der Futter- zur Wasserstelle einen weiteren Weg laufen als bisher. Das würde sie in Bewegung halten. Der Sinn unserer Knochenarbeit war es also, auch noch den Tieren das Leben schwerer zu machen.

Ich schaufelte am ersten Tag gemeinsam mit meinem Mitbewohner Hardy den Graben aus. Wir mussten aussehen wie zwei Moorarbeiter im siebzehnten Jahrhundert. Hardy, vierundzwanzig und gelernter Motorradtechniker aus Cottbus, suchte nach einer Perspektive. In seinem Ausbildungsberuf hatte er keine. »In Cottbus kannst du nur im Callcenter arbeiten, studieren oder arbeitslos sein«, sagte er. Ein Leben als selbstversorgender Kleinbauer reizte ihn: ehrliche Arbeit, bescheiden. Aber er verstand nichts von Landwirtschaft. Daher überlegte er, hier erst mal ein FÖJ zu machen.

Nach vier Stunden bildete sich eine Blase an meinem Daumen. Ich setzte den Spaten tief in die Erde, atmete ein, schaute herab auf das Dorf und fühlte mich wie ein Siedler in kanadischen Wäldern. Ich spürte den Reiz, den dieses Lebensmodell hatte: sich eine neue Welt in den verlassenen Wäldern bauen. Bon Iver war für ein paar Wochen in eine Waldhütte gegangen, damit ihm ein neues Album einfiele. Es fiel ihm ein, und es war gut. Am Ende des ersten Tages war der Graben einen Meter tief und fünfunddreißig Meter lang. Ich staunte, was wir geschafft hatten. Wenn man nach acht Stunden Arbeit sein Büro verlässt, sieht alles so aus wie sonst. Es fühlte sich gut an, etwas Konkretes geschaffen zu haben.

In dieser Nacht schlief ich wie ein Baby. Meiner Mitbewohnerin Sophie ging es auch so, sie behauptete, das liege an der Freiheit von Strahlen und daran, dass das Lehmhaus atmete, denn es stand im Wald und war aus Wald. Trotz des guten Schlafs schmerzte mein Zahn am nächsten Morgen. Zahnweh – meine Reise zu den Wurzeln. Sophie, die Schlange, legte mir am Frühstückstisch nahe, Nelken zu lutschen, das wirke betäubend. Ich stahl zehn Nelken aus der Küche und lutschte die erste. Nach etwa einer Stunde – wir standen wieder im Graben und schaufelten – ließ das Zahnweh nach. Das Bio-Betäubungsmittel wirkte, es war nicht schlechter als Aspirin. Wie ein Kleinbauer aus Equador, der bei der Kaffeeernte Kokablätter kaut, arbeitete ich mit Hardy weiter.

Am Nachmittag nagelten wir dünne Kiefernstämme quer an Eichenpfähle, der neue Zaun entstand. Wir hämmerten Stunden. Schnell gewöhnte ich mir eine Bewegung an: Ich wendete regelmäßig mit meiner Zunge die Nelke in meiner Backentasche hin und her, damit sie ihre Heilkraft bestmöglich entfalten konnte. Pock, pock, pock, der nächste Kiefernstamm. Die Nelke, mein Kokablatt, wurde herber. Die Luft war kühl, die Arbeit wärmte von innen. So könnte ich Monate weitermachen und Jahre, bis meine Zähne schwarz würden und ausfielen und ich immer mehr von innen her lachen würde. Ich fühlte mich wie ein Arbeiter auf einer Plantage in Kolumbien. Weltoffene Reisende, die anhielten und mir zuschauten, würden ein paar Fragen stellen, wieder in ihre Autos steigen, zurück in ihren Alltag fahren und abends beim Rotwein denken: Vielleicht sind diese Bauern glücklicher als wir.

Von veganem Essen satt zu werden dauerte wie das ökologische Bauen auch länger: Es gab fantasievolle Salate, Rohkost und Samen, Kartoffeln und gekochtes Gemüse, Kürbisecken aus dem Ofen. Dann hämmerten wir wieder eineinhalb Stunden, und schon war Kaffeepause. Eine ältere Dame, die dem Club 99 angehörte, brachte uns Kaffee und köstlichen Rohkostkuchen aus Rosinen, Hanfsamen, Mandeln, Mohn, getrockneten Buchweizenkeimlingen, Sojaquarkcreme und zerriebenen Zitrusschalen, garniert mit Veilchen. Auch er war kauintensiv. Zahnweh! Die Pferde hinterm Zaun kauten derweil Rinden frischer Birken. Sie mussten gute Zähne haben, sie fraßen Baumrinden, wir aßen Körnerkuchen, die ganze sachsen-anhaltinische Gauchoranch kaute.

Bis zum Abendessen standen Hardy und ich wieder knietief im Graben. Es machte zufrieden, das Land so zu verändern, dass es dem Menschen nützlicher wurde als zuvor. Es war eine banale Einsicht und gleichwohl erschreckend, dass ich seit mehr als zehn Jahren keinen Spaten mehr in der Hand gehabt hatte und auch sonst keine handwerklichen Geräte außer einen Hammer zum Bilderaufhängen. Jetzt fühlte ich mich so frisch wie als Fünfjähriger beim Staudammbauen an einem Bach. Wir hoben Berge an feuchter Lehmerde heraus ans Licht, und ich konnte wieder das archaische Siedlerglück nachvollziehen. Für das eigene Dorf arbeiten, Land erschließen, hämmern, damit die Familie den Winter überlebt, Land urbar machen und wieder mit den Händen zu erfahren, woher Wohlstand kommt und wie kostbar er ist.

Gleichzeitig aber erinnerte mich unsere Arbeit am Graben auch an ein Arbeitslager. Es hatte etwas von überflüssiger Quälerei, mit einem Bagger hätte man den Graben in zwei Stunden fertigstellen können, wir benötigten Tage. Die DDR, fragte ich Hardy, habe doch solche Lager nicht unterhalten, dafür sei sie zu human gewesen, sie habe die Systemfeinde doch einfach nur weggesperrt? Er wisse es nicht, sagte Hardy: »Weeß ich ooch nich.« Keinen Satz sagte er häufiger als diesen. Dann sagte er doch noch mehr: Heute gebe es in Cottbus solch ein Arbeitslager, das wisse er sicher, dort seien Behinderte interniert. Es heiße »Beschützende Werkstatt«, die Behinderten müssten dort Wachs von alten Kerzenstummeln zusammenkratzen und neue daraus formen, damit die Kirche sie billig von der Werkstatt kaufen könne. Er meinte es ernst. Derartige Lager gebe es auch in Westdeutschland, sagte ich. Es war immer ein Gewinn, sich voneinander zu erzählen.

Die Pferde schwitzen gern für uns

Die Veganer sagen, es gebe in der Fleischfrage kein »Sowohl-als-auch«. Jedes vom Menschen verursachte Tierleid sei eine Sünde. Wer sagt, Tiere zu schlachten und zu essen sei natürlich, gilt ihnen als unmoralisch. Als ich erzählte, dass ich neulich angeln gewesen war, schauten die Veganer anklagend. Nadja, die Nacktschnecke, die selbst auch fast keine tierischen Produkte aß, sagte, sie sei aber keine Vegetarierin: »Mal einen schönen Wildschweinschinken, warum nicht?« Ich war dankbar für diesen Satz, die darin mitschwingende Toleranz fühlte sich warm an. Mir fiel ein Test ein, mit dem man tolerante von dogmatischen Veganern unterscheiden konnte: Biete ihnen ein Stück Schokolade an, und wenn sie sagen: »Nein danke«, sind sie tolerant. Wenn sie sagen: »Nein, ich bin Veganer, in jedem Stück Schokolade steckt Tierleid«, sind sie wahrscheinlich fanatisch.

Auf dem Esstisch stand eine Flasche Apfelessig. Im Essig schwammen tote Drosophila-Fliegen. Zwei Veganer betrachteten die Glasflasche.

»Fliegen«, sagte der eine.

»Nein, Nelken«, sagte der andere.

»Nein, ich weiß sehr gut, wie Nelken aussehen«, sagte ich.

»Tatsächlich, es sind Fliegen, sie haben Füßchen und Flügel«, sagte der andere.

»O ja. Dann ist das ja nicht mehr vegan«, sagte der eine.

Am zweiten Tag war auch der Ritter angekommen. Tim – groß, blond, hanseatisch – war von Berlin mit Pferd, Hund und Fahrrad hergefahren. Er trug Handwerkerkleidung. Tim stammte aus einer alten Hamburger Reitlehrerfamilie. Er war Dressurreiter und arbeitete als Reitlehrer, bis zum Burn-out. Er hatte nicht mehr hinsehen können, wie die reichen Hamburger die Pferde wie Gebrauchtwagen behandelten, wie sie zweiundzwanzig Stunden im Stall standen, um eine Stunde geritten zu werden von Leuten, die kaum reiten konnten. Er war ein praktizierender Tierfreund: In seiner Studentenzeit hatte er mal für einen Feinkostversand gejobbt, er fuhr lebende Hummer und Flusskrebse zu den Kunden, doch auf jeder Tour schenkte er heimlich drei Flusskrebsen in der Elbe die Freiheit. Nun machte er im Club 99 eine Probezeit. Er wollte herziehen und künftig mit einem Freund die Landwirtschaft in Sieben Linden ausbauen.

Wenn wir in der Fuhrhalterei arbeiteten, ging Silke manchmal stundenlang mit einem Pferdepflug und zwei vorgespannten Tieren über den Acker. Man sah sie hin und her laufen, es sah gemütlich aus, Silke rief Kommandos, manchmal blieben die Pferde stehen und zogen das Gespann nach einigen Sekunden weiter. Am Rand des Ackers steckte eine Frau mit Filzhut Salatsetzlinge in den Boden. Es war ein archaisches Bild, wie ein naturalistisches Gemälde vom harten Landleben. Plötzlich flog ein Hubschrauber heran, er schwebte fünfzig Meter über dem Boden, stoppte nicht weit vom Rand des Ackers in der Luft, blieb kurz und drehte wieder. »Ein Irrer«, sagte Silke, »niemand weiß, wer das ist. Er ist schon mal zehn Meter über mir mit dem Pferdegespann stehen geblieben.«

Silke redete auf die Tiere ein. Ihr Ansatz war es, die Pferde durch geeignete Kommunikation dazu zu bewegen, dass sie freiwillig für den Menschen arbeiten. Das sollte für die Pferde stressfrei sein, dafür musste der Reiter ein Gefühl für die Körpersprache des Pferdes bekommen, sie selbst erlernen und so das Vertrauen des Tieres gewinnen. Die Bedürfnisse und Psychologie des Pferdes waren zentral, nicht die des Menschen.

»Ein Pferd ist fünfhundert Kilo Gefühl auf vier Beinen«, sagte sie, als sie uns an einem Abend Grundzüge des Pferdeflüsterns vorführte. Ein Haflinger stand neben ihr, er folgte ihr ohne Bockigkeit. »Pferde sind Beutetiere, wir sind für sie normalerweise Raubtiere, die ihren Fluchtinstinkt auslösen, oder Trottel, die sie nicht beachten müssen«, sagte sie. Dann ritt sie das Pferd und führte es nur durch leichte Verlagerung ihres Körpergewichts. Konventionelle Pferdeprofis hielten Silkes Methode allerdings für naiv und romantisierend. Ich stellte mir einen amerikanischen Western vor, in dem in der entscheidenden Schießerei ein Cowboy ein mit roher Gewalt dressiertes Pferd reitet und sein Gegner mit seinem Pferd »kooperativ« kommuniziert. Wer würde gewinnen? Andererseits gab es heute Schießereien eher vor Wettbüros oder beim Edelitaliener, selten vom Pferd aus.

Silke stand kerzengerade. Sie war eine rätselhafte Frau, sie schien sich wie kaum ein Mensch in Tiere einfühlen zu können. Wer so sensibel gegenüber Tieren war, hatte sich die Strenge gegenüber Menschen vielleicht nur angewöhnt, um die Welt besser ertragen zu können.

Schon als sie sechs Jahre alt war, hatte sie von ihren Eltern ein eigenes Pferd eingefordert. Diese wiesen auf die hohen Kosten hin: »Spar erst mal tausend Mark, dann können wir ein Pferd kaufen.« Als sie dreizehn war, hatte sie tausend Mark. Die Eltern verwiesen jetzt auf die hohen Folgekosten für Stall und Futter. Mit fünfzehn zog Silke Hagmaier von zu Hause aus. Häufig sagte Silke heute, das Pferd sei ein Fluchttier. Das Pferd war ein Fluchttier, und Silke war vielleicht ebenfalls ein Fluchttier. Vielleicht lag es auch daran, dass ich sie nicht verstand. Sie blieb mir ein Rätsel, aber ich glaube, sie war keine Tierschutzmissionarin, sie war eine Abenteurerin.

Am dritten Tag schaufelte ich mit Hardy wieder den Graben tiefer. Wir arbeiteten die meiste Zeit gemeinsam, irgendwie verstanden wir uns gut in unserer wechselnden Zu- und Abneigung des Ökodorflebens. Nachts hatte es heftig geregnet, und Sebastian, der Seelöwe, dessen Zelt nur aus einer über einen dicken Ast gezogenen Plane bestand, war von unten mitsamt seiner Isomatte nass geworden. Auch unser Erdgraben war durch den Regen mit frischem Schlamm aufgefüllt. Die Erde hatte sich mit Wasser vollgesogen, jede Schaufel war doppelt so schwer wie an den ersten beiden Tagen. Meine Arme und der Rücken wurden heute schon morgens müde und bleiern. Die Siedlerromantik war wie weggespült. Weiter ging das Buddeln, Stich für Stich. Wir standen bis über die Hüften im Graben. Er war bereits achtzig Meter lang, verlief ganz gerade, und entlang des Grabens lag parallel ein Haufen mit herausgeholter Erde – so wie ein frisch ausgehobenes Grab auf einem Giraffenfriedhof. Wurzelenden, vom Spaten durchtrennt, schauten aus der Erde hervor.

Hirnwichsen? Mitfühlen!

Im Halbdunkel polterten Hardy und ich die Treppen der »Villa Strohbunt« hinauf. Auf dem kleinen Tisch, auf den ich meine Jacke abends legte, fiel mir ein Buch auf. Es hieß *Wie Sie Ihre Hirnwichserei abstellen und stattdessen das Leben genießen.* Es gehörte unserer Mitbewohnerin Sophie, der Schlange. Man sah sie morgens um halb sieben im Schneidersitz auf ihrer Matratze sitzen, und abends schlief sie bei Einbruch der Dunkelheit ein. Sie war spindeldürr, hatte sich aber in der Fuhrhalterei darauf spezialisiert, die Birkenstämme wegzutragen, die wir für die

Zäune verwendeten. Das war eine der körperlich schwersten Arbeiten. Von Tag zu Tag hustete sie häufiger beim Arbeiten. Ich wusste nicht, warum sie sich so quälte. *Wie Sie Ihre Hirnwichserei abstellen …* Mit dem Begriff »Hirnwichserei« musste das Denken gemeint sein. Ich erinnerte mich daran, dass sie oft, wenn Silke von dem Seelenleben der Pferde redete, eifrig zustimmte. »Ja, es sind keine Tiere, es sind fühlende Wesen«, sagte sie einmal. Vielleicht war sie hier, um auch ein ganz und gar fühlendes Wesen zu werden. Ich fürchtete, als ich über sie nachdachte, so ein Mensch, der nur noch fühlte, aber nicht mehr dachte, weil er die Möglichkeiten unseres Denkens als unvollkommen erkannte und daher für gefährlich hielt, war leicht zu überzeugen. Raubtiere und Trottel, Rationalisten und Emotionalisten, Nur-Denker und Nur-Fühler. Letztere sind sicher harmloser als Erstere, aber Letztere sind das Stimmvieh für Erstere.

Am vierten Tag war Christi Himmelfahrt, auch im Dorf hatte der Bioladen zu, die Bauarbeiter arbeiteten nicht, nur wir Baugäste schleppten und hämmerten weiter Kiefernstämme an Zäune der Fuhrhalterei. Silke lag auf ihrem Sofa im Bauwagen und telefonierte. Sie war im fünften Monat schwanger. Wir klopften, schippten, schleppten routiniert, und Silke kam manchmal, um neue Arbeitsaufträge zu geben. Jeden Morgen sangen wir: »Round and round the earth is turning«, und die Melodie ging uns keine Sekunde mehr aus dem Kopf.

Heute musste ich Platz schaffen für ein neues Plumpsklo. Es kam mir so vor, als seien wir Baugäste die Leibeigenen und die Sieben-Lindener die Feudalherren. Ich schob meine Nelke im Mund hin und her, im Kopf lief »Round and round« in einer Endlosschleife, und ich fühlte die innere Freiheit des schwarzen Sklaven, der den Blues im Blut hatte.

Unser Erdloch wurde bald fertig. Wir hatten ein schönes Relief geschaffen. Das Loch enthielt von Hellgelb über Ocker bis rötlich Braun und Schwarz alle Schattierungen, die der Boden der Altmark zu bieten hat. Es war ein Farbenspiel wie in der Quebrada de Humahuaca in Argentinien. In einem Meter Tiefe war die Erde ein hellbeiger Sand wie von einem Traumstrand. Es war toter Sand. An vier Tagen hatte ich darin nicht mehr Lebensspuren gefunden als einen Engerling, einen Regenwurm und einen Knochen. Eine letzte Stunde schaufelte ich mit Hardy. Alle Gedanken versickerten in dem Sand. Die Wahrnehmung war ganz auf den Erdkanal fixiert. Es war schön, die Hirnwichserei abzustellen. Aber wenn das mein Leben wäre, würde ich ein anderes Buch lesen wollen: »Wie Sie Ihre Oberarmwichserei abstellen …«

Der Spaten durchstieß etwas Weißes. Es war innen dickflüssig, außen hart, drei Zentimeter dick und sandig. War es ein alter Knochen? Eine Wurzel? Ein Trüffel? Ich wollte jetzt einen Trüffel finden und schaufelte wie ein Irrsinniger weiter. Ich stieß auf etwas Poröses. Es war ein blutwurstroter Sandstein, der von kleinen Steinchen durchsetzt war. Er sah nicht aus wie ein Trüffel, aber ähnelte einer Leberwurst. Ich hatte eine vegane Trüffelleberwurst gefunden.

In der Kaffeepause lernte ich Gabi Bott kennen, die eine der politisch engagiertesten Sieben-Lindener war. Sie trug Azurblau, ihr Haar wehte im Wind, und ihre Augen leuchteten blau. »Die Ökodorfbewegung wächst von Jahr zu Jahr, und es ist wichtig, voneinander zu wissen und sich zu vernetzen. Wir sind ja nicht hier, um für uns ›Schöner Leben auf dem Lande‹ zu verwirklichen«, sprach sie. »Mein Ziel ist es, an einem gesellschaftlichen Bewusstseinswandel mitzuwirken.«

Abends war ich mit dem örtlichen Fahrradreparateur Sancho zum Tee verabredet, ein grauhaariger Altachtundsechziger, der barfuß in den Gemeinschaftsraum kam. Auch er war einer der politischen Köpfe hier, Jahrgang 1938, Betreiber einer politischen Website, dem Vernehmen nach Außenseiter. Er sagte, wie die meisten seiner Nachbarn sei er auch deswegen hier, um eine Bewegung zu fördern, die angemessene Antworten auf die drohenden Katastrophen böte. Als diese Katastrophen sah er das baldige Ende des Erdöls an, also den »Peak Oil«, aber auch den Rückgang aller nicht erneuerbaren Ressourcen, den »Peak All«: Öl, Stahl, Erze, Seltene Erden. Unsere »westliche Zivilisation und alle Zivilisationen, die kapitalistisch infiziert sind«, hätten den Eisberg bereits gerammt wie einst die »Titanic«, sagte Sancho, der eigentlich Dieter Federlein hieß. Die Ausbeutung der Natur und die Ausbeutung der Armen und politisch Schwachen hielt Sancho für zusammengehörig. Anders als manch anderer sah er die Auffassung aber kritisch, den »Peak All« gewissermaßen als Revanche der Natur an der Ausbeuterei des Menschen zu begreifen. Sonst hätte ich ihn fast für einen alten Marxisten gehalten, der nur in Antagonismen der Ausbeutung denkt. Offenbar ging es diesen Leuten nicht nur darum, auf die düstere Zukunft vorbereitet zu sein, sondern auch darum, sich durch den Ausstieg von der Schuld des Ausbeuters zu befreien. Für wen das erste Motiv zutraf, der war hier, um für sich das zu tun, was vernünftig erschien. Für wen das zweite zutraf, der lebte im Ökodorf nicht für sich, sondern für die Menschheit. So war das ganze Leben Politik. Sancho aber hatte eine recht eigene Vorstellung von der politischen Zukunft: eine Art Aristokratie verantwortungsbewusster, dienender, »feinfühlender« Leute.

Doch wo sollten die bloß herkommen und wie an die Macht? Auch Silke Hagmaier sprach oft vom Peak Oil, sie hatte darüber hinaus einen Artikel über diese Thematik veröffentlicht: »George W. Bush und der Landeplatz der Liebe – Oder: Lieber mit dem Pferdekarren durch die Altmark als mit Vollgas in den Abgrund«. Wenn in zwanzig Jahren der Peak Oil erreicht werden würde, dann würde Silke Hagmaier mit ihrem Pferdepflug eine Pionierin gewesen sein. Wenn der Peak Oil dann noch immer im Bereich der Zukunftsprognosen läge oder Solarparks das Öl uninteressant gemacht hätten, würde Silke Hagmaier eine Frau gewesen sein, die mit Pferden gespielt hat.

Fast alle Arbeit war geschafft. Für ein paar Kannen Tee und Kaffee und einige Körnerplätzchen hatte die Fuhrhalterei einen neuen Zaun, eine neue Trinkstelle und eine neue Scheunenfassade. Hätten Handwerker das gemacht, es hätte Tausende Euro gekostet. Das mussten sich die Arbeitsmarkttheoretiker einmal ansehen, die behaupten, das Angebot an Arbeitskräften hinge von der Höhe des Lohnes ab: Zehn Menschen arbeiteten für zwei Mahlzeiten und zwei Kaffee am Tag und nahmen sich dafür sogar Urlaub. Das Bedürfnis nach sinnvoller Arbeit war groß, Sinn war ein Lohnsubstitut. Vielleicht verdienen die Trader bei den Banken deswegen so viel Geld, weil in der Arbeit keinerlei Sinn zu sehen ist, und nicht, weil diese spezialisierten Leute so rar sind, wie die Banker sagen. Dass die meiste Arbeit gar nicht angefallen wäre, würde Silke Hagmeier Holzimprägniermittel (es gab auch biologisches) nicht als Gift grundsätzlich ablehnen, thematisierte keiner aus unserer Gruppe; und vielleicht war ja auch dieser Gedanke Hirnwichserei.

Am Abend kam es zu einer Unstimmigkeit. Ich telefonierte im Flur der »Villa Strohbunt« ausnahmsweise mit meiner Freundin. Eine Frau aus dem Club 99 kreuzte meinen Weg und erwischte mich dabei.

»Oh, das ist verboten, nicht?«

»Allerdings, Sie müssen das Gelände verlassen.«

Ich ging hinaus in den Wald, der das Lehmhaus umgab. Es war kalt, und ich war immer noch durchfroren vom Tag draußen. Nach fünf Minuten sah ich im Wald weit hinten im Halbdunkel eine Kräutersammlerin mit ihrem Körbchen. Ich ging ein Stück weiter, bevor sie mich mit meinem Handy sehen konnte und sich die Sache herumsprechen würde. Ich fand ein Klohaus, ging hinein und schloss die Tür. Hier telefonierte ich leise weiter.

Am Freitagmorgen passierte ein zweites Unglück. Es führte dazu, dass ich das Ökodorf verlassen musste. Hardy hatte der Bautruppe und Silke auf meine Bitte hin ausrichten lassen, dass ich mich zwei Stunden im Dorf umschauen wollte, um Eindrücke für mein Buch zu sammeln. Silke suchte mich mit der Pferdekutsche auf, um mir mitzuteilen, dass es so nicht gehe. Wenn ich nicht mitarbeite, sei ich offiziell ein »Platzgast« und kein »Baugast« mehr. Und als Platzgast müsse ich siebenunddreißig Euro zusätzlich am Tag zahlen, das müsse jeder an jedem Tag, an dem er nicht sechs Stunden Arbeit leiste.

Ich entschied mich, Sieben Linden zu verlassen. Ich musste auf einem Zettel unterschreiben, dass ich an der Bauwoche teilgenommen hatte; mit diesem Zettel würde die Fuhrhalterei noch eine Erwachsenenbildungszulage vom Land Sachsen-Anhalt beantragen. In unserer Bildungsrepublik fiel also auch schon das Ausheben von Gräben unter Erwachsenenbildung.

Ich ging nach Poppau, vorbei am Globolo, wo der kranke Wolf wohnte, der am Tag nach unserem Kennenlernseminar einen schweren Zusammenbruch erlitten hatte, aber dem Tod einmal mehr entkommen war. Der Bus fuhr nach Salzwedel, und bevor ich dort in meinen Zug stieg, aß ich im Imbiss am Bahnhof Currywurst und Kartoffelsalat. Es war billiger Mist, eine kulinarische Beleidigung nach dem guten Bio-Essen, vielleicht auch Tierquälerei. Doch der Imbiss tat mir gut; er war ein stiller Protest.

Im Radio lief ein altes Kinderlied: »Stups, der kleine Osterhase, fällt andauernd auf die Nase. Ganz egal, wohin er lief, immer ging ihm etwas schief.«

KAPITEL 3

Der Waldmensch aus dem Westerwald

Ich war ins Auto umgestiegen, in dem ich notfalls schlafen konnte, denn der Waldmensch würde keinen Dachboden für Gäste haben; und außerdem wusste er nichts von meinem Besuch. Ein Film aus Bäumen lief links und rechts vorbei, kurz schaute die Burg Greifenstein durch das grüne Flimmern, von deren Turm eine gewaltige Deutschlandfahne herabhing. Einige Leute hatten in ihren Vorgärten kleine Fahnen von Eintracht Frankfurt oder Bayern München aufgehängt. Sie identifizierten sich mit den Vereinen, doch wahrscheinlich kannte nicht ein Spieler von Bayern München oder Eintracht Frankfurt den Ort Arborn im Westerwald. Arborn bestand aus etwa fünfzig Häusern, die fehlerfreie Gärten und so wunderbare Garagentore hatten, als sei dies kein Dorf, sondern die Weltleitmesse für Garagentore.

Schon der erste Mann am Straßenrand wusste, wo der Waldmensch lebte: hinten links, das Auto nach hundertfünfzig Metern stehen lassen, zu Fuß die Wiese hinauf, bis der Bauwagen zu sehen sei.

So machte ich es – parkte an der beschriebenen Stelle, lief hoch und sah tatsächlich den Wagen, obwohl er wie zur Tarnung grün angestrichen war. Er blitzte hinter Baumstämmen und Ästen hindurch.

Der Tag war kalt wie im Februar, was war das für ein Frühling? »Via Campesina« stand auf einem Bretterzaun, der den Durchgang zum Bauwagen versperrte. Der Weg hieß wie die internationale Landarbeiter- und Kleinbauernbewegung, die für Landreformen, Kleinbauerntum und gegen die industrialisierte Landwirtschaft kämpfte. Ich fand ein Namensschild und einen Bioland-Aufkleber, aber keine Klingel.

Der Waldmensch wusste nichts von meinem Besuch. Ich schrie: »Herr Hamacher? Herr Haaamacher!«

Wolfgang Hamacher kam Minuten später aus einer Bretterbude, die sein Schafstall war. Er roch nach Tier. Die Klingel wäre doch am Baum gewesen, sagte er – dort hing tatsächlich eine Glocke. Der Waldmensch trug erwartungsgemäß einen langen Bart. Herr Hamacher war schmutzig, aber nicht verwahrlost. Seine Haut wirkte für einen sechzig Jahre alten Waldmenschen weich, seine Ohren waren von geplatzten Äderchen rot gefärbt. Der Frost dieses langen Winters, der gerade erst seit ein paar Wochen vorüber war, hatte sie gesprengt.

Das war Hamachers Winter gewesen: weniger als null Grad morgens im Bauwagen, als er aufwachte. Vier Monate lang Schnee. Ein Westerwald wie in Russland. Der Holzofen und fünf Kisten Bücher haben ihn am Leben gehalten. Er las jedes einzelne. Die Kisten hatte er aus dem Nachlass von einem Bekannten aus dem Dorf bekommen, der den Winter nicht überstanden hatte.

Wolfgang Hamachers Nase stützte eine Lesebrille mit Messingrand. Die Haare, die hinter der runden Glatze noch wuchsen, waren zu einem kurzen Zopf zusammengefasst. Der Waldmensch wirkte streng wie ein orthodoxer Mönch aus einem sibirischen Kloster, doch sein rheinischer Akzent verlieh seiner Erscheinung Heiterkeit. Er bat mich herüber in seinen Bauwagen. Ich erzählte, weshalb ich hier sei; er überlegte kurz und erlaubte mir, zwei Nächte zu bleiben. Er stellte sonst keine Fragen zu meinem Buch und machte nur eine Einschränkung: »Fürs Doppelbett kenne ich Sie nicht gut genug.« Er war der erste Mensch, der mich auf dieser Reise siezte.

Wieder diese vormoderne Offenheit. Wie Reiner und Heike in Vorpommern nahm er mich einfach so als Gast auf. Auch in Arborn hätte ich an vielen Türen klopfen können, und irgendwann hätten sie dann vielleicht die Polizei gerufen.

Staub und Fett halten sich die Waage

Wir rauchten im Bauwagen ein paar Zigaretten, und Herr Hamacher begann zu reden. Der Waldschäfer Wolfgang Hamacher, geboren 1950 in Köln, gelernter Gärtner und Tierpfleger, Erstkontakt mit der alternativen Szene 1983 am Bodensee, lebte hier ohne Wasseranschluss und elektrischen Strom. Er kochte mit Gas, heizte mit Holzstücken, die er vom Waldboden auflas, aß viel Schaf und ansonsten billige Sachen aus dem Supermarkt, die er sich von dem Geld kaufte, das er von der Europäischen Union als Landschaftspflege-Subventionszahlungen bekam. Zudem verdiente er ein paar hundert Euro im Jahr mit dem Verkauf seiner Schafe, entweder an andere Bioschäfer oder »an Türken«, wie er sagte. Er zahlte seiner Tochter keinen Unterhalt und sparte kein Geld fürs Alter an, konnte sich aber selbst seit vielen Jahren von der kleinen Schafherde ernähren. Und seine Schafherde, und den Esel, und den Hund. Er wusch sich nur selten seine Hände mit Regenwasser aus der Tonne, manchmal nahm er Seife. Zeitgenössische Sauberkeitsvorstellungen reizten ihn zum Widerspruch: »Ich lebe hier mit Spinnen, mit großen Spinnen, wir haben uns eben aufeinander eingestellt.« Er hatte eine andere Ordnung.

Wir kannten uns erst seit einer Stunde und waren schon tief in den Themen, die Wolfgang Hamacher bewegten. Er sprach über die Zunahme der Allergien, der Neurodermitis, wofür er als Ursache sah, dass die Städter überreinlich seien. »Wir sind nicht für das ganze Wasser und die ganze Seife gemacht«, sagte er. Die Haare wusch er sich selten. Er erzählte, er dusche bei Freunden, zwei- oder dreimal im Jahr. »So macht es mein Esel auch: Wenn das Haar fettet, rollt er sich in der Erde. Staub und Fett halten sich die Waage, das ist ganz einfach.« Der Waldmensch roch nicht mehr nur nach Schaf, sondern jetzt auch nach Zigarette.

Er lebte grün und rauchte grün. Er drehte sich und mir Zigaretten, die keinen Tabak enthielten, jedoch Johanniskraut, Huflattich, Birkenblätter, Minze und andere Kräuter. Tabak vertrug er nicht mehr. Er rauchte schon sehr lange. Seine Zigaretten schmeckten gut, minzig mit einer süßlichen Note. Ich inhalierte tief und dachte: »Wieso fürchten wir den Tag, an dem das Erdöl aus ist? Vielleicht ist dann die Erlösung nahe.«

Blöken riss mich aus den Gedanken. Die Schafe im Stall wurden laut. Wir mussten raus, denn sie mussten raus. Die Weide begann gleich am Waldrand. Wolfgang Hamacher führte die Herde vom Stroh ins Gras.

Die Schafe weideten, und wir stellten uns, da kalter Regen fiel, unter ein Scheunendach. Der Ostwind drückte einige Regentropfen unters Dach. Die Temperatur betrug fünf Grad, eine allerletzte Zuckung eines Winters, der für den Waldschäfer so hart gewesen war, dass er erstmals darüber nachgedacht hatte auszusteigen, doch der Rücktritt vom Ausstieg war schwierig.

Er wusste nicht so recht, was er sonst tun sollte. Er beschloss also, noch fünf Jahre bis zum Ruhestand weiter Aussteiger zu sein, schließlich brauchten ihn seine Schafe noch.

Wir schauten den Hang herab auf grasende Schafe und den Hütehund, der ausdauernd im Viereck um die Herde rannte. Ein Schaf knabberte an Wolfgang Hamachers Stiefeln, es war ein Flaschenschaf, das bei der Geburt seine Mutter verloren hatte. Der Schäfer war seine neue Mutter. Das Lamm hatte ein braunweiß geflecktes Fell, es sah aus wie eine kleine Kuh. Es hatte ein Stupsnäschen und sollte im Herbst geschlachtet werden.

Nach zwei Stunden hatte der Ostwind mit seinen Regentropfentorpedos den Widerstand meiner Kleidung gebrochen. Ich trug einen Filzhut. Den hatte ich als Kind in einem Wanderurlaub geschenkt bekommen. Er war mir vor der Reise beim Aufräumen in die Hände gefallen, und ich dachte, er könnte zu einem Schäferleben passen. Ich zitterte, und mir schien, der Schäfer lasse die Herde heute mit Genuss besonders lang grasen, um mir zu zeigen, dass ein alternatives Leben kein Wellnessurlaub ist.

Am Abend saßen wir wieder im Bauwagen. Das war eine gemütliche Bude: Die Decke und die Holzwände waren mit Zeitungsausschnitten behangen, es roch nach Kaminfeuer, und nur eine Kerze erleuchtete den Wagen vom Holztisch aus, an dem wir saßen. Dunkel war es im Wagen nicht nur am Abend, sondern auch tagsüber, wegen der Lage inmitten von Bäumen. Und wenn das Laub der Blätter voll entfaltet sein würde, wäre es im Wagen auch tagsüber nachtdüster; wenn die Natur auflebte, wurde es in Wolfgang Hamachers Höhle dunkel. Der Ofen trug als Erinnerung an den Winter noch eine dicke Mütze aus Staub, genau wie die Bücher in den Regalen. Die Kerze ließ Wolfgang Hamachers Gesicht geheimnisvoll leuchten, während die dunklen Wände das Licht schluckten. Herr Hamacher schaute über die Ränder seiner Lesebrille hinaus aus dem kleinen Fenster, aus dem man aus sicherer Distanz weit unten im Tal das Dorf beobachten konnte.

So hatte Wolfgang Hamacher schon Tausende Stunden dagesessen, aus diesem Fenster den Ort betrachtet und nachgedacht über das Dorf, das die Welt war. Winter, Frühling, Sommer, Herbst, Winter. »Die Natur passt sich doch nicht mir an, sondern ich muss mich der Natur anpassen«, sagte er. »Die Städter passen sich aber nicht der Natur an, sondern dem Menschen. Auch die da unten im Ort in ihren luxusgestylten Wohnhöhlen sind für mich Städter. Einige arbeiten sogar in Frankfurt.«

Seine Vorstellung von zukünftigem Wirtschaften war die, die ich von Selbstversorgern kannte. »Nur mit Handarbeit werden wir wieder Vollbeschäftigung erreichen, aber erzähl das mal den Städtern, die in ihren Büros sitzen und indirekt das Blut der Tiere trinken«, sagte er. »Ich mag, außer durch die Natur, durch nichts und durch niemanden bestimmt werden, deshalb lebe ich hier. Für mich ist Arbeit nur Arbeit, wenn ich meine Knochen schmerzen fühle. Nicht, wenn ich nach dreißig Jahren am Schreibtisch einen Bandscheibenvorfall kriege. Ich als Schäfer muss Blut fließen lassen, denn sonst fließt kein Geld.« Er sah sich nicht als Aussteiger: »Ich bin Einsteiger. Der, der Fortschritt produziert. Mit minimalem Energieaufwand auskommt. Das ist Zukunft!« Die letzten Sätze klangen wie eine Politikerrede.

Als Toilette nutzte der Waldmensch einen Eimer, die Fäkalien schüttete er auf einen Komposthaufen. »Meine Scheiße geht nicht über den Bach in den Rhein und in die Nordsee, sondern bleibt hier im Boden.« Er sprach, als habe er denselben Redenschreiber wie der Spaßbauer aus Niedersachsen. Ob sich die beiden gut verstehen würden? Einen Unterschied gab es: Der Spaßbauer war ein ausgestiegener Akademiker, Herr Hamacher war immer Arbeiter gewesen, aber jetzt waren beide Bauern: Da sind sich zwei ähnlich geworden, die nicht vom gleichen Startpunkt aus kamen.

Der Lebensrhythmus richtete sich nach Sonnenauf- und -untergang. Um zehn Uhr abends legten wir uns schlafen, der Schäfer und seine Spinnen in das Doppelbett im Bauwagen und ich in mein Auto. Die Erfahrung der Dunkelheit war ein tiefer Unterschied zwischen dem modernen und dem vorindustriellen Menschen.

Mit dem Bauern aus Niedersachsen hatte ich einmal im Winter gesprochen, und er sagte: »Ich liebe am Winter besonders die Dunkelheit und auch die Schatten. Ich setze mich, auch in der Nachbarschaft, dafür ein, dass es dunkel bleibt. Mein Nachbarhof hatte früher so eine Reitplatzbeleuchtung mit nicht abgedeckten Lichtern. So, wie ich mich im Sommer für die Sauberkeit der Quelle einsetze, setze ich mich jetzt für die Dunkelheit ein. Wenn man Geister treffen will, muss man zu dieser Zeit draußen sein. Geister brauchen das Zwielicht.«

»Geister?«, fragte ich.

Der Bauer sagte: »Wenn es dämmert, werden die Umrisse fließend, es verwischt sich. Neulich war im Dunkeln ganz dichter Nebel, und ein Freund hatte oben auf dem Hügel, dreihundert Meter vom Hof, in meinem Zirkuswagen geschlafen. Ich ging hoch, und da wurden die Disteln zu mächtigen Gestalten, die mir einen Schauer durch den ganzen Körper gejagt haben. Auf einmal steht so eine mannshohe Figur schemenhaft vor mir. Wenn ich dran denke, krieg ich jetzt noch Gänsehaut. Du kannst wirklich nur Gespenster sehen, wenn du in der Dunkelheit bist. Das kannst du nennen oder rationalisieren, wie du willst. Wenn es dunkel ist, dann gibt es Geister. Ich bin deswegen penibel darauf bedacht, dass kein unnötiges Licht in die Atmosphäre fließt.«

Wolfgang Hamacher machte die Kerze aus, ich ging ins Auto. In der Nacht wurde es zwei Grad kalt. Draußen im Wald und auch drinnen im Twingo. Der Waldmensch hatte mir eine Kaninchenfelldecke mitgegeben und eine kohlenstaubbraune Bettdecke für die Nacht im Auto, da ich nur einen Sommerschlafsack hatte. Und eine Taschenlampe hatte ich auch vergessen, weshalb mir der Waldmensch seine Leuchtdiodenlampe lieh, deren Batterie man immer wieder aufladen musste, indem man eine Kurbel drehte. Als auch die Taschenlampe aus war, lag ich im Dunkeln zusammengefaltet im Auto, auf einer Decke aus Staub und Kaninchen, trug Unterhemd, Fleece, zwei Kapuzenpullover und eine Winterjacke übereinander. Es war die erste Nacht in meinem Leben, die ich mit einem bayerischen Filzhut auf dem Kopf verbrachte. Das Auto stand auf Laub und Schafkot ein paar Meter vom Bauwagen den Hang herab. Unten im Dorf leuchteten Straßenlichter, von oben blökten abwechselnd ein Lamm in höchsten Engelstönen und ein altes Schaf, das klang wie eine ungeölte Motorsäge; es war das erste Mutter-Kind-Gespräch nach der Geburt.

Meine Hände und mein Gesicht fühlten sich eisig an, ich schloss die Augen und wurde von einem Glücksgefühl darüber ergriffen, etwas Verrücktes zu tun.

Die aufgehende Sonne färbte den Stall und den Bauwagen in ein warmes Orange. Der Schornstein des Bauwagens rauchte. Der Esel stand weiter oben am Hang und schrie schon morgens um sechs. Im Bauwagen saß der Schäfer mit einer Tasse Kaffee und seiner Kräuterpfeife im Mund und begann zu schimpfen. Sein Groll richtete sich nicht im Allgemeinen gegen die Städter, sondern gegen eine ihrer speziellen Ausprägungen: die Bürokraten in den Landwirtschaftsministerien. Alle Tiere, sagte der Schäfer, müssten schon Ohrmarken tragen, demnächst wohl auch noch elektronisch lesbare, und bald würden die Bürokraten allen Tieren und Menschen Sonden einpflanzen, mit denen sie noch aus dem Weltall verfolgbar seien. Wir aßen halbweiche Eier. Ich fragte nicht, was die Legehennen gefressen hatten.

Wolfgang Hamacher ging mit wenigen weitverbreiteten Ansichten konform. Er erzählte mit aufgeregter Stimme, dass das Barfußgehen sehr gut für die Menschen sei, auch im Winter, da sich eine »natürliche Fußsohle« von selbst bilde. Aber die Leute akzeptierten das nicht (und Wolfgang Hamacher trug Schuhe). Er beklagte dann, dass Historiker behaupteten, der Mensch sei im Neolithikum, vor zehntausend Jahren, sesshaft geworden. Nein, bereits vor fünfunddreißigtausend Jahren sei dies geschehen, sagte Hamacher und führte weiter aus, dass die Menschen nur deswegen so viele Hunde hielten, damit sie ihre eigene Entfremdung (»sogenannte Kultiviertheit« waren Hamachers Worte) damit kompensieren könnten. Die Hundebesitzer liebten es, zuzusehen, wie wenigstens der Hund frei scheißen, ficken und fressen dürfe. Weiter fand Hamacher, dass die Mittel der staatlichen Seuchenbekämpfung kontraproduktiv seien und dass die Kinder heute nur noch vor Bildschirmen säßen und nichts mehr mit der Natur anfangen könnten. Warum war Wolfgang Hamacher nur so kauzig geworden?

Er besaß immerhin ein Handy. Aber er verabscheute Handys: »Handy, schon der Name, klingt wie ›Handikap‹, eine Behinderung.« Ebenso wie die Batterien für seine Elektrozäune lud er das Handy unten im Ort in seiner Meldewohnung auf. Die kleine Wohnung benötigte er vor allem dafür, um Briefe von den Behörden zu empfangen – etwa wenn er Fördergeld beantragt hatte. Sonst schrieb ihm auch kaum jemand.

Das Handy piepte dreimal. Jetzt, um 8.12 Uhr, hatte er eine Kurznachricht erhalten. Er las sie und ärgerte sich:

Lieber Kunde, Ihre Gratis-SprachFlat-Woche ist nun gebucht.
Sie können sie bis zum 19.4.2010 nutzen.
Viele Grüße, Ihre Kundenbetreuung.
Absender 70254.

Wolfgang – seit heute Morgen duzten wir uns – fragte: »Wat is dat, ein Flat? Die machen mit mir doch, was sie wollen.« Dann sagte er: »Chatrooms ... ›Schattenräume‹ würde ich das übersetzen.« Er hatte freiwillig einen Rückschritt hinter die erste industrielle Revolution gemacht. Wieso sollte er die zweite, den Wandel von der analogen in die digitale Welt, mit besonderem Interesse verfolgen?

Babys schrien, wenn sie etwas nicht wollten. Erwachsene schrien nicht mehr. Aussteiger schrien noch, aber niemand hörte ihnen mehr zu.

Jeden Mittag bekam er *Die Welt* von einem Freund aus dem Dorf geschenkt. Wenn er die Zeitung las, hatte er das Gefühl, dass achtzig Prozent der Themen für ihn nicht mehr relevant waren. Ob der Leitzins gesenkt wurde, welche neuen Autos es gab, ob irgendwo Arbeitsplätze abgebaut wurden oder wie Eintracht Frankfurt gespielt hatte. So vermittelte ihm auch die Zeitung, die ihn mit der Welt verbinden sollte, wie fremd ihm diese geworden war. Alte Bücher waren daher Wolfgangs intimste Verbündete geworden. Er las wohl mehr als professionelle Literaturkritiker. Fünf Kisten in einem Winter: mehr Bücher, als die meisten Menschen in ihrem ganzen Leben schafften. Er wusste viel, aber teilte sich nur wenigen Menschen mit. Deswegen redete er seit gestern Mittag fast ohne Pause. Er hatte einen Hauptschulabschluss, aber als Autodidakt wohl eine größere historische, literarische und philosophische Allgemeinbildung als viele Gymnasiallehrer.

Seit acht Jahren lebte der Schäfer Wolfgang nun in diesem Wald. Wolfgang nannte die Leute aus dem Ort, weil sie, anders als er selbst, mit dem Computer und dem Internet umgehen konnten, »Schriftgelehrte«. Es sei für ihn wieder wie vor zweitausend Jahren, man müsse zu den Schriftgelehrten gehen, sagte er. Dass er immer mehr zum Auslaufmodell wurde, schien ihn zu beschäftigen, und es wirkte so, als kultiviere er das Archaische seines Lebens umso mehr. Er liebe das Alte Testament, sagte er, und könne wenig mit dem Neuen anfangen (obwohl er ja, wie Jesus, die Schriftgelehrten nicht ausstehen konnte).

Schafe sind Vegetarier, Städter sind Blutsauger

Zweieinhalb Stunden redeten wir. Diese Zeit hatte man hier, dann begann die Arbeit einfach später. Aber jetzt blökten die Schafe heftig, und wir gingen hinaus zur Herde. Die Luft war milder. Als die Schafe grasten, stand Wolfgang Hamacher unten am Hang und schaute hinauf zu den Tieren.

»Die Schafe fordern immer nur und tun nichts außer fressen«, sagte er. »Sie geben mir nichts. Doch – ihr Blut. Wir alle sind Blutsauger.«

Zwei schwarzhaarige Besucher kamen den Hügel zu uns herauf. Besuch, das war selten. Wolfgangs zweiter Besuch nach mir innerhalb von zwei Tagen, nach diesem langen, einsamen Winter. Das musste der Frühling sein. Die Männer waren Süditaliener aus dem Taunus, Kalabresen, ein Dicker und ein Dünner. Der Dünne hatte nur noch wenige Zähne im Mund und sprach mit Wolfgang, der Dicke stand daneben und guckte zu, er sagte kein Wort. Die beiden suchten hier in der Gegend Flächen für ihre Schafe. Es seien keine frei, sagte Wolfgang Hamacher und zeigte den Besuchern seinen Stall und seinen Bauwagen.

Der Wind zog durch den Schafstall, der ein Wellblechdach hatte und zur einen Seite offen war. Schafskötel klebten wie Hubba-Bubba-Kaugummis an unseren Schuhsohlen. Die Wände waren konservativ behangen: Bauernsprüche (»Schuster, bleib bei deinem Leisten!«), alte Hirtenbilder, ein Kunstdruck von Spitzwegs »Armem Poeten«. Immer mehr Schafskaugummis klebten an meinen Leisten, damit ging ich der Gruppe hinterher durch Stroh, das golden glänzte.

Um den Stall herum waren in Holzregalen die Fundstücke eines Schäferlebens ausgestellt. Eine Münze, ein Kreuzer von 1869. Eine Seltersflasche vielleicht aus den fünfziger Jahren, ein Puppentorso aus Porzellan. Die Klinge eines Beils aus Basalt, geschliffen zirka 2000 vor Christus, wiederentdeckt vom Waldmenschen, hatte bis vor kurzem auch hier gelegen. Sie wurde jetzt nach großzügiger Schenkung des Finders im Turmmuseum Mengerskirchen ausgestellt.

Der dünne Kalabrese sagte zu Wolfgang, so einfach wie er lebe in Kalabrien niemand mehr. Sie tauschten Telefonnummern aus.

Am Mittag bat mich der Schäfer darum, ihn in den Supermarkt zu chauffieren. Normalerweise erledigte er seine Einkäufe zu Fuß, drei Kilometer durch den Wald. Wir fuhren zum Rewe-Markt, vor dem Mittelklassewagen ein- und ausparkten. Aus der Perspektive eines Waldschäfers, der ohne Strom und Wasser lebte, wirkten die Autos befremdlich. Brummende, stinkende Rieseninsekten, die Erdöl soffen, bis es eines Tages keines mehr geben würde, und deren Wege Land fraßen. Die brummenden Rieseninsekten als Vorboten des schrecklichen Zusammenbruchs. Malthus, der Sensenmann unter den Ökonomen, schwang wieder seinen rostigen Säbel: Hunger und Morden in den Städten, und während Babylon brennt, überlebt die auserwählte Gruppe der handarbeitenden Bauern. Auf diese apokalyptische Pointe lief das Weltbild der Selbstversorger hinaus.

Er rollte seinen Einkaufswagen über den glänzenden Fliesenboden. Im Supermarkt sah Wolfgang Hamacher aus wie ein Eremit aus der Wüste, der sich ins Bankenviertel von Dubai verirrt hatte. Er wirkte wie ein Obdachloser. »Hier drin wird mir manchmal schlecht vom Geruch«, sagte er und packte den Einkaufswagen mit den billigsten Produkten voll: »Ja«-Milch, »Ja«-Spaghetti, Lachsersatz aus dem Glas. Fünfundsechzig Euro. Sein Konto war voll, gestern waren mehrere tausend Euro Landschaftspflegesubventionen angekommen. Dann fuhr ich den Schäfer zu einer Bekannten, die ihm öfter die Wäsche machte. Am Nachmittag waren wir zurück in der Via Campesina.

»Heute wollen wir marschieren / Einen neuen Marsch probieren / In dem schönen Westerwald / Ja, da pfeift der Wind so kalt.« So ging das Westerwaldlied, und es hatte recht. Am frühen Abend hütete der Waldschäfer wieder. Ruhig war es im

Westerwald, nun spendierte uns die Sonne ein bisschen Wärme, und trotzdem wehte der Wind noch kühl.

»O du schöner Westerwald / Über deine Höhen pfeift der Wind so kalt / Jedoch der kleinste Sonnenschein / Dringt tief ins Herz hinein«? Das Lied hatte unrecht. Der Waldmensch bekam einen Wutausbruch, als irgendwann im Gespräch die Floskel fiel, der Mensch sei die Krone der Schöpfung.

»Die Menschen sind das Niedrigste, das Allergeringste, weniger als die Ratte! Sie säbeln sich den Kopf ab, sie fressen im eingekesselten St. Petersburg ihre Kinder, ihre eigenen Kinder, glaub mir. Sie fressen Wale, die intelligentesten Tiere! Siebzig Prozent der Welt ist Ozean, das ist doch der Planet der Wale, nicht der des Menschen! Der Mensch hat so viel Übel auf die Welt gebracht. Krone der Schöpfung, päh! Wir sind nur eines der übelsten Tiere – und wollen Gott gleich sein!« Er wurde etwas ruhiger: »Die Menschen sollen sagen: Wir sind fehlbar und schwach. Dann kann ich sie tolerieren. Aber sie stellen sich immer als Krone der Intelligenz dar. Diese Scheinheiligkeit kann ich nicht so stehen lassen, da muss ich in der Wunde bohren. Die schwarzen Schafe tragen immer die weißesten Westen. Was mich stört, ist, dass wir angeblich ein so intelligentes Tier sein sollen, aber so viel falsch machen.«

Man merkte Wolfgang Hamacher an, dass er im Winter oft tagelang mit keinem Menschen gesprochen hatte und dass ihm die Schafe niemals Widerworte gaben. Es mangelte ihm über lange Jahre an Antithesen. Ich empfand das Zuhören mehr und mehr als anstrengend, und er bemerkte es offenbar: »Ich rede viel, oder? Ich habe Nachholbedarf an Reflexionen«, reflektierte er. Seine Einsichten waren gelegentlich schlicht. Doch eine allzu schlichte Empörung zu viel schien aufrechter als das Lächeln »der Städter«, die jede schlichte Empörung wegen ihrer geringen Ausdifferenziertheit abtaten und so die Möglichkeit, daraus Konsequenzen zu ziehen, unmöglich machten. So warf der Nichtbürger Wolfgang aus der Ferne ein interessantes Licht auf die bürgerliche Gesellschaft.

Ich dachte öfter an Stefan Zweigs Legende *Die Augen des ewigen Bruders*. Sie stammt aus den zwanziger Jahren und spielt in Indien: Ein hoher Richter am Königshof fühlte sich schuldig, weil er einen Totschläger in den Kerker hatte sperren lassen. Nach einer Diskussion mit dem Verurteilten über Gerechtigkeit und Schuld tauschten die beiden für dreißig Tage den Platz: Der Verurteilte kam frei, der Richter ließ sich einkerkern. Dort erkannte er, wie sehr die von ihm Verurteilten hier litten und wie viel Schuld er durch die harten Urteile, an deren Legitimität er nun zweifelte, selbst auf sich geladen hatte. Um weitere Schuld zu vermeiden, bat er den König, der viel von ihm hielt, um Entlassung: »Es ist Gottes, zu strafen, und nicht der Menschen, denn wer an Schicksal rührt, fällt in Schuld. Und ich will mein Leben ohne Schuld.« Er zog sich jahrelang in seine Bibliothek zurück, sinnierte über Ethik und zog, als seine Skrupel immer größer wurden, als Einsiedler in den Wald: »Wer leben will ohne Schuld, darf nicht teilhaben an Haus und fremdem Geschick, darf sich nicht nähren von fremder Mühe, nicht trinken von anderem Schweiß, darf nicht hängen an der Wollust des Weibes und der Trägheit des Sattseins: nur wer allein lebt, lebt seinem Gotte, nur der Tätige fühlt ihn, nur die Armut hat ihn ganz.« Er wurde im Wald weise und einsam, Vögel nisteten in seinem Bart. Er wurde zur Sehenswürdigkeit: Leute aus dem Dorf reisten in den Wald, um ihn zu »besichtigen«, sie verehrten ihn als Heiligen und imitierten seinen Lebensstil. Und so traf ihn am Ende selbst im Wald die Schuld, als er erfuhr, dass ein Familienvater, der die heilige Lebensart nachgeahmt hatte, also nicht mehr wie zuvor als Weber gearbeitet hatte, sondern auch in die Wälder gezogen war, seine Kinder zu Hause bei der Frau verhungern ließ. »Wie willst du dies sühnen, Hochmütiger?«, fragte ihn die Witwe. »Nichts als ein Hochmütiger bist du gewesen, der du meintest, Herr zu sein deines Tuns und andere zu belehren.«

War Wolfgang Hamacher auch ein Hochmütiger? Stefan Zweigs Aussiedler nahm den Vorwurf an. Er kehrte mit der Einsicht zurück in die Stadt, dass nicht frei werden könne, wer unbedingt frei werden wolle, und dass nur, wer anderen diene, frei sei. Dort bekam er als alter Mann, der nun einfache Arbeit machen wollte, eine Anstellung als Aufseher der königlichen Hunde. Seine eigenen Söhne schämten sich für ihn und wandten sich ab, und sein Leben endete wie bei Werther: Kein Priester begleitete ihn, nur die Hunde heulten zwei Tage und Nächte lang.

Wolfgang Hamacher hatte es nicht zum Ziel, die Schuld zu überwinden. Und trotzdem war die Schuld sein Hauptthema.

Er wusste viel über die Natur, aber es war weniger ein Gärtnerwissen wie das der Selbstversorgerin Heike in Vorpommern, sondern ein Beobachterwissen. Er beobachtete und erklärte, was in der Natur geschah: Die Bussarde wollten jetzt brüten, die Eschen seien früh dran, eine Ammer singe oben auf der Tanne, hier komme der Rote Milan, da schwebe der Schwarzstorch. Der Zilpzalp machte »Zilpzalp«. Wenn sich die großindustrielle Landwirtschaft ganz durchgesetzt habe – und das dauere nicht mehr lang, der Konzern Monsanto habe auch hier im Westerwald schon zahlreiche Höfe aufgekauft –, dann werde es das alles nicht mehr geben, sagte er. Schafe auf der Weide. Einer artenreichen Weide. Artenreiche Schafe. Glückliche Schafe, freie Schafe, freie Weiden. Freie Schäfer. Wolfgang Hamacher wusste, dass er ein Dinosaurier war. Er zeigte mit seinem Hirtenstab, den er zum Spaß »Zepter« nannte, auf die Herde. »Das gibt es dann nicht mehr, außer in den virtuellen Welten, die uns immer noch vorgaukeln werden, das gebe es noch.« Vielleicht konnte gerade ein Mann wie Wolfgang, der die virtuellen Welten überhaupt nicht kannte, klarer deren Nachteile sehen, klarer als der Chaos Computer Club.

Ausdauernd drückte der Wind auf meine Jacke, geduldig bimmelten die Halsglocken der Schafe. Die Tiere fraßen acht Stunden am Tag. Einfaches Leben! Gras fressen von acht bis vier, und die Arbeit wäre erledigt. Fressen, blöken und sich nicht über Schuld, Sünde und Moral den Kopf zerbrechen.

Was war der Mensch? Ein großes Schaf? Ein kleiner Wal? Wolfgang Hamacher stand da in seiner Wolljacke, mit grünem Schal, dreckiger Jeanshose und Schäfermütze, in der Hand seinen Hirtenstab, den »Vorläufer des Zepters, der Königswürde«, wie er sagte. Da stand der Außenseiter hoch über dem Dorf im Westerwald und empörte sich über die Hybris der Bürger in Arborn und der Weltbürger, rieb sich auf am Wesen des Menschen, womit er gerade den Unterschied zwischen Mensch und Tier demonstrierte.

Im Dunkeln rauchten wir wieder Kräuterzigaretten. Wolfgangs Menschenbild war schon lange so düster. Als er die Volksschule besuchte, schlugen die Lehrer die Kinder noch. Wolfgang lernte aus Angst, nicht aus Interesse, die Schule war für ihn eine Enttäuschung. Als er zwölf Jahre alt war und in einem Schulbuch von der heilig-blutigen katholischen Mission in Mexiko las, verlor er seinen Glauben, eine zweite Enttäuschung. Beruflich liefen die Dinge nicht besser. In Köln arbeitete er Anfang der siebziger Jahre als Zootierpfleger. Die Tiere seien schlecht behandelt worden, und niemand habe etwas geändert, als er das ansprach, sagte Wolfgang. Er kündigte enttäuscht, arbeitete als Tierpfleger am Bodensee, wo sich die Geschichte wiederholte. Er wurde Gärtner und kündigte, weil ihm das zu oberflächlich war. Er ging 1983 zu den Alternativen am Bodensee, doch stellte er enttäuscht fest, dass diese Kinder aus wohlhabenden Elternhäusern die schönen Höfe, die sie gekauft hatten, verkommen ließen und selbst die rostigen VW-Busse davor. Er sah, wie sie alles herunterwirtschafteten und nur kifften.

Wolfgang Hamacher war die Verwöhntheit satt. 1990 heuerte er auf einem Biohof im Westerwald an. Als Knecht, wie er sagt. Schnell war er enttäuscht davon, wie leicht Bio-Kontrolleure zu täuschen waren. Er lernte einen Schäfer kennen und wollte werden, was er auch als kleiner Junge schon hatte werden wollen: Schäfer. Es war doch eine Stefan-Zweig-Geschichte. Aber Wolfgang Hamacher rannte nicht vor seiner Schuld davon, sondern vor der Schuld der Menschheit.

Ob sein Vater im Krieg Schuld auf sich geladen habe, das große Thema seiner Generation, habe er nie hinterfragt, sagte Wolfgang. Deshalb, weil er ihn liebe, und auch deshalb, weil er nicht sagen könne, wie er selbst sich in der Diktatur im Kampf um Leben und Tod verhalten hätte. Mit der Religion hielt er es wie Feuerbach, er sah sie als eine Projektion des Menschen, die die Todesangst linderte.

An seine Kindheit in der Nachkriegszeit im Rheinland hatte Wolfgang auch warme Erinnerungen. Er mochte besonders die Arbeiter. Als Kind hatten ihn der Anblick der von Hornhaut und Rissen gezeichneten schwarzen Hände der Erntehelfer fasziniert, die durchfurchten Gesichter der Landarbeiter. »Das waren keine Gesichter, es waren Landschaften«, sagte er. Jetzt hatte er selbst diese Hände und dieses Gesicht, die ihn als Kind so beeindruckten.

Ob dies auch seine kleine Tochter faszinierte, die bei der Mutter unten im Dorf wohnte, wusste Wolfgang Hamacher nicht.

KAPITEL 4

Das Kloster in der Kölner Altstadt

»Und wenn das Unmögliche sich ereignete, wenn eine erbarmungslose Diktatur, getragen von einem Heer von Beamten, Sachverständigen und Statistikern, die sich selbst wiederum auf Millionen von Spitzeln und Polizisten stützen, es fertigbrächte, an allen Punkten der Erde zugleich den fleischfressenden Sinn im Zaum zu halten, die wilden und listigen Tiere, die nur für den Gewinn geschaffen sind, die Menschenrasse, die von Menschen lebt (...), dann ließe der Überdruss an der überall als allgemeine Regel aufgestellten aurea mediocritas, der Überdruss an der goldenen Mittelmäßigkeit, nicht lange auf sich warten, und überall würde man freiwillige Armut wie einen neuen Frühling wieder aufblühn sehn.« So heißt es im *Tagebuch eines Landpfarrers* von Georges Bernanos (1936).

Zu Fuß vom Hauptbahnhof waren es nur einige Minuten zum Kloster. Es war Verschwendung, so nah am Kölner Dom eine zweite so große Kirche zu bauen. Gegen den Dom wirkte Groß Sankt Martin aber mickrig. Wie ein Steinskelett stand sie am Rheinufer. In dieser Zeit, in der aus Klöstern Wellnesshotels wurden, fand sich dort eine neue Klostergemeinschaft zusammen. Ich erreichte sie kurz vor Beginn des Mittagsgebets und klingelte bei der Communité de Jérusalem. Die in den siebziger Jahren in Paris gegründete monastische Gemeinschaft hatte hier ihre einzige Niederlassung in Deutschland. Bruder Nicolas-Marie kam aus der Tür und nahm mich mit in die Kirche Groß Sankt Martin, er war dünn, fast mager, wirkte zurückhaltend und lächelte meist. So stellte ich mir den Landpfarrer in Georges Bernanos' Tagebuch vor. Der Landpfarrer, der sich für seine Dorfgemeinde aufrieb, welche den Glauben verloren hatte – der aber auch selbst mit dem Glauben kämpfte, ihn jedoch einer Adligen auf dem Totenbett zurückbrachte, ehe auch er bald darauf den Tod finden sollte.

Das Kloster war, verglichen mit dem Ökodorf, eine winzige Gemeinschaft, hier lebten vier Brüder, sieben Schwestern und keine Kinder. Ich setzte mich in eine der hinteren Reihen. In weißen Kapuzenumhängen saßen die Brüder und Schwestern auf Schemeln vor der Treppe, die zum Altar führte. Acht Leute waren außer mir in der Kirche, es war Platz für dreihundert. Man hörte Vogelgezwitscher von draußen, es klang aber, als hätte sich eine Meise in die Kirche verflogen.

Innen war die Kirche nüchtern und warm zugleich. Der Sandstein war nackt, nur an den Füßen der romanischen Säulen waren blasse Farbreste zu sehen, rot und blau, geometrische Muster. Im Kirchenschiff standen Holzstühle statt Kirchenbänke. Stahlleuchten hingen an langen Spaghettikabeln von den Decken. Obwohl der Krieg keinen Stein auf dem anderen gelassen hatte, war es wieder ein betender Raum.

Alle blickten nach Osten auf den Altar und das schlanke Kruzifix. Die Schwestern hatten sich die spitzen Kapuzen ihrer weißen Kutten über die Köpfe gezogen. Sie saßen still links vor dem Altar, die Brüder rechts und ohne Kapuzen. Eine Bruderglatze glänzte wie ein Heiligenschein.

Zu Beginn des Mittagsgebets standen sie auf. Die Armteile der Kukullen, ihrer Gewänder, waren so breit, dass sie von hinten aussahen wie Flügel, wenn die Brüder ihre Arme zu den Seiten hin ausbreiteten. Alle trugen Sandalen. Sie sangen das Gebet, vor allem Psalmen, und nach jedem Psalm: »Ehre sei dem Vater, dem Sohn und dem Heiligen Geist wie am Anfang so auch jetzt und alle Zeit und in Ewigkeit. Amen.« Dabei verbeugte sich die kleine Gemeinde, und alle bekreuzigten sich.

Alles wurde gesungen. Die Lieder waren voll von Wörtern, die man nur noch in der Kirche hört: Gnade, Vergebung, Erbarmen. Sie waren ohne den Glauben vom Aussterben bedroht wie der Orang-Utan oder die Rohrdommel, das Gebet war ihr Lebensraum. Nur einmal sprach jemand. Eine Schwester legte einen Psalm aus. Sie klagte in diesem Zusammenhang über das »Geschwätz« der Journalisten, das oft nur deswegen zustande käme, damit die Zeitung gefüllt werden könne. Sie wussten ja, dass ich da war. Meinte sie mich?

Das Geschwätz. Ein Leitmotiv aus Ernst Wiecherts Roman. Der Psalm, der den Satz enthielt: »Wir bringen unsere Jahre zu wie ein Geschwätz«, bewegte den Romanhelden zum Aussteigen. »... damit die Zeitung gefüllt werden könne« – die Schwester verstand sicher nicht viel vom Zeitungmachen. Sie sagte, es sei die große Gefahr der Zeit für die Kirche, im »Stroh der Wörter« unterzugehen. Mich störte das frömmliche Lächeln der Schwester, so als schwebe sie über allen Dingen. »Heilige Schwester«, dachte ich, »du hast demütigst deine Individualität aufgegeben und verschmutzt den Geist der Welt nun mit weniger Geschwätz, nur drei Minuten am Altar.« Oder hatte sie recht?

Nach dem Gebet ging ich mit Bruder Nicolas-Marie hinüber in die Wohnung. Das Wohnhaus der Mönche lag so nah neben der Kirche, als sei es an sie herangewachsen. Das Haus erweckte den Eindruck, als sei es bewusst hässlich gestaltet, um seinen Bewohnern die Kirche umso himmlischer erscheinen zu lassen.

An den Hauseingang hatte jemand mit rosa Kreide ein Herz gemalt und »Danke!« hineingeschrieben. Die Brüder wussten nicht, ob dies ihnen galt. Die Sternsinger hatten das Kürzel »C+M+B+2010« nicht mit Kreide über den Türrahmen geschrieben, sondern auf Aufklebern hinterlassen, so wie Graffitisprayer ihre Tags an Laternenmasten. Köln war eine Metropole, hier waren die Sternsinger cool. Von außen wie von innen sah das Haus aus wie eine Schulsporthalle von 1973. Es roch auch so: Im Hausflur mischten sich Duftnoten von Plastikboden, Reinigungsmittel und Sauerstoffmangel. Die Feuerlöscher und der grün genoppte PVC-Boden bildeten einen schulbuchhaften Rot-Grün-Kontrast. Die Wände waren aus Beton; der Beton hatte feine Löcher, seine Struktur sah aus der Nähe betrachtet aus wie die eines antiken Eichensekretärs, der vom Holzwurm zerfressen war. Ich ging die Treppe hoch, Bruder Nicolas-Marie vor mir. In der zweiten Etage lag die Wohnung der Brüder. Über deren Türschwelle hatten die Sternsinger echte Kreidespuren hinterlassen. Ich trug meinen Rucksack ins Gästezimmer im vierten Geschoss, ging wieder hinunter, wo das Essen fertig war. Die Eingänge der Männer- und Frauenwohnung lagen direkt nebeneinander. Die Brüder, Nicolas-Marie, Thibaut, Fabienne-Marie, Jean-Tristan, vier Franzosen, waren bemerkenswert jung. Der Altersdurchschnitt hier im Kloster lag vermutlich unter dem des Ökodorfs, wobei man doch eigentlich »Kloster« und »Nachwuchssorgen« in einem Satz sagt wie »Sizilien« und »Mafia«.

Die Brüder lebten erst seit einem Jahr hier und hatten in dieser Zeit schon sehr gut Deutsch gelernt. Der Prior Nicolas-Marie, siebenunddreißig, war früher Weltpriester gewesen und seit neun Jahren Mitglied der Communité de Jérusalem. Die Idee dieser katholischen Gemeinschaft war es, mitten in die »Wüste der Stadt« zu ziehen und halbtags einfachen Arbeiten nachzugehen. Nach dem Frühgebet arbeiteten die Brüder und Schwestern bis zum Mittag, manche als Verkäufer, manche in Büros, die meisten hatten Vierhundert-Euro-Jobs. Thibaut hatte vorher Biologie und Finanzwissenschaft studiert und war vor drei Jahren beigetreten, Fabienne-Marie war Betriebswirt und ebenso wie Thibaut auch erst zweiunddreißig. Jean-Tristan war dreiundvierzig und hatte vor seinem zölibatären Wandel als Bankangestellter gearbeitet. Auch er war, wie seine Ordensbrüder, jünger als dreißig gewesen, als er sich für diese Lebensform entschieden hatte. Sie verzichteten auf Kinder, Besitz, Ausgehen, Ausschlafen, Strandurlaub, Sex, Rockmusik, auf ihre alten Freunde – lebenslang.

In der Wohnung der Brüder setzte sich die Komposition von Grau, Grün und Rot fort. Im ersten Raum war hinter einer Glastür ein Altar mit einem Holzkreuz aufgestellt sowie einer Marienikone, ein ewiges Licht brannte. Der nächste Raum war eine christliche Bibliothek, die Küche klein und sauber. Das Esszimmer war mit einem Kreuz und einer Christusikone ausgestattet. Wir aßen dort gemeinsam zu Mittag – schweigend, an einem U-förmigen Holztisch, mit Blick auf die Ikone. Es gab dünne Erbsensuppe, gefüllte Auberginen, Obst. Vor und nach dem Essen sangen wir ein christliches Lied, sonst schwiegen wir.

Zur Begrüßung wurde nach dem Essen das Schweigen ausnahmsweise gebrochen. Wie sie in ihre Marzipankartoffeln bissen, fiel mir auf, dass die vier sehr blass waren. Landmönche arbeiteten im Kräutergarten. Diese hier aber hielten sich fast nur in der Kirche und in Wohnräumen auf. Die Brüder wollten viel von meiner Reise wissen. Ich erzählte vom Ökodorf und dem Waldmenschen. »Wir können dir, wenn du magst, in deinem Zimmer auch das Wasser und den Strom abstellen, das wäre kein Problem«, sagte Bruder Jean-Tristan.

»Jetzt machen wir ein Mittagsschläfele«, sagte Bruder Nicolas-Marie mit seinem französischen Akzent.

Auf dem Boden meiner Zelle (so nannte man die Zimmer) lag ein Gebetsteppich mit einem Christusbildchen und einer Bibel, auf dem Schreibtisch lag ein Zettel, auf dem der Tagesablauf stand:

6.30 Uhr stilles Gebet
7.00 Uhr Laudes
12.30 Uhr Mittagsgebet
17.30 Uhr stilles Gebet
18.00 Uhr Laudes
18.30 Uhr Eucharistiefeier
Donnerstags 19.30 bis 0.30 Uhr eucharistische Anbetung

Und täglich um 15.00 Uhr war die Lectio Divina. Jeder Bruder sollte dann in seiner Zelle in der Bibel lesen.

Um 17.30 Uhr fanden wir uns in der Kirche ein. Nicolas-Marie predigte mit freundlichem Blick, sein Sprachduktus war ernst und klar. Die Kirche brauche heute wieder Demütige und Arme, sagte er, die voller Freude das Evangelium empfingen und predigten. Dann sprach er vom Jüngsten Tag, dass wir am Tag des Jüngsten Gerichts Rechenschaft ablegen werden müssen über jedes falsche Wort und für unseren Unglauben. Das hätte Wolfgang Hamacher gefallen: Hier wehte der raue Wind des Alten Testaments.

Jetzt waren schon wieder so wenige Leute da, und dann verschreckten die Brüder und Schwestern von Jerusalem diese auch noch mit solchen Botschaften. Als das Evangelium gelesen wurde, drehten sich die Schwestern zum Altar. Nun waren ihre Gesichter im Profil zu erkennen. Sie hatten hohe Stirnen, guckten fromm und etwas verklärt, ihre Körper waren schlank, ihre Haltung gerade. So sahen sie aus wie geschnitzte Heiligenfiguren. Dann sangen sie wieder, entrückt, weltfremd, rührend – sie standen ihr ganzes Leben da und sangen jahrhundertealte Lieder, für ein paar Zweifler und ein paar Fromme, alle Türen unserer Zeit standen ihnen offen, doch sie lebten einfach nur für zarte Hallelujarufe.

Schweigend aßen wir zu Abend. Fabienne-Marie las einen Text über die Vita des heiligen Petrus Canisius vor, eines deutschen Gegenreformators der friedlichen Art. Vor dem Essen sangen wir ein christliches Lied, zum Essen hörten wir Kantaten. Bruder Fabienne-Marie hatte einen starken französischen Akzent, er fauchte das R und zischte das Ch: »Ehre sei dem Vatech«, »Im Spiegel deines Lischtes erkenne isch …« Es gab dünne Suppe mit Lauch, die nach Glutamat schmeckte und nach Knoblauchpulver, danach Pizzastücke und zum Nachtisch Fruchtkompott. Der Wasserkrug war mit einem Kreuz bemalt. Mir schien es, als sei das Abendessen die Fortsetzung der Abendmesse. Alkohol tranken die Brüder selten, nur einen Schluck Messwein am Abend und zum Essen an den Hochfesten: Weihnachten, Ostern, Christi Himmelfahrt. Dann aßen die Schwestern und Brüder sogar gemeinsam.

Jesus guckt

Nach dem Abendessen saß ich noch eine Weile in meinem Zimmer. Christus schaute streng. Da stand er auf dem Gebetsteppich. Das Christusbild im Holzrahmen zeigte einen Kopfausschnitt schwarz auf orangefarbenem Hintergrund, er sah ähnlich wie auf dem Turiner Grabtuch aus, aber konkreter, ikonenhaft. Ich erinnerte mich daran, dass ich als Kind manchmal Angst hatte, nachts erscheine mir der auferstandene Jesus. Als ich nun schlafen gehen wollte, kam kurz diese alberne Kindheitsfurcht wieder hoch. Es gab keine Möglichkeit, dem Blick des Christusbildes zu entgehen. Jesus fixierte mich mit seinen kleinen Pupillen in großen Augen. Der humorlose Blick des Grabtuch-Jesus durchdrang mich. Ich dachte darüber nach, das Bild umzudrehen. Doch das war ja nicht der Sinn meines Aufenthalts, ich würde mich der Sache jetzt stellen müssen. Ich schaltete das Licht aus und zog die Bettdecke bis unter die Nase.

Der Wecker klingelte um 6.25 Uhr. Die Frühmesse hatte außer mir einen Besucher. Mir fielen die Augen fast zu. Sie sangen Psalm eins, und die Härte der Worte machte mich wach:

> Wohl dem Mann, der nicht dem Rat der Frevler folgt, nicht auf dem Weg der Sünder geht, nicht im Kreis der Spötter sitzt, sondern Freude hat an der Weisung des Herrn, über seine Weisung nachsinnt bei Tag und bei Nacht. Er ist wie ein Baum, der an Wasserbächen gepflanzt ist, der zur rechten Zeit seine Frucht bringt und dessen Blätter nicht welken. Alles, was er tut, wird ihm gut gelingen. Nicht so die Frevler: Sie sind wie Spreu, die der Wind verweht. Darum werden die Frevler im Gericht nicht be-

> stehen noch die Sünder in der Gemeinde der Gerechten. Denn der Herr kennt den Weg der Gerechten, der Weg der Frevler aber führt in den Abgrund.

Ich hatte vergessen, wie unmissverständlich das Alte Testament war, und verstand, warum Wolfgang Hamacher es so mochte. Ersetzte man »Frevler« durch »Städter«, schien es wie aus seiner Feder. Das Alte Testament hatte wenig mit gitarrenzupfweicher Jesuslatschen-Harmonie zu tun. – Dann die Lesung aus dem ersten Korintherbrief:

> Wir verkünden Gottes geheimnisvolle, verborgen gehaltene Weisheit, die Gott zu aller Zeit zu unserer Verherrlichung vorausbestimmt hat. Keiner von den Herrschern dieser Welt hat sie erkannt, denn hätten sie sie erkannt, so hätten sie den Herrn der Herrlichkeit nicht gekreuzigt ... Denn uns hat es Gott durch den Geist offenbart; denn der Geist erforscht alles, sogar die Tiefen Gottes.

Die Brüder und Schwestern von Jerusalem schwiegen meist. Dahinter stand die Idee, dass Hören wichtiger sei als Sprechen. Also hatten sie zwar die Ohren immer offen, aber in der Regel war gar nichts zu hören, weil niemand redete. Auch die Brüder waren feinstoffliche Wesen, so wie der wilde Wolf in Sieben Linden, nur als der wilde Wolf noch im Alter der Mönche gewesen war, hatte er an der Copacabana gelegen und feinen Stoff inhaliert, er selbst war noch sehr grobstofflich gewesen. Die Mönche waren frühreif. Weil der Mund vom Reden befreit war, blieb im Kloster Zeit, in der die heiligen Texte nachklingen konnten.

Es gab Ausnahmen vom Silentium. Prior Nicolas-Marie erlaubte, dass ich mit Bruder Jean-Tristan sprach. Wir bereiteten am Vormittag gemeinsam das Essen zu. Zucchinistücke im Bierteig brutzelten im Fett.

»Ihr sündigt hier ja nicht«, sagte ich.

»O doch, wir haben viele Sünden«, sagte Jean-Tristan und zeigte auf den Boden des Topfes, den er gerade ins Spülwasser tunkte: Das Essen war angebrannt.

Jean-Tristan hatte Bankbetriebswirtschaftslehre studiert und drei Jahre in Paris als Bankkaufmann gearbeitet. Man hätte ihn auch für einen Familienvater von vier Kindern halten können, den die Verantwortung erwachsen gemacht, der aber seinen Humor trotzdem nicht verloren hatte.

Als er in Paris lebte, sah er im Fernsehen eine Reportage über die Brüder von Jerusalem. Ein Leben im Kloster und doch in der Stadt, halbtags draußen in der Welt arbeiten, vielleicht im alten Beruf, diese Melange erschien ihm interessant. Am Tag des offenen Denkmals war er mit Arbeitskollegen verabredet. Sie versetzten ihn, und er ging verärgert los, landete zufällig in der Kirche, in der die Communité de Jérusalem eine Messe sang. Er erinnerte sich an die Fernsehreportage, setzte sich in eine der hinteren Reihen, hörte zu und begann zu weinen. Dann ging er immer wieder in diese Kirche und fragte sich, da die Rührung blieb, ob es seine Berufung sei, selbst Mönch zu werden. Im Alter von achtundzwanzig Jahren entschied er sich, das zweijährige Noviziat in dem Orden zu machen, und anschließend gelobte er Armut, Keuschheit und Gehorsam.

Seine Familie in Toulouse konnte er jetzt nur noch sehr selten besuchen, vielleicht zweimal im Jahr. Irgendwie sei er aber auch froh darüber, sagte er, denn die Tischgespräche könne er wirklich nicht mehr hören; da gehe es immer nur darum, was dieser Nachbar gemacht habe oder jener gesagt habe, die permanente bürgerliche Selbstbeweihräucherung auf dem Umweg des Lästerns über die Leute, deren Glanz nicht so hell strahlte wie der eigene. Er war ein Rebell.

Als sie ihr neues Kloster in Köln bezogen hatten, lud das bischöfliche Ordinariat die Gemeinschaft von Jerusalem zum Karneval ein. Sie gingen, wie immer, in ihren dunkelblauen Habiten aus dem Kloster. Dazu hatten sie sich rote Pappnasen aufgesetzt. So schauten sie sich den Rosenmontagsumzug an, und ausnahmsweise fielen sie unter Cowboys, wandelnden Müllsäcken, Nutten und Piratenkindern in ihren Gewändern nicht auf. »Man hatte uns vorher gesagt, es sei die Hölle, aber so schlimm fanden wir es gar nicht«, sagte Jean-Tristan. In normalen Zeiten war ein Gang durch die Altstadt für die Mönche nerviger. »Om, Om«, riefen ihnen die Leute hinterher, oder sie sangen: »Hare Krishna« – je später, desto enthemmter, denn es war ein Kneipenviertel.

Ansonsten war der Kontakt mit Köln auf die Messen und die Arbeit begrenzt. Die Mönche lebten in Klausur, sie gingen nicht in Kneipen, nicht ins Kino oder ins Theater, sie sahen nicht fern. Sie nutzten aber das Internet, um E-Mails zu lesen und zu schreiben, und lasen christliche Zeitungen: *Die Tagespost* und *La Croix*.

Die Bierteigzucchini waren fast fertig. »Ihr seid nicht oft an der Sonne?«, fragte ich.

»Doch, auch wir brauchen Wasser, Luft und Sonne«, antwortete Jean-Tristan.

Der Tag für Luft und Sonne war der Montag, der Wüstentag. Dann gingen die Schwestern und Brüder Rad fahren, laufen oder schwimmen. Einige im erzbischöflichen Priesterschwimmbad, andere im öffentlichen Hallenbad. Der August war der Wüstenmonat. Dann verließ die Gemeinschaft Köln und machte in einem anderen Kloster Urlaub, wo der Tag ähnlich verlief wie am Rhein.

Ich sagte Jean-Tristan, dass mich die harten Worte der Psalmen befremdet hätten. Das wunderte ihn nicht, aber Verständnis hatte er dafür auch nicht. »Wer das Alte Testament nicht versteht, versteht Jesus nicht«, sagte er. »Jesus hat selbst diese Psalmen gebetet.« Wer nicht sehr regelmäßig bete und im Evangelium lese, sei daher streng genommen kein Christ. Er nahm es streng, wirkte aber nicht so, sondern heiter. Viele, die sich Christen nannten, seien keine Christen, sagte Jean-Tristan. Und so viele nannten sich ja auch nicht mehr Christen. Frankreich sei heute wieder heidnisch. In zahlreichen Dörfern gebe es keine Kirche mehr, drei Prozent gingen auf dem Land noch in den Gottesdienst.

Ich hatte erwartet, eine moderne städtische Glaubensgemeinschaft zu besuchen. Stattdessen war ich bei orthodox-katholischen Alttestamentariern gelandet.

Ich kannte das Alte Testament nicht gut. Dann konnte ich vielleicht auch Jesus nicht verstehen. Ich schwieg und hielt mich den halben Tag in Gottesdiensten auf, doch die alttestamentlichen Gebete waren mir fremd. Gott war mir fremd. In einem Kloster fiel das ins Gewicht, denn außer dem Gebet gab es hier ja fast nichts.

Nachmittags, nach der Lectio Divina, saß ich in meiner Zelle und wurde etwas unsicher, wer ich war. Ich machte eine Skizze, zeichnete einen kleinen Planeten, den ich »Kirche« nannte, ganz rechts aufs Blatt, einen großen links, den ich »Zeitgeist« nannte, und klein im Zeitgeistkreis, wenn auch am Rand, einen Punkt, der ich selbst war. Ich, der Punkt, kreiste um den Kern des Zeitgeistes, in naher Umlaufbahn, und mein Widerspruchsgeist und kleiner Glaube war nur aus meiner eigenen Perspektive vom Zeitgeist entfernt. Aus weiterer Entfernung aber musste es so aussehen, als sei ich einer der vielen Punkte, die den Zeitgeist bildeten. Von der Kirche war ich weit entfernt. Auch wenn man sehr weit aus dem Ausschnitt herausgezoomt hätte, hätte man Gott selbst nicht gesehen, und die Kirche wäre auch nur als ein Molekül erschienen, das um unseren postmodernen Zeitgeist oder in einigem Abstand um Gott kreiste – oder hin und her zitterte. Wer wusste es? Und vielleicht war Gott gar kein Fixpunkt, sondern überall in den Zwischenräumen, oder in den Köpfen … o Gott, o Gott – ich hörte auf.

Vor dem Abendessen bat Nicolas-Marie den Herrn darum, unsere Suppe zu segnen. Hier gab es gesegnete Spargel-Tütensuppe von Maggi, und in Sieben Linden gab es profane Bio-Rohkost. Die Rohkost war besser. Bevor die Suppe heiß war, verlas ein Bruder die Heiligenbiografie zum kommenden Tag. Es war die der Katharina von Siena, sie wurde als fromme spirituelle Erneuererin der christlichen Kirche im dreizehnten Jahrhundert dargestellt, einer Zeit, in der der moralische und intellektuelle Zustand des Klerus miserabel war. Katharina hatte ekstatische Christuserscheinungen und entschied sich, die Kirche zu reformieren, und nicht, deren Spaltung voranzutreiben, indem sie die Gegenpäpste anerkannte. Ihre Biografie endete mit den beiden Sätzen, sie sei heute die Schutzheilige der Färberinnen und helfe gegen Kopfweh und die Pest, was ich dann wieder etwas komisch fand.

Für den folgenden Tag hatten mich die Schwestern zum Mittagessen in ihre Wohnung eingeladen.

Ich ging in der Altstadt spazieren. Es war zum ersten Mal Sommer geworden. Das Rheinufer verwirrte mich zutiefst. Eine bunte Ameisenstraße aus Breakdance, Joggern, Kopftüchern, Anglern, Kölschflaschen, Obdachlosen, Partybooten, Nonnen, Japanern, Touristen aus der Provinz. Das Stroh der Zeit … wer oder was war das Stroh der Zeit?

Der Dom stellte sich vor mir quer und stoppte meinen Spaziergang. Ich drückte einen goldenen Türgriff runter, der einen Adels- oder Bischofskopf mit einem Vogelkörper darstellte, aber der Dom war zugesperrt.

Ein Musicalhaus, eine Touristeninformation, die Mündung der Einkaufsstraße und ein Hauptbahnhof waren dem Dom dicht auf die Pelle gerückt. Ich ging über Einkaufsstraßen zurück. Eine Wand war mit Kreide beschriftet. Die Sprüche richteten sich gegen Hartz IV, für stärkere Betriebsräte, für Jesus Christus, gegen den Afghanistankrieg, gegen Jesus Christus, weil der seine Mutter schlecht behandelt habe, was so auch in der Bibel stehe, für den 1. FC Köln. Ich ging tiefer in die Einkaufsstraße hinein. H&M, Jack Wolfskin, Kentucky Fried Chicken – Monotonie des Spätkapitalismus, die langweilige Internationale des Großkapitals. Die Überschriften in den Zeitungskästen informierten darüber, dass Griechenland für hundertdreißig Milliarden Euro »gerettet« und dass Spargelsaison sei. War auch der Spargel das Stroh unserer Zeit?

Ich ging an römischen Ausgrabungen vorbei, eine Bar zeigte schon wieder Fußball, heute Abend Champions League. Temperamentvolle Jugendliche spielten hinter der Hausecke mit einem Klappmesser, ein Kunstmuseum warb für romantische Landschaftsmalereien, ein Straßenpianist spielte auf einem rollbaren Flügel Robbie Williams, ein CDU-Wahlplakat zeigte Jürgen Rüttgers und seinen Wahlkreiskandidaten Efkan Kara

(»Garanten für Stabilität«), der Teppichladen hatte reduziert, drei Teeniemädchen hatten feiste Gesichter, »Tooooor!« für Barcelona. Ich stand wieder vor Groß Sankt Martin und setzte mich auf den Kirchplatz. Wie weltfremd konnte man nach zwei Tagen im Kloster werden? Oben im Haus, in der WG der Brüder, brannte Licht. Sie sprachen darin über ihre Fortschritte und Rückschläge im Glauben. Die Stadt war mir fremd und Gott erst recht. Xenophob und gottlos, eine nervenaufreibende Kombination. Am Abend versuchte ich zu beten. Es funktionierte nicht.

Am nächsten Morgen sangen sie wieder ihre Morgenpsalmen. Heute waren schon zwei Besucher im Gottesdienst. Die Christianisierung Kölns schritt voran. Mit welcher Freude diese vierzehn Menschen für zwei sangen, jeden Morgen, das war ein rührender Anblick in unserem Land von Rechnern, einer Hochkultur der niedrigen Mathematik, die aber vom Rechnen langsam müde wurde.

Groß Sankt Martin stand auf den Fundamenten des alten Roms. Hundert Jahre nach Christus war hier noch ein römisches Bad gewesen, im Keller sind dessen Fundamente zu besichtigen. Dann war es mit Rom untergegangen. Um 1000 gründeten iroschottische Mönche hier dann ein Benediktinerkloster. Am 30. Mai 1942 und am 2. März 1943 sackten der Turm und die Westwand im Bombensturm nieder.

Ich saß im hinteren Teil der Kirche, hörte den Psalmen zu und dachte über die Texte nach und meine Gottlosigkeit. Christen sahen Christus als den Messias Israels, das Ausweglosigkeit kannte, aber Gott immer wieder an seiner Seite hatte. Was wussten wir Bildungsbürgerkinder eigentlich von Ausweglosigkeit?

Die Mönche sangen Psalm fünf: »… denn dein Hass trifft alle, die Böses tun.«

Hass? Von der Kindergärtnerin bis zum Papst sagten immer alle, dass Gott die Liebe war. Wie aber konnte die Liebe hassen? Das waren die Glaubenszeugnisse von Propheten, die Gott vertrauten und an den Menschen verzweifelten, oder von Poeten, die dem Menschen zuliebe leicht multiplizierbares Opium dichteten. Hass erhoffen – heiliger Zorn.

Die Schwestern und Brüder sangen Psalm drei: »Du aber, Herr, bist ein Schild für mich. Viele tausend von Kriegern fürchte ich nicht, wenn sie mich ringsum belagern.«

»Viele tausend von Kriegern fürchte ich nicht«? Im Schützengraben bleibt kein Mensch Agnostiker. Wir hatten keine Vorstellung mehr von Schützengräben, Gott sei Dank – wem sei Dank?

Am Vormittag arbeiteten drei Brüder in der Buchhaltung eines Krankenhauses, Nicolas-Marie machte Haushaltsarbeiten, er war außerdem der Hausmeister in der Kirche. Ich putzte an einem Tag die Fenster und wischte den grünen Boden, an einem anderen erneuerte ich mit Pinzetten die Leuchtdioden, die in einem Kästchen in der Kirche neben dem Eingang zur Sakristei anzeigten, welche Strahler gerade brannten und welche defekt waren. Am dritten Vormittag putzte ich die Küche und half Nicolas-Marie beim Kochen. Das stille Arbeiten tat gut, so wie zu Beginn der Pferdebauwoche. Wohldosiert zu sprechen hatte eine entschlackende Wirkung. Ständiges Reden war oft wohl der Versuch, das innere Schweigen zu verdrängen. Das Leben zubringen wie ein Geschwätz, wortwörtlich. Die Sendepausen hier, wie auch die Empfangspausen, schufen Raum, der nötig war, um Neues zu empfangen.

Der heilige Martin guckt

Die Schwestern hatten mich zum Essen eingeladen. Sie sahen auch aus der Nähe aus wie holzgeschnitzte Heiligenfiguren. Ich war ein wenig nervös. Die Wohnungseinrichtung war ähnlich karg wie die der Brüder, doch im Detail liebevoller. Die Ikone im Esszimmer war mit einem Buchsbaumzweig garniert. Wir saßen am U-förmigen Tisch, vis-à-vis die Ikone des heiligen Martin.

Die heilig-nüchternen Blicke quälten mich, die der Schwestern und die des heiligen Martin. Die Schwestern schienen meine Nervosität zu genießen. Eine begann aus dem Buch *Gott. Eine kleine Geschichte des Größten* vorzulesen. Es ging in der Episode um eine depressive Frau, die viel arbeitete und Beziehungen zu Männern unterhielt, wie »eine Frau von heute sie eben unterhalte« (an dieser Stelle kicherten einige der Schwestern), bis jene Frau – diese Pointe war nicht anders zu erwarten – via Christus zu einem ausgefüllten Leben fand. Eine zweite Episode handelte mal wieder von einem blöden Journalisten. Jener fragte Mutter Teresa: »Was, glauben Sie, muss sich an der katholischen Kirche ändern?« Teresa antwortete ihm: »Sie. Und ich.« Und dann fragte, hieß es in dem Buch weiter, ein anderer Journalist, ob Teresa es nicht als empörend empfinde, dass die katholische Kirche die Armut predige und selbst so reich sei. Teresa antwortete ihm, sie habe den Eindruck, er sei unglücklich. Sie sehe das an seinen Augen und sie werde für ihn beten. Zwei trugen Rohkostplatten in den Raum.

Nach dem christlichen Lied durften wir miteinander sprechen. Es gab Kaffee und Gummibärchen. Schwester Rebekka war in den achtziger Jahren Greenpeace-Mitglied. Eigentlich wollte sie Ziegenkäse machen oder Oliven verkaufen, doch in

Paris lernte sie 1987 die Communité kennen, die ihr wunderbar spirituell und wenig katholisch erschien, und sie trat bald darauf ein. Sarah-Marie aus Bochum hatte die Gemeinschaft auf dem Weltjugendtag in Köln kennengelernt und war vor einem Jahr beigetreten. Sie war Gymnasiallehrerin und unterrichtete auch jetzt noch vormittags Latein und Mathematik. Schwester Theresia arbeitete als Verkäuferin bei Manufactum. Die Theologin Edith, die Priorin, stammte aus Paderborn, wirkte keck mit ihrem ostwestfälischen Charme und war seit 1994 Ordensschwester, seit ihrem Studienabschluss. Schwester Marielle arbeitete im Blumenladen. Auch Schwester Carol-Elisabeth hatte sich in Paris in die spezielle Liturgie der Gemeinschaft verliebt. Sie betreute hier halbtags Demenzkranke. Und Marie-Gabrielle war Politologin und wollte ihre ganze Studienzeit lang Journalistin werden und hatte auch schon als Journalistin gearbeitet. Sie war diejenige, die am ersten Tag vom Stroh der Zeit und der Geschwätzigkeit der Journalisten gesprochen hatte. Jetzt wusste ich, dass ich gemeint war, aber ebenso, dass sie wusste, wovon sie sprach.

Auch die Schwestern waren im Durchschnitt ziemlich jung. Wer älter als fünfunddreißig war, wurde normalerweise nicht mehr aufgenommen, denn diesen Leuten fehlte erfahrungsgemäß die Flexibilität, ihr Leben so stark umzustellen. Die Schwestern empörten sich darüber, dass ich als Erstes fragte, was ihnen am meisten fehle: »Fragen Sie doch mal, was wir alles gewonnen haben«, sagten sie.

»Wir haben hier eigentlich alles, wir haben hier sogar manchmal eine Currywurst«, sagte Schwester Edith.

»Wir haben wenig, aber fühlen uns sehr reich«, sagte Rebekka. »Und wir verzichten in der Wohnung deshalb auf Bilder, weil wir was Einfaches schöner finden.«

In Paris, erzählten die Nonnen, habe der Orden schon so viele Schwestern, dass man dort froh gewesen sei, als diese Gruppe nach Köln geschickt werden konnte. Aber auch einige Kölner seien froh, dass die Jerusalem-Schwestern hier seien. »Wie schön, mal eine junge Schwester zu sehen!«, sagten ihnen manche. In Frankreich, dem Heimatland des radikalen Antiklerikalismus, wurden die Schwestern schon öfter auf offener Straße angespuckt, erzählte Marie-Gabrielle, in Köln noch nie.

Marie-Gabrielles Gesicht schaute rund unter ihrem Kopftuch hervor, sie hatte eine zarte Haut und sah so aus, als sei sie fünfundzwanzig. Ihre Schönheit hatte ich bereits in der Kirche bemerkt. Wenn sie ans Predigerpult trat, sah ihr Gesicht friedlich aus wie die Mondgesichter in Gutenachtbüchern. Ihre Augenbrauen, Augenlider und ihr Mund waren zarte Sicheln. Sie war die Inkarnation der Unschuld. Wenn sie sang, trat ein tiefes Lächeln auf ihren Halbmondmund. Sie war eine bezaubernd schöne Frau. Ob das die Brüder auch so sahen?

Nachrichten verfolgten die Schwestern nicht regelmäßig, manchmal lasen sie die Lokalzeitung oder *Le Croix*. Sie sagten, es gebe für sie jetzt Wichtigeres, und das wirklich Wichtige erfahre man sowieso irgendwie. Ihr Platz auf der Welt sei es, für die Entscheidungsträger zu beten, denn sie glaubten, dass das Gebet wirke, sagte Rebekka: »Beten ist wie ein Garten. Den müssen Sie immer gießen und ständig das Unkraut jäten. Es ist wie eine Liebesbeziehung, mal kann sie in Dur sein, mal in Moll.« Kürzlich hatte eine Ministerin in Niedersachsen das Kruzifix in Schulen verbieten wollen. Schwester Rebekka zuckte mit den Schultern. Und wenn, sagte sie, es habe schon viel Schlimmeres gegeben, so etwas komme immer mal wieder in Schüben. »Wir beten, wir beten einfach nur.« Ein graues Haarsträhnchen fiel aus ihrem Kopftuch hervor auf die Stirn.

Nach einer Dreiviertelstunde nahm Marie-Gabrielle ein Messingglöckchen, sagte, ich sei ein leidenschaftlicher Journalist, das finde sie gut, doch jetzt sei wieder Zeit für Stille. Sie läutete. Das wirkte auf mich wie die Entscheidung eines Ringrichters beim Boxen, einen Kampf abzubrechen, wenn ein Kämpfer das erste Mal ein bisschen stolperte: Sobald sich Geschwätzigkeit anbahnte, brachte das heilige Glöckchen die Stille zurück. Ich hätte gern mehr zur Geschichte der Schwestern und ihren Motiven für diesen radikalen Lebenswandel erfahren. Doch Marie-Gabrielle glaubte, das Wichtige sei gesagt.

Beim Herausgehen aus der Schwestern-WG verbeugte ich mich etwas albern vor einem Kreuz, das hinter einer Glastür in dem letzten Raum vor dem Ausgang stand. Die Priorin lachte: »Da musst du dich nicht verbeugen, dat is doch keine Repräsentanz, dat is nur ein normales Kreuz.«

Das Kloster hielt so viel Überflüssiges draußen aus dem Leben. Andererseits hielt es auch Fragen an sich selbst vor seinen Türen. Es verlangte totale Hingabe. Es war ein strenger, alttestamentlicher Vater, dem seine Kinder gehorchen mussten. Für einen Besucher war es eine mächtige Antithese. Ein Jahr oder ein Leben lang hier zu sein, ich konnte es mir nicht vorstellen. Die Schwestern und Brüder wirkten aber, als schadeten ihnen ihre Gelübde nicht. Sie wirkten glücklich. Wenn Gott keine Erfindung der Menschen war und unendlich größer, dann konnte ein Leben, das ganz auf ihn ausgerichtet war, nicht langweilig werden.

Donnerstag war meine dritte Abendmesse, danach sollte die eucharistische Anbetung bis in die Nacht hinein folgen. In der stillen Anbetung vor Beginn der Messe neigte sich manchmal ein Bruder oder eine Schwester, die alle wieder auf Holzschemeln vor dem Altarraum knieten, mit ihrem Körper ganz auf den Boden. Sie machten sich so klein wie möglich. Wieder begann die Messfeier mit Psalmgesängen. Wie mehr als tausendmal im Jahr beteten die Brüder und Schwestern ihre Verse. Gegenüber dem Kreuz: Menschen, die sich das Rechnen abgewöhnt hatten und Gott vertrauten. Ich saß diesmal vorn, in der zweiten Reihe.

Am Abend waren mehr Besucher da als mittags und morgens, vielleicht vierzig. Manche kamen jeden Tag, andere zwei Wochen täglich und dann nie mehr. Nun hatten sie ihren Durst gestillt und blieben wieder weg. Die Ordensleute blieben immer an der Quelle, auch wenn sie mal keinen Durst hatten, aber keiner wirkte so, als könne er kein Wasser mehr sehen.

Draußen waren es schon zwanzig Grad, doch in der Steinkirche froren meine Hände und Füße. Ich wollte mich klein machen vor Gott. Die nackten Füße in den Ledersandalen der Mönche froren offenbar nicht. Die alten Gesänge klangen frisch, als habe sie dieser steinerne Kühlschrank konserviert. Ich konnte beten.

Nach der Messe zogen die Brüder und Schwestern mit einer Monstranz, die eine große Hostie umschloss, durch die Kirche in eine hintere Ecke, einige Gottesdienstbesucher folgten der Prozession – ein fremd anmutendes Schauspiel. Die Hostie wurde vor Kerzen aufgestellt, in ihr sei Christus selbst anwesend, glauben die Katholiken. Sie leuchtete warm im Kerzenlicht. Ich ging nach draußen.

Am Rheinufer, ein paar Minuten östlich vom Dom, bestimmten Kölschkneipen, Brauereigaststätten und Cocktailbars das Bild, die »Karibik« oder »Aloha« hießen. Hinter dem backsteinöden Haus des Handwerks guckte der Turm der in der zweiten Reihe stehenden Kirche herüber, als sei er der Turm vom Haus des Handwerks. Um den Rhein entfaltete sich ein Sommernachtstraum aus Straßenjazz, Beck's, Streifenpullis, Flusswind, Leinen, Flaschensammlern und Straßencafégemurmel. Genauso wie vorgestern Abend, doch erschien es mir plötzlich wieder freundlich und vertraut.

Schmale Bürgerhäuser standen neben dem Haus des Handwerks. Sie hatten dazwischen etwas Platz gelassen für einen Blick auf Groß Sankt Martin. In den Straßencafés auf dem Vorplatz kreischten Kegelclubfrauen schrill. Der Wind streichelte sie in seiner frühsommerlichen Güte. Im Gasthof Herings stand Zander auf der Tageskarte, Forelle, Scholle und Rotbarsch, nicht aber Hering.

Groß Sankt Martin stand auf einem Mauersockel. Bäume verdeckten die Sicht auf ihr Fundament. Die Kirche hatte einen dicken Turm auf relativ kleinem Rumpf. Sie sah aus wie eine Raumfähre, die Außerirdische zurückgelassen hatten, weil es mittlerweile ein spritsparenderes Modell gab. Eine Treppe führte hinauf und auf den Kirchplatz.

Ich ging zurück zur eucharistischen Anbetung, es war schon dunkel. Die Hauptpforte der Kirche war wie immer verschlossen, man musste rechts durch eine kleine Tür in der Seitenwand eintreten, die sich in Weinblätter gehüllt hatte.

Von innen wurde die Schönheit der Kirche sichtbar. Der klobige Turm zeichnete von außen ein Zerrbild von der Höhe des Kirchenschiffs. Von außen war sie ein Elefant, von innen ein Engel.

Einige Leute hockten still auf dem Teppich vor der kerzenbeschienenen Hostie, darunter zwei Mönche und eine Schwester. Hocker standen auf dem Teppich. Ich nahm mir einen und fixierte die Hostie. Manchmal schaute ich mir die Menschen um mich herum an, eine Frau links von mir erkannte ich aus der Abendmesse wieder. Sie hatte ihren Oberkörper nach vorn auf dem Teppich niedergelegt und schluchzte. Sie weinte. Ich betrachtete die Hostie lang und legte mich auch nieder. Sich klein machen vor Gott, das gab tiefe Ruhe. Bruder Thibaut kam dazu. Er war sympathisch. Wenn er kein Mönch gewesen wäre, hätte ich ihn auf ein paar Kölsch in die Altstadt eingeladen, doch das durfte er nicht. Er war so alt wie ich, aber viel ernster; bescheiden, jugendlich, klug. Wenn stille Quellen tief waren, war seine Tiefe unendlich, denn er sagte ja gar nichts. Welcher Weg hatte ihn in die Mönchskutte geführt?

Saufmusik drang in die Kirche. Das Brot des Himmels durchdrang mich. Beides passte zur Sommernacht, beides passte zusammen, ich sah die Vielfalt der Welt mit einem anderen Blick, die Xenophobie war gegessen.

Am Morgen ging ich. Die Brüder nahmen kein Geld, ich sollte ihr Gast sein. »Und, welche verrückte Gemeinschaft besuchst du als Nächstes?«, fragte Jean-Tristan.

KAPITEL 5

Im Hausboot auf dem Rhein

Seit der frühen Industrialisierung hielten es die Menschen für möglich, dass Maschinen eines Tages alle Arbeit erledigten. Die ersten Marxisten hatten nicht viel Interesse am Klassenkampf, sondern fühlten sich von der Idee eines Lebens mit sehr viel Freizeit angesprochen. In diesem Sinn war Jörg Remus ein Marxist.

Er war aber noch nicht von der Arbeit befreit. Als ich am Nachmittag den Kölner Hafen erreichte, in dem sein Hausboot lag, war er nicht da, sondern in seinem Büro in einem Düsseldorfer Fernsehsender. Es war einer der wenigen Tage, an denen er noch arbeitete, seit er auf das Hausboot gezogen war.

Ich lief über das Hafengelände. Das Hausboot, auf dem Jörg Remus seit zwei Jahren lebte, konnte man nicht übersehen. Es war am Heck eines größeren Schiffes, des entkernten Rheinfrachters »Pletsche II«, befestigt wie ein Rettungsboot. Die »Pletsche II« war heute die Arbeitsfläche einer Werft. Die Werft rüstete einwändige Frachtschiffe zu doppelwändigen um. Arbeiter im Blaumann klopften und schweißten. Ich sah ihnen zu und wunderte mich, dass es das noch gab: Werftarbeiter in einer deutschen Metropole. Und stellte mir vor, wie sehr sich die Arbeiter selbst darüber wundern würden, dass es Leute gab, die so weltfremd waren, sich darüber zu wundern, dass es noch

Hafenarbeiter in Deutschland gibt. Auf Jörg Remus' Hausboot arbeitete niemand. Es schaukelte faul und blickte in Richtung Festland.

Der Hafen ist Kölns direkte Verbindung zum Meer. Er roch nach Fisch und Schweröl, nach Fäulnis und Campingplatz, nach Altholz und Algenwasser. Der Wind mischte die Düfte zu einem Seeluftcocktail. Der Hafen klang nach Baustelle, nach Metallklopfen, Dieselmotoren, aber auch wie eine Vogelvoliere. Die Freiheit, die er als Türöffner zum Ozean versprach, hatten sich auch seine Bewohner genommen. Künstler und Lebenskünstler wohnten hier in Containern, Holzhütten oder Campingwagen. Im alten Bootshaus war ein Technoclub, in Werfthallen hatte die sogenannte Kreativbranche ihre Büros. Der Hafen war ein offener Tempel des Chaos inmitten der geordneten Stadt, ein wildes Sperrgebiet für Bürokraten, fleißig und faul zugleich, vergangen und gegenwärtig, frei, grün, rostig. Die Natur schien den Kampf gegen den Rost zu gewinnen. Junge Birken und Gras wuchsen über Schienen, auf denen manchmal noch Boote ins Wasser gelassen wurden. Köln und Hafen waren eine Symbiose eingegangen. Der Hafen brauchte die Stadt mit ihrem Chic, Hochglanz und Konsum, denn ohne all das hätte er sich nicht von alldem absetzen können, dann wäre er nur ein schäbiger Flusshafen gewesen. Und Köln brauchte Orte wie diesen, um zu zeigen, dass es ein Herz hatte und ein Gespür für das Meer.

Der Rhein war im Hafenbecken handzahm. Er versiegte auf schmutzigem Sand, hier war der Deutschlandfluss ein Ententümpel. Wolken und Schiffe spiegelten sich im Wasser, laut wie auf einer Autobahn rauschte der Stadtverkehr über die Zoobrücke, wenige hundert Meter am Hafen vorbei, aber bald filterte das Gehirn den Lärm heraus, und man nahm nur noch die Vogelstimmen wahr. Eine Seilbahn transportierte Gondeln über den Fluss zum Zoo, auf deren Trägermasten wehten Coca-Cola-Fahnen.

Ein ganz normaler Kölner

Jörg Remus kam von der Arbeit zurück. Er war kein Alternativer und kein Mönch, wie exotisch. Ein ganz normaler Kölner: Single, vierzig. Er war charmant und hatte eine warme Stimme, aber er hatte auch etwas Trauriges in den Augen. Er sagte, im Moment suchten ja alle nach dem Sinn. Er hatte einen festen Händedruck, aber etwas fehlte. An der Spitze seines Zeigefingers klebte ein großes Pflaster. Er führte mich auf einer Treppe zum Boot hinab, es war schon dunkel. Vor dem Eingang stand Werkzeug. Jörg Remus hatte seine Arbeit an der Außenwand unterbrechen müssen, als er sich vor einigen Tagen zum zweiten Mal innerhalb weniger Wochen eine Fingerkuppe absägte. Fingerkuppen wüchsen nach, sagte er, der Körper merke sich die Form bis zu einer Länge von fünf Millimetern.

Das Hausboot wippte leicht auf Wellen, die so sanft waren, dass man sie nicht sehen konnte. Ein Hausboot zwischen einer Werft und einem Technoclub war zwar so ungünstig gelegen wie eine Einzimmerwohnung direkt an einer Autobahn, aber man dachte beim Anblick des Bootes: »Oh, wie idyllisch, ein Hausboot!« Die Liebe des Menschen zum Wasser war groß, auch wenn das Wasser trüb war und darauf Algen trieben.

Jörg Remus hatte seit einigen Jahren ein zunehmendes Bedürfnis nach Einfachheit. Er wollte reduzieren: weniger Geräte, weniger Geld, weniger Arbeit. »Ich kann gut mit tausend Euro im

Monat leben, und ich kann gut mit viertausend Euro leben«, sagte er, »man tut sich aber keinen Gefallen damit, Kram anzuhäufen.« Sein Hausboot, das »Platypus« hieß, sah aus wie ein schwimmender Schuhkarton aus Holz. Jörg Remus hatte es selbst gezimmert und auf zwei Kufen gesetzt, die Schwimmkörper. Das Boot hatte keinen Motor. Es konnte nicht selbständig wegschwimmen, gaukelte also die Freiheit, die es versprach, nur vor. Man kam damit nicht mal bis nach Leverkusen.

Wir gingen hinein. Im Boot war die Einrichtung holzig und freundlich, eine alte Truhe war der Sofatisch, es gab eine Kochecke, eine rote Couch, einen Kamin zum Heizen mit Briketts. Eine Glastür führte nach draußen auf die Terrasse, auf der ein Grill stand und zwei Liegematten, die ein Freund aus Thailand mitgebracht hatte. Wir legten uns darauf und öffneten eine Flasche Weißwein. Mit wurde etwas übel, der Zahnschmerz kam wieder. Aus dem Technoclub waren die ersten Bässe zu hören, die Fische tanzten.

Vor zwölf Jahren, als Jörg Remus achtundzwanzig Jahre alt war, hatte er bereits viele Jobs gehabt. Er war Messe- und Bühnenbauer bei »RTL Samstag Nacht« gewesen, Programmabwickler bei einem Kinderfernsehsender, er hatte eine Ausbildung zum Radio- und Fernsehtechniker gemacht, einen Lampenladen in Mönchengladbach eröffnet, betrieben und geschlossen. Sein BWL-Studium hatte er schleifen lassen. Eigentlich hatte er Architekt werden wollen, aber sich nicht getraut, Architektur zu studieren, da ihm vor der Mathematik graute. Betriebswirt wollte er nie werden und wurde es nie. Mit achtundzwanzig nahm er eine erste Auszeit. Er kaufte mit seiner Freundin das Segelboot »Seebär«, und sie fuhren damit über den Rhein durch zweihundert Schleusen und weiter bis aufs Mittelmeer. In der letzten Nacht wollten sie von Genua nach Elba übersetzen. Im Dunkeln fuhren sie aufs offene Meer hinaus. Leuchtende Algen schwammen im Wasser, eine blühende Art, die das Sonnenlicht speichert und im Dunkeln fluoresziert. Das Schiff fuhr im Mondlicht über die See, der Himmel war schwarz, und die Spur, die das Boot zurückließ, leuchtete gelbgrün in der Nacht. Da hätte Jörg Remus fast an Gott geglaubt.

Sie erreichten Elba nie, ein Herbststurm. Sie retteten sich gerade noch in den Hafen von Livorno.

Jörg Remus hatte trotzdem auf der »Seebär« das erste Mal ein Gefühl größerer Freiheit, die er sich dadurch erklärte, dass er sein ganzes Leben auf acht Quadratmeter zusammengefasst, alle Verträge gekündigt hatte und er nicht zur Arbeit gehen musste. Aber auf die Seefahrerei war den beiden die Lust vergangen. Sie verkauften die »Seebär«.

Zurück in Deutschland, setzte Jörg Remus seinen Kraut-und-Rüben-Lebenslauf fort. Er fuhr mit einem Crêpesmobil auf Volksfeste und verdiente damit viel Geld. Nach einem Jahr aber konnte er keine Crêpes mehr sehen – beziehungsweise keine Eier. Und seine Freundin konnte *ihn* danach nicht mehr sehen, weil er Stellen auf Messen in ganz Europa annahm. Und irgendwann konnte er *sie* nicht mehr sehen, denn sie hatte Schluss gemacht.

Jörg Remus flüchtete in eine Weltreise. In Tasmanien schlief er in einer Holzhütte. Wieder der kleine Raum, wieder das Glücksgefühl. Er erinnerte sich an die »Seebär« und dachte: Das reicht doch. Am nächsten Tag sah er in einem Fluss ein Schnabeltier. Es schwamm recht ungelenk, es erinnerte ihn an ein Hausboot. Das war es: ein Hausboot bauen. Es sollte den Namen des Schnabeltiers tragen: »Platypus«.

Im Bauch des Schnabeltiers

Jörg Remus baute sein Hausboot in wenigen Monaten. Inspiriert vom Schnabeltier, machte er sich an die Arbeit, als er zurück in Köln war. Nicht größer als die tasmanische Holzhütte sollte das neue Zuhause werden. Er reduzierte seine Arbeitszeit auf eine halbe Stelle, lieh sich von der Bank Geld und kaufte für einige tausend Euro Bretter, Schrauben, Kanister und begann im Mülheimer Hafen zu bauen. Er plante zwei Jahre, baute ein Jahr und zog 2005 in das Boot ein. Damals schwamm es noch gar nicht im Wasser, sondern es stand am Ufer. Erst als die Werft einen Kran gemietet hatte, konnte Remus sein Schnabeltier aufs Wasser lassen.

Ich schlief nicht im Boot, sondern in einem alten Schiffscontainer, den Jörg Remus zur Gästewohnung umgebaut hatte. Er stand auf Stelzen. Man hatte daraus einen guten Ausblick runter aufs Hausboot und den Hafen. Daneben standen Holzkähne, Kanus oder Sportboote, die darauf warteten, zum Sommer ins Wasser gelassen zu werden, auch die »Käpt'n Nick«. Ihr Besitzer hatte sie bei eBay gekauft, sie abholen wollen; doch auf dem Rhein merkte er, dass Wasser einlief. Er rettete sich zurück in den Hafen. Aus seinem Traum vom Meer wurde ein Gerichtsprozess.

Am Morgen, als ich zum Hausboot ging, wurde ein Schmetterling vom Wind über den Hafenweg geweht wie ein Strohballen über den Wüstensand. Dunkelrot waren seine Flügel, die ihm für den Frühling gewachsen waren. Doch die Flügel waren angeknabbert, der Schmetterling kämpfte mit dem Tod. Er schlug sie auf und ab, stieg immer nur wenige Zentimeter auf, sank wieder zu Boden, versuchte es erneut, wurde wieder von der Schwerkraft besiegt und vom Wind ein Stück weitergerollt.

Ich überlegte, ob ich ihn mit einem Fußtritt erlösen sollte. Aber vielleicht wuchsen die Flügel ja wieder nach, so wie die Fingerkuppen von Jörg Remus. Schmetterling, träum weiter vom Fliegen.

Seit zehn Jahren lebte Jörg Remus von Jahr zu Jahr bescheidener. Damals hatte er beim Fernsehsender Premiere in München noch so viel Geld verdient, dass er einen eigenen Katamaran, einen VW-Bus und ein Aktiendepot besaß. Jetzt war sein Leben näher an den Elementen. Das Wasser trug ihn, der Wind schüttelte das Boot, Kaminfeuer heizte im Winter. Trinkwasser holte er sich in Kanistern aus der Halle, die fünf Minuten entfernt war; dort duschte er auch. Ein Chemieklo war an Bord. Frühere Pläne über eine Autarkie mit Solarzellen und einer Wasseraufbereitungsanlage für Rheinwasser verfolgte er mangels Geld nicht weiter.

Was mir vor Beginn meiner Reise selbstverständlich schien, kam mir jetzt schon unnatürlich vor. Glänzende Badfliesen, Supermarktessen. Täglich zu duschen erschien mir als abzulehnender Hygienismus. Ich hatte mir angewöhnt, T-Shirts vier Tage zu tragen, Socken eine Woche. Niemand beschwerte sich darüber.

Jörg sagte denselben Satz wie der Waldmensch: Nicht als Ausstieg, sondern als Einstieg sehe er seinen Ausstieg, als Einstieg in ein selbstbestimmtes Dasein. Sein altes Leben war ganz in Arbeit und Freizeit unterteilt, dazwischen gab es nichts. Er hatte beides gesucht: weniger Arbeit, aber vor allem sinnvollere. Niemals aber wäre er dafür aus der Stadt weggezogen, um das zu finden. Stroh und Ziegen waren ihm fremd, und er wollte in Deutschland bleiben, wegen der Sprache und, im Gegensatz zum Waldmenschen Wolfgang Hamacher, gerade wegen der Bürokratie: »Weil alles so gut organisiert ist.« Jörg Remus wollte einfach leben, um selbstbestimmt zu leben, Wolfgang Hamacher lebte einfach, weil er die Suche nach Selbstbestimmung, auf die sich der moderne Mensch begeben hatte, als Lüge entlarvt hatte.

Wir lagen am letzten Mittag im kühlen Frühlingswind draußen auf den Thailandliegen, Angler versuchten zehn Meter entfernt vom Ufer aus, Rapfen zu fangen, der Bootsrumpf trieb leicht hin und her. Jörg Remus saß da und blickte zufrieden auf das, was er in den vergangenen beiden Jahren in seiner neuen Freizeit geschaffen hatte: Er hatte auch eine Werfthalle angemietet und sie mit eigenen Händen zu Büros und Lagerräumen ausgebaut, um sie zu vermieten. Irgendwann wollte er von den Mieteinnahmen leben und sich dann ein neues, noch kleineres Hausboot bauen. Dann könnte er vielleicht noch beruhigter am Hafen sitzen und auf den Rhein schauen, so wie der Fischer in Heinrich Bölls Anekdote zur Senkung der Arbeitsmoral.

Jörg Remus befürwortete die Einführung eines bedingungslosen Grundeinkommens in Deutschland, so hoch, dass es für Miete und Nahrung reichte. Für die Mittelschicht wäre das ein Energieschub, glaubte er. Weil Maschinen immer besser arbeiteten, müssten die Menschen nicht mehr so viel tun, aber man müsste sie auch teilhaben lassen, fand Jörg Remus, das Scheidungskind, das sich darauf spezialisiert hatte, kleine heile Mikrowelten zu errichten. Vielleicht pflanzte uns der liebend hassende Gott, seitdem wir das Paradies verlassen mussten, unsere Verletzungen ja wie ein Gärtner einen Blumensamen ein, damit sie uns zur Arbeit antrieben, die um unsere inneren Risse kreiste und am Ende so etwas Schönes hervorbrachte wie ein schwankendes Hausboot im Rheinhafen. Dann wäre ein

Grundeinkommen eine gute Idee. Weil Arbeit fürs Geld allein keinen Bezug mehr zu unseren Wunden hätte.

Als ich ging, schenkte mir Jörg Remus ein Buch, das ihm seine Mutter geschenkt hatte und das er schon länger loswerden wollte: *Die hohe Schule der Einsamkeit. Von der Kunst des Alleinseins.*

KAPITEL 6

Eine esoterische Gemeinschaft im Piemont

Durch das grüne Käsetal Gruyère fuhr ich zum Genfer See, wo in einer Gaststätte der Mittagstisch 22,50 Euro kostete, Roastbeef. Man konnte ja gut ohne Fleisch leben, doch das gab einem deutschen Twingo-Fahrer trotzdem eine plötzliche Ahnung davon, wie unbemerkt einfach das eigene Leben vergleichsweise war. Ich ließ auf dem Alpenpass Saint-Bernard ein schmelzendes Skiparadies links liegen, ehe sich die Straße im Aostatal nach Italien hinabwand, wo die Bauernhäuser nicht mehr aus Zuckerguss, sondern aus Naturstein waren und nur die Dorfkirchen pastellgelb gestrichen.

Mein Ziel war die große, seltsame Gemeinschaft namens Federazione di Damanhur. Sie nannte sich zwar auch »Ecovillage«, hatte aber einen anderen Schwerpunkt als das Ökodorf Sieben Linden: die gemeinsame Spiritualität. Die Bewohner Damanhurs waren internationaler, das Dorf bestand aus Großfamilien, in denen jeweils etwa zwanzig Leute gemeinsam lebten. Damanhur gab es bereits seit mehr als fünfundzwanzig Jahren, und es hatte sich in dieser Zeit eine derart eigene Kultur gebildet, dass heute schon Ethnologen von Universitäten kamen, ein Jahr dablieben und Aspekte dieser neuen Mikronation erforschten.

Ich wusste von der Föderation Damanhur, dass deren Bürger ihre bürgerlichen Namen nicht mehr nutzten und stattdessen neue Vornamen von Tieren angenommen hatten und Nachnamen von Pflanzen. Statt Wolfgang Hamacher hießen sie dann zum Beispiel »Schaf Tanne«, aber auf Italienisch – »Pecora Abete«. Eine zweite Information hatte ich aus der *Bild*, in der stand, dass »unser Popstar Nena« hier gewesen sei und Damanhur sehr gut gefunden habe. Aber die *Bild* fand Damanhur nicht gut. Ihre Reporterin meinte, es handle sich um eine »irre Psycho-Sekte«. Und auch im Internet behaupteten einige Anonyme – von denen die Bürger Damanhurs wiederum sagten, dahinter stehe die denunziatorische katholische Kirche –, das Ökodorf sei eine Sekte, eine Struktur, die den Einzelnen von sich abhängig macht. Denn wer Damanhur nach Jahren verlasse, könne es schwer haben, in der normalen Welt wieder seinen Platz zu finden, wobei nach dieser Definition auch Familien oder Klöster Sekten sein konnten.

Andererseits schien die Meinung der *Bild*, Damanhur sei eine »irre Psycho-Sekte«, in keinem Widerspruch dazu zu stehen, dass die Menschen sich hier »Falke«, »Affe«, »Kanarienvogel« oder »Ziege« nannten.

Im Tal von Piemont beruhigten sich die Berge. Straßenschilder wussten den Weg von der Autobahnabfahrt nach Damanhur. Das Empfangsgebäude stand hinter einer hohen Hecke, über der bunte Fähnchen aller Länder an Fahnenmasten wehten. Hoch über den Länderflaggen hing die gelbe Fahne mit dem Symbol von Damanhur, das einem Hexagramm ähnelte.

Makakenäffchen Tamariske erwartete mich, Macaco Tamerice. Sie war eine Deutsche, einundfünfzig, sie trug ihr blondes Haar lang, schwarze Jacke, Stiefel fraßen die blauen Jeans. Ihre Stimme klang kantig. Für die nächsten Tage war sie meine Fremdenführerin, sie hatte sich dafür gern Zeit genommen, aber die Öffentlichkeitsarbeit war auch ihre Zuständigkeit in der Gemeinschaft. »Du musst erst mal zum Arzt, er checkt dich kurz, das ist wichtig. In Gemeinschaften übertragen sich Krankheiten schneller«, sagte sie.

Die Arztpraxis war gleich gegenüber dem Empfangsgebäude. Ich war ja nicht krankenversichert, aber kam sofort dran. Der grauhaarige Arzt, der früher ein Chefarzt in Turin gewesen sein sollte, jetzt war er in der Hauptsache Damanhurianer, maß meinen Blutdruck und sagte: »Very good blood.« Er fragte noch, ob ich an Hepatitis oder HIV erkrankt sei, ich verneinte, er trug in seinen Behandlungsbogen ein: »110:80, Epatite non, HIV non.« Ich war gesund, das war ein guter Arzt, auch wenn er meine Zahnschmerzen nicht erkannt hatte.

Wir meldeten mich noch zum Tempelbesuch an, zur Reise in das Herz Damanhurs. Er lag unter der Erde im Berg, achtzig Meter tief, verwinkelt wie ein Labyrinth, und war sechzehn Jahre unentdeckt gewesen. Zwei Tage später würde ich ihn besuchen. Für einen Eintrittspreis von sechsundsechzig Euro, wie mir Macaco sagte. Jetzt fuhren wir hinauf zum Haus von Macacos Familie, meiner Gastfamilie. Hier lebten auch drei deutsche Frauen. Das Haus war mehr als zehn Kilometer entfernt vom Check-in, dazwischen lagen ein Stausee, ein Dorf, ein Berg.

Vor fünfunddreißig Jahren soll hier im Piemont, einer der besten Trüffelgegenden Europas, ein Mann namens Falco, der sich nicht zufällig wie der falkenköpfige Ägyptergott Horus nannte und damals achtundzwanzig war, mit Freunden am Lagerfeuer gesessen haben. In der konservativen Gegend waren die jungen Leute als Horus-Sekte verrufen. Sie saßen am Feuer, blickten auf Berge und Täler und waren von größeren Ideen inspiriert. Dem Gedanken, dass Menschen die Materie mit der Kraft des Geistes verändern konnten. Am Lagerfeuer beschlossen sie dann angeblich, einen Tempel in den Berg zu schlagen, in dem der Mensch seinen geistigen Kern kontaktieren könne. Ähnlich wie schon bei der Geburt des Christuskinds quittierte der Himmel die Historizität des Moments mit einem astronomischen Schauspiel: Eine gewaltige Sternschnuppe mit einem Schweif fiel vom Himmel.

In diesem Berg sollte der Mensch fortan innerlich wachsen, vom Fleischlichen ins Magische, und der Kosmos hatte dazu sein Okay gegeben.

Jeder Mensch, glaubten die Damanhurianer, habe einen göttlichen Funken in sich, zwischen dem Göttlichen und Menschlichen gebe es viele Lebensformen und Intelligenzen wie Engel, Kobolde, Elfen. Sie wollten den göttlichen Keim nicht vertrocknen lassen, ihr ganzes Leben nach Werten leben. Im Tempel sollten die Funken tanzen. In drei Tagen würde ich den Tempel sehen dürfen.

Mittlerweile lebten hier etwa sechshundert Menschen, das Heiligtum war fertig, und es gab noch einen offenen Tempel und andere magische Stätten. Die Familien lebten in großen Häusern zusammen, die kilometerweit verstreut um das Zentrum lagen. Dazwischen waren Dörfer und Höfe, deren Bewohner nichts mit Damanhur zu tun hatten. Lang opponierten die Alteingesessenen gegen das neue Volk, doch die Konflikte waren nun beigelegt, wie Macaco erzählte. Mittlerweile saßen schon Damanhurianer als Lokalpolitiker in den Gemeinderäten und hatten sich als vernünftige Nachbarn gezeigt, mit denen man leben konnte.

Wer hierherzog und der Gemeinschaft ganz beitrat, gab bis vor einigen Jahren auch sein Vermögen an die Gemeinschaft.

Mittlerweile war es eine freiwillige Abgabe, aber einen Teil des Besitzes und Einkommens abzugeben war die Regel. Alle Immobilien, Grundstücke und Unternehmen, etwa Landwirtschaftsbetriebe, gehörten dafür den Genossenschaften, also allen gemeinsam. Sein Einkommen behielt jeder zwar zunächst für sich, gab es normalerweise aber größtenteils freiwillig für Gemeinschaftsinvestitionen der Familie aus. Doch wenn man wollte, durfte man auch etwas für sich kaufen, eine Reise machen oder sogar ein privates Unternehmen gründen.

Einige arbeiteten in volkseigenen Betrieben wie einer Solarinstallationsfirma, einem Massagestudio, der Kinderkrippe. Andere waren in der umliegenden Welt Gymnasiallehrer, Ärzte, Putzfrauen, Ingenieure.

Um das Kapital im Land zu halten, hatte Damanhur auch eine Parallelwährung. Wer mit Credito bezahlte, bekam im Einkaufszentrum fünf Prozent Rabatt. Auch Besucher von außerhalb kauften hier ein, beauftragten Handwerker oder besichtigten den Tempel, was Euro-Devisen brachte.

Der Gründer und mutmaßliche Guru Oberto Airaudi hatte die Gemeinschaft in den siebziger Jahren initiiert. Sein Name war wie gesagt Falco, der Falke. Er hielt sich in diesen Tagen in Turin auf, wo er eine Heilpraxis unterhielt. Ich konnte ihn nicht kennenlernen. Aber vieles in Damanhur trug seine Handschrift.

Wir erreichten unser Haus. Ein Schotterweg schlängelte sich herunter zu dem Anwesen, das hinter einem verschlossenen Eisentor lag. Auf dem Tor war der ägyptische Gott Horus dargestellt, der Falkengott. Horus stand hier für die Vorstellung einer göttlichen Kraft, die Verbündeter des Menschen auf dessen Erkenntnisweg sei. In Ägypten gab es eine gleichnamige Stadt Damanhur, das heißt »Stadt des Horus«. Macaco drückte den Knopf einer Fernbedienung, und das Tor öffnete und schloss sich wieder schnell, als wir hindurchgefahren waren. Das Familienhaus, Nucleo Comunità, also der Kern der Gemeinschaft, lag herrlich am Hang, halb über dem piemontesischen Tal mit der Provinzstadt Ivrea, halb unterm Himmel. Ich legte mein Gepäck ins Gästehaus, einen Wohnwagen. Dann stellte Macaco ihre Familie vor: Capra, das war die andere Deutsche, und noch eine dritte Deutsche und sehr viele Italiener – eine Lehrerin, ein Mann, der sich als spiritueller Forscher bezeichnete, ein Baby und dessen Vater, der einen Kopf hatte, der so rund war wie der seines Babys. Beide strahlten ätherisch. Diese Großfamilie, die Dendera hieß, hatte für Damanhur die Aufgabe wahrzunehmen, diplomatischen Kontakt mit anderen Ökodörfern zu pflegen. Jede kleine Einheit hatte eine Funktion fürs Ganze, so wie in jedem ordentlichen Föderalstaat.

Die drei Deutschen kümmerten sich mehr um mich, die anderen blieben auf Distanz, man merkte, dass oft Besucher da waren und meine Anwesenheit kaum auffiel. Alle strahlten. Sie wirkten so gut gelaunt wie auf den Fotos von ihnen, die an der Wand hingen: Darauf lachten alle. Ein Foto zeigte die gesamte Gemeinschaft. Zu so einem Gruppenbild versammelte sie sich Jahr für Jahr in weißen Gewändern, die die Zusammengehörigkeit verdeutlichten. Sie sahen glücklich aus, aber auch so, als wollten sie zeigen, dass sie glücklich waren.

Die glückliche Familie Dendera

Capra Carruba war jünger als Macaco, zweiundvierzig, und Mutter eines kleinen Mädchens. Früher hatte sie in Berlin gelebt und als Beraterin gearbeitet. Mit der dritten Deutschen hatte ich kaum zu tun, ich sah sie manchmal, wie sie im Wald vor meinem Wohnwagen Brombeerbüsche bearbeitete. Nur am ersten Abend saß sie mit am Tisch. Wir sprachen über einen Artikel über Damanhur, der vor einiger Zeit im Wirtschaftsmagazin *brand eins* erschienen war. Er hatte der dritten Deutschen, wie auch Macaco und Capra, nicht gefallen. Zu ironisch, kein tiefes Verständnis, am Kern vorbei. »Sehr kritisch, kritisch«, sagte die dritte Deutsche über den Artikel und rümpfte dabei die Nase. Kritisch schien ein Attribut zu sein, das sie kritisch sah. »Der Autor hatte so viele Informationen, er hätte mehr daraus machen können«, sagte Macaco. Vielleicht habe er keinen Sinn für Spiritualität, er sei ja in der DDR aufgewachsen, versuchte sie eine Erklärung, aber sie wisse es nicht so recht. Sein Artikel hatte Damanhur wie ein Irrenhaus aus einer anderen Galaxie beschrieben.

Vor dem Abendessen sprachen alle das damanhurianische Tischgebet. Es war auf Italienisch und würdigte die Natur für die Speisen und dankte für Erde, Luft und Wasser, die in die Speisen eingegangen waren. Für alle war ein Büfett aufgebaut. Es gab Salate und Weizentofu. Anstelle der Tiere auf meinem Teller saßen um mich herum nur Menschen mit Tiernamen: Macaco, Capra, Canarino, zwölf weitere und das Baby mit dem runden Kopf auf dem Schoß des Vaters mit dem runden Kopf. Manchmal nahm auch eine Frau, die von den Haarspitzen bis zum Doppelkinn aussah wie Claudia Roth, das Baby zu sich. Alle Familienmitglieder erzogen die Kinder gemeinsam. Auch über die Erziehung wurde in der Gruppe regelmäßig diskutiert, genauso wie über die Küchendienste.

Im Wohnwagen lag ein Ordner mit Informationsmaterial, so wie in einem Hotelzimmer. Die ersten Seiten beschrieben die Geschichte und den Tagesablauf: »Dendera liegt in der Gemeinde Tentyris im Verwaltungsdistrikt Lugnacco, im selben Gebiet wie das benachbarte Nucleo Magilla.« Es war unklar, ob Tentyris und Lugnacco die offiziellen Namen der Orte waren oder die damanhurianischen. Eine Zwischenüberschrift lautete »The ›happy family‹ of Dendera«. Die glückliche Familie bestand aus neunzehn Erwachsenen, fünf Kindern, fünf Katzen und zwei Hunden. Jeder hatte eine Funktion: »Capra Carruba is responsible for our guests at Dendera, Mamba Iperico is in charge of the work on the territory. The person responsible for our agriculture is Rospo. The Regent of the Nucleo Community of Dendera is Oca Isatis. The other people of the family are: Canaria, Cervo Volante Ginepro, Ciprea Calendula, Drago, Formica Coriandolo, Gambero Finocchio selvatico, Goura Loto, Inti China, Kola Asparago, Macaco Tamerice.«

Die nächste Seite beschrieb Regeln und den Tagesablauf. Jeden Tag übernahm ein Mitglied der Familie den Küchen- und Haushaltsdienst, andere mussten Dienste wie Garten- oder Erziehungsarbeit erledigen. Für jeden brachte diese Arbeitsteilung im Vergleich zum normalen Kleinhaushalt, wo jeder alles machen musste, einen Zeitgewinn. Jeden Abend war der Tisch gedeckt, nur ab und zu musste man ihn selbst decken.

Der Alltag hatte so viele Leitplanken wie in einer streng pietistischen Familie vor hundert Jahren. Auf dem gesamten Gelände von Damanhur war Rauchen verboten, drinnen und draußen. Drogen waren verboten, übermäßiger Alkoholkonsum. Man durfte nicht einfach so Obst von den Bäumen essen: »Die je erste Frucht bieten wir den Naturgeistern dar. Wir bitten Sie, halten Sie sich fern von den Früchten der Bäume oder dem Gemüse, ehe Sie nachgefragt haben, ob diese bereits den Geistern dargeboten worden sind.« Die gemeinsamen Mahlzeiten fanden um 13.00 und 19.30 Uhr statt.

Ich las weiter: Dendera war vor drei Jahren mit der Idee gegründet worden, den Austausch mit Gemeinschaften aus der ganzen Welt aufzubauen, es war also das Auswärtige Amt. »The intention is to promote the formation of an international ethical market made up of human, commercial, spiritual and material exchanges, so as to support the development of innovative social realities.« Ein ethischer Marktplatz zur Förderung innovativer Gesellschaftsformen? Konkreter wurden für den Hausbau ökologische Materialien eingesetzt, die Energie mit Solarzellen, Biogas und Geothermie gewonnen, das übliche Programm zur Vergrößerung des ethischen Fußabdrucks, und vor zwei Jahren hatte die Familie auch damit begonnen, ein Strohballenhaus zu errichten. Freunde aus dem Ökodorf Sieben Linden hätten dabei geholfen, stand in dem Ordner. Die Ökosiedler kannten sich. Die Einführung endete: »Con te!« Das war der Gruß: »Ich bin bei dir.« Oder, wenn man mehreren Menschen begegnete: »Con voi!« – »Mit euch.«

Der Hahn krähte. Im Gemeinschaftsraum machten sich Schulkinder Brote. Jeder nahm sich selbst aus den vollen Kühlschränken.

Macaco trug am Morgen einen Bademantel und rührte im Milchkaffee, sie erzählte weiter von ihrem Land wie eine Pressesprecherin von Bayer über die Stärken des Unternehmens. Damanhur war so anders, dass ich mich von den Eindrücken erschlagen fühlte. Es hatte eine eigene Ökonomie, eigene religiöse Riten, ein eigenes Rechtssystem, ein eigenes politisches System. Seit ihrer Gründung vor fünfunddreißig Jahren hat die Gemeinschaft eine eigene Kultur entwickelt: Riten und Regeln, angeblich auch eine eigene Sprache, die ich aber niemanden sprechen hörte. Wer hierherzog, lebte zwar weiter ziemlich wohlhabend, verzichtete aber andererseits trotzdem auf vieles. Darauf, mit dem alten Namen angesprochen zu werden, auf individuelle Freiheiten, auf große Teile des Geldvermögens und Einkommens, auf die Freiheit, einfach zu tun und zu lassen, was man will. Ein Einzelner, der als gutverdienender Single hierherzog, konnte das als großen Verzicht empfinden, andererseits gab es diese Entbehrungen in jeder herkömmlichen Familie.

Die Menschen, die hierherzogen, hatten dafür viele Gründe. Einige sagten, sie hätten ihr Leben mit anderen teilen wollen, andere wollten es vereinfachen, alle wollten ihm eine neue Qualität geben. Macaco schwärmte davon, dass, wenn jemand eine Idee habe, es hier immer Leute gebe, die mitmachten. Zum Beispiel ein Baumhaus bauen, ein Beet pflanzen, Theater spielen. Alle suchten ein »Klima des Miteinanders«, gegenseitige Unterstützung in der Verwirklichung von Träumen statt des üblichen Gegeneinanders in der Berufswelt. Im Leben solle es schließlich um mehr gehen als um die Befriedigung der eigenen Bedürfnisse. Macaco beschrieb das so: »Vom Atom zum Molekül werden.«

Das klang attraktiv. Aber Tiernamen annehmen, sich gleich eine neue Kultur aus den Scherben der Kulturen selber basteln – wieso war das nötig, um vom Atom zum Molekül zu werden?

Hinter dem Parkplatz des Welcome Center erhob sich ein Hügel, worauf das eine große Heiligtum lag, der offene Tempel, der nicht mit dem anderen Heiligtum, dem unterirdischen Sechsundsechzig-Euro-Tempel, zu verwechseln war. Ich musste meine Daten auf einem Formular hinterlassen und bekam einen Besucherausweis, dann gingen wir den Hügel hinauf. Figuren und große Masken wie aus dem antiken Theater säumten den Weg. Dann kam der offene Tempel. Er war einer antiken Stätte nachempfunden und bestand aus zwei Reihen mehrerer schlanker Terrakottasäulen, die auf einen Altar hin zusammenliefen. Auf dem Boden zwischen den Säulen waren Linien eingezeichnet, auch sie liefen auf den Altar zu. Zwischen den Säulen standen merkwürdige getöpferte Figuren, menschengroß, naiv geformt mit zu kleinen Köpfen oder zu dicken Beinen. Ein weißes Gittertor versperrte den Weg zum Altar, rechts und links vom Tor standen eine Kuh- und eine Sonnenfigur, als bewachten sie ihn. Noch einen Meter weiter links und rechts waren blaue Säulen mit hinaufkriechenden Schlangen bemalt. Die rechte Säule hatte eine Glocke wie ein Kirchturm. Macaco erzählte ehrfürchtig vom Tempel – wie eine griechische Fremdenführerin vom jahrtausendealten Tempel von Delos.

Im Internet gab es Seiten von Menschen, die anonym angaben, hier gelebt und Damanhur verlassen zu haben. Sie stellten die Gemeinschaft als Sekte dar, die Aussteiger verfolge. Macaco vermutete ja, hinter verschiedenen öffentlichkeitswirksamen Aktionen gegen Damanhur stecke die katholische Kirche, die die Gemeinschaft immer schon in ein schlechtes Licht habe rücken wollen. Ich dachte, wie froh Macaco sein musste, dass nun ein Gast da war, der nicht für die katholische Kirche arbeitete.

Eines der wichtigsten Rituale fand bei Vollmond statt. Gäste durften daran nur nach einer Instruktion teilnehmen. Es war die Anrufung des Orakels. Dieses Orakel betrachteten die Damanhurianer als eine Ansammlung göttlicher Kräfte.

Mit den göttlichen Kräften kommunizierte man schriftlich. Man stellte seine Frage in einem Brief, dem ein aktuelles Foto und die biografischen Daten des Ratsuchenden beizulegen waren. Der Brief war in einem Kuvert an das »Orakel von Damanhur« zu adressieren und dann bei Frau Gazza Solidago im Welcome Center abzugeben. Nach einem oder zwei Monaten antworteten die göttlichen Kräfte.

Dahinter verbarg sich eine Delegation von Damanhurianern, sozusagen die Arbeitsgemeinschaft Orakel. Während der Vollmondzeremonie, glaubten die Damanhurianer, öffnete sich über dem (ohnehin schon offenen) Tempel ein Fenster göttlichen Lichts, das jedem Einzelnen seinen Weg der Menschlichkeit wies. Das Ritual wurde von Priesterinnen zelebriert, den Pythies. Die Zeremonie begann, so beschrieben es die Leute, mit Feueropfern an das Göttliche. Jeder Bürger konnte auch eigene Opfer darbringen. Zuletzt traten die Könige ans Feuer, die spirituellen Führer der Gemeinschaft. Die Priesterinnen trugen silberne Kapuzengewänder, die symbolisieren sollten, dass sie mit den Kräften des Mondes in Kontakt standen, und verlasen ein Gebet, bevor schlussendlich das Orakel selbst zu Wort kam.

Macaco ging vom Tempel weiter zum Wald des Bewusstseins, einem den Naturgeistern gewidmeten Erdenfleck, ich folgte. Der Wald war abgezäunt, viele kleine Tonfiguren schauten aus dem Moos durch Zweige und Gestrüpp heraus. Diese Figuren standen hierzulande überall. Sie waren von Damanhurianern nach ihrem eigenen Abbild getöpfert und sollten ihre geistige Präsenz an den heiligen Stätten symbolisieren, selbst wenn sie weit weg waren. Auch den Wald des Bewusstseins durften nur Damanhurianer betreten. Die Sitten an den heiligen Stätten waren streng. Man durfte das Areal rund um den Tempel nur nach einer Führung allein betreten.

Zwischen den heiligen Stätten lagen Wohnhäuser eines weiteren Nucleos, einer Großfamilie. Die Wände waren bunt bemalt mit Menschen-, Tier- und Pflanzenmotiven. Die Menschen waren am kleinsten dargestellt und die Tiere, egal ob Wal oder Heuschrecke, oder die Pflanzen, beispielsweise ein Schilfhalm, vielfach größer. »Damit wir uns immer daran erinnern, dass wirklich alles relativ ist und der Mensch nicht das Zentrum der Welt«, sagte Macaco. Dass »wirklich alles relativ« sei, klang in meinen Ohren nun aber auch wieder unübertrefflich absolut. Die Damanhurianer behaupteten allerdings nie, unfehlbar zu sein.

Die Gemeinschaft hatte auch ein eigenes, ethisch orientiertes Geldverleihsystem, eine kleine Bank gewissermaßen. Sie hatte eine Verfassung und Verfassungsrichter, die vom Volk gewählt wurden. Und drei Richter, die bindende Entscheidungen fällten, wenn ihnen Konflikte vorgetragen wurden. Der Föderalstaat Damanhur wurde von zwei gewählten Königen regiert, und die Nuclei wählten Familienoberhäupter, die ihre Familie vor den Königen vertraten. Jeder Bürger sollte einen Dienst im Staat leisten, was fast preußisch klang. Das oberste Prinzip der Gemeinschaft war es, dem gesunden Menschenverstand zu vertrauen. Damanhur hatte bis zur Oberstufe eigene Schulen, ein eigenes Katastrophenhilfswerk und wie die Christen auch eine eigene Zeitrechnung, in der das Gründungsjahr der Föderation 1975 das Nulljahr war. Paare heirateten auf Zeit, auch Macaco hatte ihrem Mann, einem Architekten aus Südamerika, schon mehrmals ihr Jawort gegeben.

In diesem neuen Staat war wieder eine Identität von Staat und Bürgern geschaffen, er war im Gegensatz zu den realen Staaten historisch unbelastet.

Das Einkaufszentrum Damanhurs hieß »Damanhur Crea«. Es lag an einer Straße in einer früheren Elektroartikelfabrikhalle von Olivetti. Hier gab es touristische Souvenirs, im Supermarkt qualmten Räucherstäbchen, es gab eine Espressobar, eine Kunstrestaurationswerkstatt, ein Immobilienmaklerbüro und eine große Gemäldeausstellung mit Hunderten Bildern des Falken. Fast alle Damanhurianer bewunderten Falcos Kunststil, seine sogenannten Selfic Paintings. Auf grelle, neonfarbene Flächen hatte er goldene Spirallinien geschwungen, die Energien ausstrahlen sollten. In Damanhur galt wie bei Joseph Beuys und Marcel Duchamp das Motto, jeder Mensch sei ein Künstler und jede Arbeit sei Kunst.

Als wir durch das Crea gingen, blieben wir vor einer Fotowand stehen. Daran hingen Schwarzweißbilder von früheren Arbeitern, die hier in der Olivetti-Fabrik vielleicht in der Nachkriegszeit beschäftigt waren. Macaco tippte mit ihrem Zeigefinger zielstrebig auf ein Gesicht und sagte: Seltsam, der sehe aus wie ich. Er sah wirklich aus wie ich. Das war mir etwas unheimlich. Wir aßen biologischen Mittagstisch, einen Gemüseteller mit Kalbsfleisch. Jetzt sprachen wir ein paar persönliche Sätze (es hatte sich herausgestellt, dass wir in sehr nahe beieinanderliegenden Städten aufgewachsen waren), doch grundsätzlich blieben wir in unseren Rollen, die in der Öffentlichkeitsarbeit routinierte Macaco als Öffentlichkeitsarbeiterin und der Journalist als Fragensteller. Es schien, als habe Macaco viele meiner Fragen schon oft beantwortet, und auch an diesem Abend kam wieder ein Fernsehteam, um das sie sich kümmern musste. Aber sie tat das nicht für Geld oder nur aus Pflichtgefühl, sondern aus Überzeugung. Sie wollte ihre Welt gut und realistisch darstellen, sie wollte nicht wieder Missverständnisse aufkommen lassen, sie war mit der Gemeinschaft identifiziert. Ich mochte sie, sie war eine besondere Frau. Von Beruf Jazzsängerin. Macaco war hier nach einem halben Leben, das eine Weltreise war, angekommen. Sie war eine Künstlerin, die Künstler liebte, neue Ideen, eine Kosmopolitin, und das schien der richtige Ort für sie zu sein.

Abends las ich weiter in dem Ordner, der im Campingwagen lag. Das Kapitel »Spiritual People« begann wie folgt:

> In dieser historischen Periode, in der die Rassen und Völker verschwinden und die Menschlichkeit verlorengeht (am Ende des Jahres 1986), wollten die Bürger von Damanhur bewusst ein neues Volk gründen. Sie taten dies aus der Not heraus, ihrem Leben wieder Sinn zu geben. Sie wollten einen Qualitätssprung machen, um jedem Einzelnen zu ermöglichen, sich als Teil von etwas viel Größerem zu sehen, um eine Wirklichkeit zu schaffen, die an die Träume eines jeden Einzelnen heranreicht, und so immer neue und größere Ziele erreichen. (...) Ein Teil der Gemeinschaft zu sein bedeutet auch, die Werte, Kultur, Kunst, Lebensart und Gedanken der Gemeinschaft zu teilen. [Und wenn man mal einen Wert nicht teilte? Und wo ließ sich der Volksempfänger etwas leiser stellen?]
> Durch die Integration der Individuen und Gruppen, die durch dieselben Absichten und Ziele geeint sind, können wir den Prozess der Bildung einer neuen Gemeinschaft beginnen. Sie ist mehr als die Summe der gesamten Individuen. [Ja?]
> Jedes Individuum ist mit ihr verbunden in einem symbiotischen Prozess. Ihre Entwicklung geht schneller voran als die Entwicklung der Individuen. Es kann viel schneller wachsen. Gleichzeitig kann sie auch Vorteile vom Wachstum seiner Elemente generieren und so wiederum eine viel komplexere Gestalt annehmen.

> Wie jeder lebende Organismus wächst sie und entwickelt sich, bis die menschliche Vereinigung sie in magische Dimensionen erhöht. Die Gemeinschaft ist ein sich entwickelnder Organismus, bereichert von der Gegenwart der vielen Menschen, auch derer, die nicht selbst in ihr leben, aber die den Wunsch hegen, an der außergewöhnlichen Möglichkeit teilzuhaben, am gemeinsamen spirituellen Wachstum aller mitzuarbeiten. Auch Sie können ein Mitglied der spirituellen Gemeinschaft Damanhur werden, auch wenn Sie außerhalb leben und an den gesellschaftlichen Aktivitäten nicht teilnehmen können. [Musste man sich dann auch diese Bilder von Falco aufhängen?]
>
> Der Gemeinschaft anzugehören, diesem außergewöhnlichen Organismus, wie es ihn auf unserem Planeten seit Jahrtausenden nicht gegeben hat, steht allen spirituellen Forschern frei (…) [Warum war Damanhur außergewöhnlicher als das Römische Reich, als August Engelhardts Kokosnusssekte, als die Jesuitenreduktionen in Paraguay, als die Kommune eins oder die kalabrische Mafia?]
>
> Zur Gemeinschaft zu gehören bedeutet, fast unmerklich und telepathisch mit all ihren Teilen verbunden zu sein, und ermöglicht es, ein gemeinsames Reservoir an Erfahrungen, Fähigkeiten und Wissen anzuzapfen. [Om shalei. Wo musste man den Aufnahmeantrag unterschreiben?]
>
> Die Intensität dieser Verbundenheit wächst mit der Zeit (…). Die Gemeinschaft ist eine Verbindung der menschlichen und der göttlichen Dimension, sie ist eine Brücke hin zu höheren Kräften.

Die Sprache kam mir vor wie im Faschismus: alle. Gemeinsam. Jeder. Immer. Der Inhalt aber war zweifelsfrei liberalen Geistes. Ein postmodernes Sammelsurium. Göttliches Orakel, antworte mir: Wieso eigentlich war ausgerechnet im Jahr 1986 die

Menschlichkeit verlorengegangen? Vielleicht hatte die Menschlichkeit mit ihrem Untergang genau auf den Zeitpunkt gewartet, an dem die New-Age-Bewegung bereitstand, um sie wieder in die Welt zurückzubringen? Und wieso hatte das Fernsehen nicht darüber berichtet?

Ich war total erschöpft, die Spinne, die über mein Bettlaken lief, war mir, frei nach dem Waldmenschen, egal, und ich schlief schnell ein. Wenn Damanhur nicht für eine Sekte gehalten werden wollte, dürfte es seinen Gästen nicht solche Texte als Bettlektüre hinlegen.

Am nächsten Morgen sagte Macaco: »Wir sind eine Gemeinschaft von Individualisten. Es scheint so zu sein, dass hier keine Militarisierung stattfindet, keine Plattmachung des Einzelnen, sondern dass man in der Gruppe stärker wird, stärker und freier.« Ich glaubte es ihr. Sie empfand es so.

Ich empfand es nicht so. Ich wollte eigentlich auch nie ein Individualist werden, das war ja wieder so ein Ismus, sondern mir so weit, wie ich konnte, eine innere Unabhängigkeit bewahren, was ja wenige konsequent durchhielten, vielleicht nur Jesus; und man weiß, wie es mit ihm endete. So musste es ja angeblich sein, und die wenigen anderen Unabhängigen wurden im Lauf der bisherigen Menschheitsgeschichte früher oder später von den anderen eingesperrt. In der Demokratie hatte diese Grausamkeit ein Ende gefunden. Dafür sperrten sich die Freigeister selbst aus, zum Beispiel in einen Bauwagen im Westerwald.

Die Begriffe und Werte der Esoteriker und Religiösen waren ähnlich: Humanität, Gebet, Spiritualität. Der wesentliche Unterschied wurde mir im Vergleich zu den Kölner Jerusalemisten deutlich. Die Religiösen glaubten, dass unser Leben Gnade

Gottes sei, und diese Gnade konnte der Mensch nur von Gott, von »außen« empfangen, das Leben, die Liebe, die Natur, und darum beteten sie, um dafür zu danken und darum zu bitten. Esoteriker wollten sich dem Göttlichen, das für sie abstrakt war und nicht Person, von sich aus nähern. Durch spirituelle Zeremonien und ein ethisches Leben wollten sie ihre Göttlichkeit bewahren und ausbauen. Sehr vieles war ähnlich, aber das war der Unterschied: »von außen« – »von innen«.

Gräber im Berg, Leben auf Bäumen

Am Nachmittag besuchten wir endlich den unterirdischen Tempel. Capra, die andere Deutsche aus Dendera, fuhr mit mir dorthin über eine schmale kurvige Straße den Tempelberg hinauf. Unser Auto hielt vor einem grünen Eisentor an, Capra klingelte, das Tor öffnete sich.

Auf dem Grundstück am Hang stand ein Einfamilienhaus, das fast normal aussah, aber wieder mit großen Pflanzen- und Tiermotiven bemalt war. Nach unten hin wieder der herrliche Talblick.

Hier hatten Falke und seine Freunde die Sternschnuppe gesehen. Dann begannen sie, mit Hammer und Meißel Gänge zu schlagen; später nahmen sie elektrische Bergmannsgeräte. Aber wo war er, ihr schöner Tempel?

Hinter einer Seitentür, die vorgaukelte, sie führe bloß in einen Geräteschuppen, begann ein langer Flur. Er wirkte wie der Eingang in eine Pyramide. Ägyptische Götterbilder, Hieroglyphen und Symbole wie der Isis-Schlüssel zierten ihn. Es wunderte mich gar nicht, dass sich hier jetzt eine Geheimtür öffnete und in den Berg hinabführte, obwohl dies die erste Geheimtür gewesen war, die ich in meinem Leben jenseits von Agentenfilmen, Mickymausheften und Geisterbahnen gesehen hatte. Auf einer Schiene fuhr ein Felsteil zurück, und wir traten ein in die heiligste Stätte der Damanhurianer, den »Tempel der Menschheit«, gewidmet dem göttlichen Teil des Menschen.

Raum eins hieß »Das Labyrinth«. Die Wände seiner Gänge waren bunt bemalt, farbig hinterleuchtete Glasfenster zeigten Dutzende Götter. – Meine Damen und Herren, in unserem Varietétheater treten heute Abend auf:

Hades, der Totengott aus Griechenland,

Manitu aus einem alten Indianerstamm.

Und aus Babylon für Sie eingetroffen: Sin, der Gott des Mondes.

Aus Indien: Brahma.

Auch aus Griechenland Pan, der Gott der Hirten.

Und Osiris aus dem alten Ägypten, der Bruder im Geiste des Hades.

Jesus Christus, ganz Mensch, ganz Gott, gekreuzigt, gestorben und auferstanden.

Anubis, der Gott der Totenriten, soeben vom Nil eingetroffen.

Die Urmuttergöttin Gaia – zuletzt wohnhaft im alten Rom.

Aus der Mongolei: Tengri, Gott des Himmels.

Und aus dem hohen Norden Ran, die am Meeresgrund über die Seelen der toten Wikinger herrscht.

Übermannsgroße Marmorgestalten verzierten die Enden der Labyrinthgänge. Jede der Figuren guckte in eine andere Richtung, wies mit ihrem Blick in einen anderen Gang. Das sollte bedeuten, so erklärte Capra, man könne die Antworten auf seine Fragen nur in sich selbst finden.

Das Labyrinth war dem Thema »Verbindung« gewidmet: Alle Völker seien über ein spirituelles Ökosystem miteinander verbunden. Denn die Damanhurianer glaubten, dass der menschliche Geist den Tod überlebe, und sie glaubten auch an die Wiedergeburt, was dann ja doch ein Dogma war.

Hinter einem Götterfenster lag der tote Riccio Limone. Sein Namensschild und ein kleines Lichtbild waren unten am Fenster angebracht. Hier im Tempel waren die Urnen aller Toten Damanhurs beigesetzt. Viele Menschen waren hier noch nicht gestorben, zahlreiche Plätze waren noch frei. Der Tempel war eine Begräbnisstätte – so wie im alten Ägypten die Pyramiden für die Pharaonen.

Die Wände waren mit fantastischen Motiven bemalt. Sie stellten die ganze Geschichte der Menschheit auf ein paar Metern dar. Als trennendes Feuer, das die Erinnerung an die Vorzeit zerriss, war der Brand der Bibliothek von Alexandria dargestellt. Danach, so die Darstellung, schrieb die katholische Kirche die Geschichte neu. Kreuzritter mit Schwertern und Mohammedaner mit Säbeln schlugen sich ein paar Meter weiter die Köpfe ein. Der Kolonialismus, die Genozide, Luftkrieg oben am Himmel, Aufbruch der Mauer, Aufbruch aus dem Sozialismus, und als momentaner Endpunkt der Geschichte stand für die Gegenwart der gierige Manager auf purem Gold, aber mit leerem Koffer da.

Als eine grüne, freie Wiese wurde am Ende der Geschichtstafel die Hoffnung auf eine bessere Zukunft dargestellt, in der die Menschen eine neue Bewusstseinsebene erreichen werden würden.

Wir gingen durch Gänge und Geheimtüren von Saal zu Saal, Treppen rauf und runter. Der tiefste, der »Blaue Saal« war rund und hatte einen Kuppelhimmel. Die Wandzeichnungen zeigten Menschen und vom Aussterben bedrohte Tiere. Fantastische Bäume, oben Wale, unten in bunten Kleidern die Damanhurianer selbst. Capra erklärte routiniert, was alles zu bedeuten hatte: der Mensch als Bindeglied von materieller und spiritueller Ebene.

Die Malereien waren so bunt, als sei hier ein unterirdisches Lager mit Farbeimern explodiert. Oben an der Kuppel leuchtete ein Sternenhimmel aus Dioden, so wie in Dorfkinos oder in Saunalandschaften. Hier fanden monatlich die Neumondzeremonien der Damanhurianer statt. Fremde durften daran aber nicht teilnehmen.

Der Saal war erst so alt wie ich, Jahrgang einundachtzig, aber er hatte schon die Weisheit von Milliarden Menschen aus Milliarden Jahren aufgesogen. Ich überlegte, wie der Raum roch, und kam zum Schluss, dass er nach nichts roch.

Capra machte das Licht aus, dann leuchtete nur noch der Sternenhimmel. Die Sterne flimmerten, sie spiegelten sich auf dem Marmorboden. Ich ging im Weltall spazieren.

Es folgte der Saal der Erde, an dessen Wand, wohl acht Meter hoch, das Bild eines Mannes aufgemalt war. Er war zwar Mann, aber hatte keinen Penis. Dieser Mangel sollte Vollständigkeit darstellen. Über die Figur war dic Silhouette eines weiblichen Körpers gezeichnet. Capra interpretierte, was der Künstler sich dabei gedacht hatte: Diese Darstellung eines Menschen, der sowohl Mann als auch Frau repräsentiert, symbolisiere den vollkommenen ersten Menschen, der sich dann in Mann und Frau aufgespalten habe.

Etwas weiter an der Wand war eine Schlacht dargestellt. Bunte Menschen, die wieder die Gesichter der real existierenden Damanhurianer hatten, kämpften gegen ein Heer von grauen und gesichtslosen Monstern. Der Kampf der Menschen und der Damanhurianer gegen die innere Trägheit. Das hatte Ähnlichkeit mit den verklärten Soldaten- oder Arbeiterdarstellungen im Faschismus und Stalinismus. Zwei Tore aus buntem Glas, ein Sonnen- und ein Mondtor, führten aus dem Saal hinaus.

Es folgte der Saal der Metalle. Sein Bodenmosaik zeigte die Laster der Menschen: Falschheit, Stolz, Pessimismus, Faulheit, Egoismus, Oberflächlichkeit. An den Wänden standen wieder Tonmännchen. Nächster Saal, eine nackte Frau mit prallen Brüsten als Mosaik, der Idealismus aus dem Tarot.

»Die Kostbarkeit unseres Universums steckt in der Vielfalt der individuellen Erfahrungen«, sagte Capra mit seidenweicher Stimme.

Aal in Aspik kam nirgendwo.

Wieder öffnete sich eine versteckte Treppe – wie in der Geisterbahn. Dann gingen wir durch eine Betontür, Modell Luftschutzbunker. Hohe Gänge, Treppen. Sehr niedrige Gänge. Hieroglyphen. Götterbilder. Saal des Wassers. Meditationsraum der Könige. In einem weiteren Saal waren die Wände mit alten vergessenen Schriften beschrieben. Der Sinn des Tempels sei es auch, erklärte Capra, Teile des vergessenen Wissens der Welt intuitiv wiederzuerwecken. Der Tempel hatte durchaus etwas Erhebendes.

Im vorletzten Saal erinnerten Schlangendarstellungen daran, dass hier ein energetisch stark aufgeladener Ort war. Denn die Bewohner dieser Welt glaubten, dass sich hier vier »synchronische Linien« kreuzten, das waren unsichtbare, achthundert Meter breite Energielinien, die den Globus umspannten. Deswegen hatte Falco genau hier gebaut, denn derart viele Energielinienkreuzungen gab es, wie seine jugendliche Utopistengruppe laut Gründungsmythos auf ihrer langen Reise herausgefunden hatte, sonst nur noch einmal irgendwo in Tibet. Der Saal, in dem sich die Linien kreuzten, war ganz golden. Acht alchemistische Kugeln lagen auf Sockeln und leuchteten bunt.

Mich befremdete der Besuch in dieser gewaltigen Unterwelt, von der ich nie etwas gehört hatte, die aber jedes Kind eher kennen müsste als so langweilige Bauwerke wie den Eiffelturm. Es war wie in einem Traum.

Ich sagte mir, sicher wäre auch ein Neandertaler, der heute nach Frankfurt reiste, tief befremdet, oder ein afrikanischer Naturmensch im Petersdom. So war es eben in neuen Welten. Von Energielinien aber spürte ich nichts, obwohl ich nicht in der DDR groß geworden war.

Das Feuerwerk endete im Spiegelsaal. Er war viereckig und hatte eine pyramidenförmige Decke. Ich stand mitten im Saal und sah mein Spiegelbild fünfmal. Frontal, oben und unten, kleiner auch links und rechts. Ich bildete im Spiegel ein Kreuz aus Mensch. In einer Ecke stand ein großer goldener Gong. Capra ging in die Ecke, nahm einen Schläger und spielte den Gong. Sein Klang drang durch den Raum und verstärkte sich. Capra schlug weiter, und zauberhaft verstärkte sich der Klang zu einem überwältigend tosenden Donner, zu einem Urton, der klang, als schreie der Berg aus seinem Innersten.

In Dendera gab es zum Abendessen selbstgemachte Gnocchi und Gartensalat mit Blüten. Oft waren Gäste da, viele Sprachen wurden gesprochen. In Island, sagte einer auf Englisch, sei übrigens ein Vulkan ausgebrochen, Flugzeuge könnten nicht mehr fliegen. Seit dem Mittag war der Himmel auch seltsam trüb, aber nach dem Tempelbesuch war mir das gar nicht so ungewöhnlich vorgekommen. Vulkanstaub über Italien, dem Piemont: Horus, hilf!

Ich träumte in der Nacht, dass einige Menschen, die wohl meine Nachbarn waren und ein zwar menschliches, gleichwohl aber fremdes Äußeres hatten – also sicher irgendeinem fremden Volk angehörten, von dem ich nie gehört hatte –, mir nahelegten, sie auf eine Beerdigung eines ihrer Familienangehörigen zu begleiten. Ich ging mit. In einem grau verputzten Keller war die Tafel gedeckt. Die fettbäuchige, doch sonst schlanke Leiche lag ohne Sarg, aber wie mit Blumenkränzen bedeckt, nur nicht tatsächlich mit Blumen, sondern mit orange-rötlich geschmortem Wurzelgemüse auf einer Silberplatte. Der Wurzelsud dampfte. Die Trauergesellschaft reichte Teller und Besteck herum. Ich hätte mich übergeben können, konnte mich aber zusammenreißen. Der Leichenschmaus begann. Mein Nebenmann zur Linken schnitt ein Stück Fleisch vom Bauch. Das Fleisch war grau, ein schöner Kontrast zu den Schmorkarotten. Ich war an der Reihe und nahm auch von dem Mahl, da ich fühlte, dass die Gesellschaft es mir sehr übelnehmen würde, wenn ich ihre Trauerkultur nicht respektierte. Als meine Nebenleute unaufmerksam waren, gelang es mir jedoch, nur vom Wurzelsud, nicht aber vom Fleisch zu nehmen. Ich aß und machte gute Miene. Die Wurzeln hatten einen muffigen Beigeschmack, schlimmer noch als Pferdefleisch.

Als die unkonventionelle Beerdigung vorüber war, war ich erschüttert, aber andererseits auch froh, dass ich nicht vom Fleisch hatte essen müssen. Ich war wieder zu Hause, doch bald klingelten die fremden Nachbarn an meiner Tür. Sie guckten böse. Sie sagten in sehr ungehaltenem Tonfall, sie hätten erfahren, dass ich nicht vom Fleisch gegessen hätte, was für sie und die Würde des Toten eine schwere Beleidigung sei und für mich Konsequenzen haben müsse. Ich merkte, dass sie mir etwas antun wollten, rannte hinaus und lief um mein Leben, durch Städte und Wälder, und die grauenhaften Nachbarn verfolgten mich; der Traum endete im panischen Rennen um Leben und Tod. Essen mit schmutzigen Schafshänden im Westerwald. Gegrüßet seist du, Maria. Luther im Jenseits. »Das Blut der Tiere saufen.« Und dann der Tempel. Eines war mir am nächsten Morgen jedenfalls klar: Mir wurde diese Reise zu viel. Die Vielfalt an Weltsichten und Wahrheiten in wenigen Wochen hatte die Grenze des Erträglichen überschritten. Mein Foucault, warum hast du mich verlassen?

Macaco zeigte mir den Garten mit Beeten, Solarzellen und einem Frischwasserbrunnen, der Denderas Durst stillte. Die Föderation Damanhur produzierte die Nahrung, die sie verbrauchte, zur Hälfte selbst, warmes Wasser zu siebzig Prozent, Heizenergie zu neunzig, und sie war zu einem Drittel elektrisch autark. Wir spazierten wieder zurück. Eine Rechtskurve auf dem Schotterweg nahm ich zu eng. Der dornige Ast einer Rose verhakte sich in meinem Wollpullover. Etwas Grünes blieb darauf zurück. Die verletzte Blattlaus kämpfte mit dem Tod, sie wedelte mit ihren Fühlern, doch war sie hinten schon zerquetscht. Daneben sein Geschwisterchen: frühlingsfrischer Blattlausmatsch. Ich hatte ein Gemetzel verursacht.

Am Nachmittag fuhr Macaco mit mir an einen weiteren magischen Ort. Jetzt ging es zum Glück mal nicht um Himmel und Erde, sondern bloß ums Wohnen. Der höchstgelegene Nucleo Damanhurs befand sich nämlich in einem Wald und bestand nur aus Baumhäusern. Arboricoli, das Baumdorf. Ich kam mir vor wie in einer Landschaft aus dem *Herrn der Ringe*. Die Häuser, die im Wind mit den Bäumen zitterten, waren durch Brücken miteinander verbunden. Die Wände der Hütten waren mit Holzmosaiken verziert.

»Es gehört zu unserem Experiment, hier oben so lang wie möglich ohne Kontakt mit dem Boden zu leben«, sagte Eidechse, die gerade auf einer Baumhausterrasse stand und mit einer

Avocadopflanze experimentierte. Eidechse lebte hier. »Wenn du hier oben bist, gehen deine Gedanken von den üblichen Mustern weg.« Auf der Terrasse sang piepsend der Avocadobaum. Das konnte er, weil Eidechse ihn mit elektrischen Sensoren an eine Pflanzen-Singmaschine angeschlossen hatte. Pflanzen, hieß es, seien intelligente Wesen. Ein vierjähriges Mädchen war hier oben geboren worden und lebte immer noch in der Baumhauskolonie. Wird sicher mal was Großes draus.

Ich dachte über einen damanhurianischen Namen für mich nach. Ich mochte Fische. Esox, der Hecht? Cyprinadus, der Karpfen? Und der Spargel war eine leckere Pflanze: Esox Asparagus. Der Name klang mächtig. Esox Cyprian Asparagus, sechsundsechzigster König von Damanhur.

Das Werk *Wahnsinn und Gesellschaft* war immer noch meine Reiselektüre. Foucault teilte mir darin manchmal Sätze aus dem Jenseits mit, als habe er dieses Buch als meinen Reiseführer geschrieben:

> Die Zuneigung zu sich selbst ist das erste Zeichen des Wahnsinns, aber eben, weil der Mensch sich selbst zugetan ist, akzeptiert er den Irrtum als Wahrheit, die Lüge als Wirklichkeit, die Gewalt und die Hässlichkeit als Schönheit und Gerechtigkeit (…). In dieser imaginären Adhäsion an sich selbst lässt der Mensch seinen Wahnsinn wie ein Luftbild entstehen.

Foucault schrieb mir weiter:

> Das Symbol des Wahnsinns wird künftig dieser Spiegel sein, der, ohne etwas Wirkliches wiederzugeben, heimlich für denjenigen, der sich darin betrachtet, den Traum seiner Voreingenommenheit spiegeln würde. Der Wahnsinn hat nicht so sehr mit der

Wahrheit von der Welt zu tun als mit dem Menschen und der Wahrheit von ihm selbst, die er wahrzunehmen versteht. Er gibt also Einlass in ein völlig moralisches Universum.

Ja, das war Damanhur.

Am Tag vor meiner Abreise war der Vulkan immer noch aktiv, die Aufregung in Dendera stieg. Eine australische Ethnologin, die hier ein Jahr blieb, um das Zusammenleben des Stammes zu untersuchen und darüber ihre Doktorarbeit zu schreiben, erzählte, in Europa könne wegen der feinen Vulkanasche in der Luft kein Flugzeug mehr fliegen. Zehntausende Menschen säßen fest, den Volkswirtschaften gingen Milliarden verloren. Und als jener isländische Vulkan 1820 zum letzten Mal ausgebrochen sei, habe die Eruption ein Jahr gedauert. Ein Jahr ohne Flugverkehr – das wäre der K.o. für die Weltwirtschaft. Der Handel, der Tourismus, die Messen. Dendera ließ sich vom Schauer darüber ergreifen, wie verwundbar unsere moderne Welt war. In der Verunsicherung schien auch ein Hauch gewitterschwüler Gespanntheit auf die Zukunft nach dem Peak Oil mitzuschwingen. In einem Soziallabor wie diesem, in dem man ja einen Schritt weiter war, durfte man sich das vielleicht erlauben.

Ich sah vieles, doch mir blieb auch vieles verborgen. Am späten Abend gingen einige Anwohner aus Dendera in den Tempel zum Neumondritual. Mich fragte niemand, das war wohl nichts für Besucher.

An einem aschhimmligen Montagmorgen fuhr ich. Da fragte mich noch die dritte deutsche Frau, wie es mir in Damanhur gefallen habe. Ganz gut, nur der Tempel nicht so sehr, sagte ich, diese Form der Spiritualität habe mich nicht angesprochen. Soso, der Tempel habe mir also nicht gefallen, sagte sie und lachte. »Aber was heißt schon Spiritualität? Letztlich ist doch alles Spiritualität: backen, kochen, pflanzen.« Backen war also Spiritualität? Es schien schwer möglich, dass sich zwei Menschen überhaupt verstehen konnten, wenn ihre Begriffe von den Dingen so unterschiedlich waren. Mir fiel ein Zitat ein, das in der Speisekarte in dem Kölner Literaturcafé gestanden hatte, in dem ich mit Jörg Remus saß: »Es gibt keine Kriterien mehr, es gibt nur noch Geschwafel.«

Jetzt freute ich mich auf die Schweiz, dieses Märchenland der Bürgerlichkeit. Damanhur war ein schwerer Traum. Eine Gemeinschaft von Individualisten, in der alle den gleichen Kunstgeschmack und eine ähnliche Weltsicht hatten, die die Flucht nach innen aus der Welt der religiösen oder bürgerlichen Dogmen, Konventionen und Karrieren angetreten hatten, mit ihrer esoterisierten Aufklärung aber an die Theosophen des neunzehnten Jahrhunderts erinnerten. Die Damanhurianer lebten abgeschieden, brachten ihren Kindern jedoch trotzdem Englisch und Chinesisch bei, damit sie gute Weltbürger werden konnten. Skurril und randständig wirkte Damanhur von außen, doch eigentlich war es ein Zukunftslabor einer verunsicherten Gesellschaft. Ich wollte an den Rand der bürgerlichen Welt reisen und war in ihr Allerheiligstes vorgedrungen.

Was die Sache mit den Tiernamen sollte, blieb ein Rätsel.

Nachdem ich Damanhur verlassen hatte, telefonierte ich noch einmal mit den Kölner Mönchen. »Sie verehren Horus?«, fragte Nicolas-Marie und zeigte sich beeindruckt von der Idee, sechsundsechzig Euro Eintritt für eine Tempelbesichtigung zu nehmen. Das könnten sie sich auch für Groß Sankt Martin überlegen. Und er erzählte, wie die Schwestern den Vulkanausbruch erlebt hätten. Als die Asche den Flugverkehr lahmlegte, mussten sie zu einer Neugründung des Ordens nach Warschau reisen. Der Flug wurde annulliert. Die Schwestern seien dann einfach mit dem Zug gefahren. Dass die Zivilisation untergehen werde, daran habe im Kloster niemand gedacht, auch wenn die Anhänger dieser Weltsicht apokalyptischen Zukunftsbildern ja grundsätzlich nicht abgeneigt sind.

Ascona: Aussteiger um 1900

Auf halbem Weg vom Piemont ins Allgäu, im Tessin, hielt ich kurz in Ascona. Der Lago Maggiore leuchtete blau, und sein Blau spiegelte sich im Himmel. Die Gärten gaben sich mediterran. In Beton erstarrt standen die Häuser der Reichen am Hang. Sie hatten jeden Meter von Ascona besetzt. Ein Fußweg führte hinauf auf den Monte Verità. Oben gingen vereinzelt Touristen und an ihren Namensschildern zu erkennende Teilnehmer eines Maschinenbaukongresses. Vom Berg sah man alles: Himmel und Erde, Wasser und Sonne. Der Berg der Wahrheit, umgeben von Wasser und Weinbergen.

Von 1900 bis 1920 war hier eine vegetarische Naturkolonie angesiedelt. Anarchistische Wahrheitssucher aus der ganzen Welt lebten in Holzhütten. Eine davon war bis heute übrig geblieben, darin war ein Museum. Dort konnte man erfahren, wie unbürgerlich die Lebensreformer hier lebten: frei, nackt, vegan, ästhetizistisch, romantisch. Und dass der Gründer der Jugendstilgemeinde, der belgische Industriellensohn Henri Oedenkoven, dann nach Brasilien weiterzog.

Mit ihm und einigen anderen Leuten hatte die Frauenrechtlerin und Pianistin Ida Hofmann die Gemeinschaft gegründet.

Fünfzig bis hundert Deutsche sollen um 1905 unter den tausend Einwohnern von Ascona gelebt haben, ein Sammelsurium von Sonderlingen bürgerlicher Herkunft. Es gibt mehrere Berichte vom Leben auf dem Monte Verità. Hedwig Hoffmann-Stier, die Witwe des Architekten der Kommune, erinnerte sich 1959 in der *Frankfurter Allgemeinen Zeitung*, und der anarchistische Satiriker Erich Mühsam, der das Leben in dieser Kommune als Selbstversuch ausprobiert hatte, hinterließ mehrere Berichte. Die Lebensformen der Aussteiger im Fin de Siècle waren, passend zur Zeit, exzentrischer als heute.

Die Frauen, darunter besonders viele junge Berlinerinnen, trugen bunte Fantasiegewänder, Männer Leinenumhänge, manche gar nichts. Ein einfacher Holzblock im Freien war die Toilette. Sie tanzten nackt am Seeufer. Die Mitbegründerin Ida Hofmann warnte ihre Mitbewohner in Flugblättern davor, bloß nicht die Wäsche zu bügeln, da das eine Zeitverschwendung sei. Die Gemeinschaft war reich an verhaltensauffälligen und interessanten Persönlichkeiten.

Ein Kurgast sah die Ursache allen Übels im Salzgenuss. Er trug immer ein gelbes Stirnband mit der Aufschrift: »Pour sauver le monde, il faut laisser le zèle.« – »Um die Welt zu retten, soll man vom Salz die Finger lassen.«

Ein älterer Mann aß keine Trauben, da sie seiner Ansicht nach dem Wein und damit dem dionysischen Rausch feinstofflich zu nahe standen.

Erzherzog Leopold Wölffling war aus strengem Wiener Elternhaus geflüchtet, um in Ascona seine Freiheit zu finden.

Der seinen eigenen Namen stets kleinschreibende Lebensreformaktivist »gustav nagel« trug eine lange Haarmähne und niemals Schuhe, selbst wenn er aus Norddeutschland nach Ascona wanderte.

Arthur Gräser nannte sich selbst nur Arthur Gras, da er »doch nur einer sei«. Er war Maler und lehnte konsequent jede Benutzung von Geld ab. Mit seiner Frau hatte er ein Adoptivsöhnchen, sie nannten ihn Habakuk. Habakuk wurde nicht erzogen und von seinen Eltern jederzeit völlig ernst genommen. (Sonst hatte in der gesamten Kommune nur ein anderes Paar noch ein Kind.)

Freiherr von Schmitz, Herausgeber der Zeitschrift *Der freie Christ*, gab sich in der Anarchistengemeinschaft als Adliger aus, doch über ihn wurde nach Jahren bekannt, dass er gar nicht adlig war, sondern mit Nachnamen Brepohl hieß und in seinem früheren Leben Arbeiter in einer Zigarrenfabrik war.

Die im Alter von weniger als zwanzig Jahren von zu Hause ausgerissene Beamtentochter Lotte Hattemer gab sich froh, ein freieres Leben gefunden zu haben.

Erich Mühsam war recht befremdet aus Deutschland abgereist. Er verabscheute die »Tiergartenbourgeoisie«, der »charakterlose deutsche Volkscharakter« beschäftigte ihn, die Akteure der Berliner Kulturszene betrachtete er als »wohlriechende Jünglinge, die verdeckt von gewaltigen Krawatten und öltriefenden Napoleonlocken mit ihren Kastratenstimmen die literarischen Nachtcafés durchzirpen«, die sich einbildeten, ihre »durch geistige Impotenz gebotene, absolute Untätigkeit stemple sie zu Vertretern der Bohème«. In Ascona suchte Mühsam bessere Charaktere. Leider kehrte er nicht weniger befremdet nach Berlin zurück, als er abgereist war:

> Hier war es die dogmatische Unduldsamkeit der Begründer selbst, woran die Idee zugrunde ging, die glaubten, soziale Gebilde aus Weltanschauungen gestalten zu können, ferner der unge-

hemmte Zulauf harmloser Ethiker, die sich von der Welt missverstanden fühlten, und nicht zumindesten der Einfluss der Frauen, die auf der einen Seite die neue Gemeinschaft zu ihrem Emanzipationsherd aufkacheln wollten, auf der anderen Seite die philosophischen Ewigkeitsfragen, um die es sich handelte, im Kochtopf und Waschfass ersäuften. (...) Wenn mir aber jemand mit allgemeinsittlichen Vorhaltungen kommt, mir »Leichenfraß« vorwirft und sich als den höheren Menschen aufspielt, so wirkt er auf mich im höchsten Maße lächerlich. Mit solch läppischen Albernheiten aber begründen die meisten ihren Vegetarismus. (...) Sie tragen ihren zum Schutz vor Sonnenbrand sehr zweckmäßigen Leinenkittel wie ein Priester seinen Talar, und die Haare, die sie sich (...) lang wachsen lassen, wallen ihnen um die verzeichneten Christusköpfe, als wohnten ihrer Mähne magische Kräfte inne. Dass solche Elemente, die mit äußerem Aufputz Innenleben zu markieren trachten, den ersten Ideen eines Unternehmens als Hemmschuh anhängen, liegt auf der Hand, und ich bin überzeugt, dass aus dem Monte Verità ganz etwas anderes hätte werden können, wären diese Herrschaften von vornherein mehr im Hintergrund gehalten worden. Ich habe die Sorte in der Zeit, als ich noch der Neuen Gemeinschaft mit Enthusiasmus ergeben war, hinreichend kennen gelernt und weiß, wie sie sich mit ihrem bisschen »Weltanschauung« als »Individualitäten« aufblasen, während sie doch einander gleichen wie durchgepaust.

In einer späteren Erinnerung schrieb er:

So wurde ich zu den Rohköstlern gesteckt und mir eine »Lufthütte« als Behausung zugewiesen. Von früh bis spät kaute ich nur Äpfel, Pflaumen, Birnen, Feigen, Wald-, Erd- und Kokosnüsse – es war schauderhaft, ich fühlte meine Kräfte schwinden. (...)

> Da ging ich ins Dorf hinunter, setzte mich in eine solide Osteria, ließ mir ein Beefsteak geben, trank einen halben Liter Wein dazu und rauchte danach eine große, dicke Zigarre.

Im Jahr 1920 verkauften Ida Hofmann und Henri Oedenkoven das Gelände. 1926 ließ sich der Bankier Eduard von der Heydt, diesmal ein echter Adliger, am Monte Verità nieder. Er sammelte asiatische Kunst, gehörte der NSDAP an und empfing den europäischen Jetset in seinem Domizil, wo Champagner im Swimmingpool serviert wurde. Der Ort der Alternativen, Idealisten und Apostel des einfachen Lebens war keine zwanzig Jahre nach seiner utopischen Phase ein Treffpunkt der neuen Elite geworden.

KAPITEL 7

Allgäu: Beim Stamm der Likatier

Als Nächstes wollte ich nach Füssen reisen, um an einem Kennenlern-Wochenende des Stammes der Likatier teilzunehmen. Aber gedanklich war ich noch nicht bereit dazu. Damanhur drängte mich dazu, vor dem Sprung in die nächste Welt für eine Nacht in ein Hotel zu gehen. Im Allgäu am Alpsee stand eines. Der Rezeptionist schaute wie ein Moorfrosch kurz vorm Abtauchen. Ich war der einzige Gast.

»Sind Sie geschäftsreisend oder Tourist?«, fragte der Moorfrosch.

»Tourist, nein, geschäftsreisend. Ich weiß nicht. Ja, machen Sie ›geschäftsreisend‹«, sagte ich.

»Geschäftsreisend? Welche Firma denn?«

»Ach nein, machen Sie ›Tourist‹.«

Im Gasthof am See, einem Heimatmosaik aus Eiche, landete ich am Stammtisch. Ein alter Herr setzte sich dazu. Er erzählte vom Landschaftsmaler Johann Georg Grimm, der 1846 hier am Alpsee in eine Handwerkerfamilie geboren wurde. Gegen den Willen seiner Familie ging er nach München, begann ein Studium an der Kunstakademie, was ihn so arm machte, dass er Brotreste gegessen haben soll, mit denen die anderen Kunststudenten ihre Skizzen verwischt hatten. Später studierte er in Berlin, wo er zu Fuß hinlief. Nach einigen Jahren bekam er in

Brasilien einen Lehrstuhl, wurde ein bekannter Landschaftsmaler, doch später galt sein Stil als überholt, er ging ins Allgäu zurück und starb mit einundvierzig Jahren an Lungentuberkulose. Er hatte sich aufgezehrt in seinem Ehrgeiz, perfekt sein zu müssen. Wenn der Landschaftsmaler Johann Georg Grimm Brombeerpflücken und Kochen als Kunstformen akzeptiert hätte, hätte er sich den Besuch der Kunstakademie sparen können. In Damanhur hätte er Rieseninsekten an Hauswände malen können wie jeder andere, denn wer keine objektiven Kriterien akzeptierte, sparte sich so ein tragisches Ende. Andererseits wäre das Leben doch auch arm ohne Tragik.

In Füssen gab es Neuschwanstein, und in Füssen gab es einen keltischen Stamm, er nannte sich »Stamm der Likatier« – nach Menschen, die Jahrhunderte zuvor hier ansässig waren. Er wurde vor vielen Jahren von der Füssener Familie Wankmiller gegründet. Mittlerweile lebten die Wankmillers in dritter Generation in dem Stamm, aber er bestand nicht nur aus dieser einen Familie, sondern war für jeden offen. So traten immer wieder neue Leute bei, andere zogen weg. Die Neokelten besiedelten die Altstadt, sie hatten etwa hundertfünfzig Mitglieder. Sie verehrten die keltische Muttergöttin, Jesus Christus, Albert Einstein und König Ludwig II.

Auch dieser Stamm wurde häufig als Sekte beschrieben. Anders als in Damanhur, das sich von Katholiken verfolgt sah, waren hier die Protestanten besonders wachsam: »Eine Sekte bemächtigt sich der Stadt Füssen«, schrieb das evangelische *Sonntagsblatt* in dem Artikel »Der Jesus vom Forggensee«. Ich fragte mich, was das *Sonntagsblatt* gegen Jesus hatte.

Es schrieb von Polizeirazzien und Sexorgien und: »Im Laufe der Jahre ist der Wankmiller-Clan zu einer gewaltigen wirtschaftlichen Macht in Füssen geworden: Ihm gehören ein Reformhaus, Esoterik-Geschäfte wie das Mandala und das Quaballah, Verlage, die ›Bayerische Gesellschaft für ganzheitliches Heilen‹, eine Heilpraktikerschule, eine Lohnsteuerhilfe und ein Immobilienbüro.« Ich staunte, wie einfach man in Füssen zu einer gewaltigen wirtschaftlichen Macht werden konnte. Wolfgang Wankmiller wurde als ein widerlicher Rasputin beschrieben, doch ich interessierte mich nicht für ihn, sondern dafür, wie die Leute lebten, die dem Stamm beigetreten waren, und wer sich dafür interessierte, sich trotz dieser Berichte ausgerechnet den Likatiern anzuschließen.

Der Lech floss heute immer noch durchs Tal und trennte Stadt und Alpen. Füssens Altstadt war auf zwei Hügeln gewachsen wie eine Muschelkolonie. Die Stadt sah vom Klosterberg so aus, als sei sie im siebzehnten Jahrhundert mit Zuckerguss fixiert worden. Drei Gebäude ragten heraus: das Rathaus, das Schloss und das Franziskanerkloster. Die Kirche hatte einen unterproportional kurzen Hals und trug auf dem Kopf ein Zwiebelhütchen. Sie drehte sich von der Stadt weg. Das Rathaus hatte einen barocken Körper und einen langen Hals mit einer Ziegelmütze. Das Schloss hatte mehrere sehr unterschiedliche Köpfe, die von allen Seiten der Festung nach dem Feind ausschauten. Der Nachbar der Altstadt war ein fieser Fabrikschlot: ein Schaschlikspieß, der im Zuckerkuchen Füssen steckte.

Der höchste Rathausturm schien höher zu sein als der Klosterkirchturm, dafür war die Kirche von innen vergoldet und diente als Aufbewahrungsort der Reliquien der heiligen Crescentia von Kaufbeuren, die zu Beginn des achtzehnten Jahrhunderts Oberin eines Franziskanerinnenklosters war und 2001 heiliggesprochen wurde.

Ich ging eine Gasse hinab zum Gästehaus der Likatier. Die Spitalgasse wand sich wie ein Aal, der den Lech sucht. Dieser Aal hatte im Gegensatz zum echten Aal Schuppen, Kopfsteinpflaster. Vom Aal zweigte die Floßergasse ab, von der aus die Füssener Flößerei bis 1870 Warentransporte organisierte.

Hier war der Stammessitz. Ein Verkehrsschild wies auf spielende Kinder hin, doch das wäre nicht nötig gewesen, denn man sah die spielenden Kinder eher als das Schild. Es waren deren viele. Die meisten hatten lange Haare. Drei Jungen spielten Fußball, zwei fuhren auf Dreirädern, eine Gruppe Jugendlicher stand vor dem Haus Nummer vierundzwanzig, ein Anblick wie aus der Zeit vor der Antibabypille. Ein komischer Hippie saß auf einer Bank, er sah aus wie ein Obdachloser. Die Vierundzwanzig war das zentrale Gebäude. Ich ging hinein und folgte dem Essensgeruch, eine Frau stand in der Großküche und zeigte mir den Weg zum Matratzenlager auf dem Dachboden. Auch oben roch es noch nach Essen. Die Hauseinrichtung war sehr einfach, die Ordnung und Sauberkeit entsprach dem Klischee einer Studenten-WG aus den achtziger Jahren.

Jeder, der wollte, durfte hier im Matratzenlager übernachten, die Likatier nahmen dafür kein Geld. Drei Männer lagen auf ihren Betten. Zwei waren wach: Der eine hieß Jürgen, er war ein älterer Mann mit kurzem Vollbart, der andere Rainer, dunkelhaarig, um die vierzig. Rainers Augen standen schmal zusammen, seine Brillengläser auch. Er bewohnte die hintere Ecke des Dachbodens. Am Kopfende hatte er Kleider gestapelt und daneben seinen Wanderrucksack und eine Flasche Rotwein aufgestellt. Der dritte schlief, es war ein jüngerer Reisender mit Ziegenbart, vor seiner Matratze lagen ein Feuerzeug mit einem Bob-Marley-Aufkleber, Tabak, Blättchen.

Rainer verließ den Raum. Jürgen erzählte mir, was er über ihn vom Hören wusste: Rainer lebe hier schon seit fast einem Jahr. Morgens verlasse er das Lager in der Regel, komme am Abend wieder, meditiere dann und schlafe früh. Niemand wisse genau, was er tagsüber mache. Jürgen glaubte, Rainer gehe hinaus in die Wälder.

Der Hippie hinkt, der Lambrusco perlt

Die Menschen, die in der Gasse auf und ab gingen, sahen eigenwillig aus. Die Männer trugen Bärte und langes Haar. Die Frauen waren schwanger oder hatten ihr Baby mit einem Tuch um den Bauch gewickelt, oder sie hatten kleine Kinder, die selbst laufen konnten, oder alles zusammen. Die meisten Likatier trugen schlabbrige Kleider, sie lasen offenbar keine Modemagazine. Der Stamm der Likatier schien mir – obwohl er diplomatische Beziehungen mit Damanhur unterhielt und dort auch einen Weinberg besaß – keine Gemeinschaft von Individualisten zu sein, sondern eine Gemeinschaft von Außenseitern. Die Likatier galten in der Stadt als eine randständige Gruppe. Manche hielten sie für eine Sekte von Schlägern, Sozialhilfebetrügern, Pädcrasten.

Am ersten Abend wollte ich immer noch allein sein. Doch ich begegnete, als ich durch die Altstadt ging, zwei Likatiern, mit denen mein Zimmernachbar Jürgen unterwegs war. Er fragte: »Bock auf tiefe Gespräche?«

Ich dachte: »Bitte nicht«, nickte und ging mit.

Die Gruppe bestand zudem aus einem lockigen Programmierer, der eine Lederjacke trug, Jeans und halboffene Regenschuhe, und dem seltsamen Hippie, der tagsüber auf der Bank in der Spitalgasse gesessen hatte. Er hieß Deva, sein Gang war so steif, als seien alle seine Gelenke durch Holzprothesen ersetzt worden. Seine Erscheinung setzte sich zusammen aus einer bunten Jeansjacke mit Blumenmotiven, einer grünen Schlafanzughose sowie einem Flowerpower-Stirnband. Was seine Aufgabe in der Gemeinschaft war, wusste ich nicht. Ich dachte, er sei alkoholisiert. Im Mittelalter wäre er vielleicht ein Hofnarr gewesen, oder man hätte ihn in ein Narrenschiff gesetzt, das den Rhein hinabfuhr.

Als wir in eine gut besuchte Bar eintraten, ernteten wir belustigte Blicke und gingen weiter, weil es dort zu teuer war. Stattdessen gingen wir in eine abgelegenere Pizzeria. Deva bestellte Kakao, der Programmierer Cappuccino, ich Kakao und Jürgen eine Karaffe Lambrusco. Der Blumenmann hatte kein Geld dabei. Jürgen, der gerade auch von Sozialhilfe lebte, zahlte ihm seinen Cappuccino. Der Blumenmann verlangte dann auch noch nach einem Tiramisu, aber das wollte ihm Jürgen nicht ausgeben.

Auch Jürgen war nur Gast beim Stamm der Likatier. Er war etwa sechzig Jahre alt und sah aus wie ein südamerikanischer Ziegenhirt: braungebrannt, durchfurchtes Gesicht. Tatsächlich war er gerade aus Guatemala zurückgekommen, wo er zweiundzwanzig Jahre lang gelebt hatte und sich nun von seiner Frau scheiden ließ. Er verharrte hier aus Geldnot. Erst in einer Woche, wenn die Sozialhilfe für den nächsten Monat ankäme, würde er mit dem Zug weiterreisen, zu seiner Familie nach Norddeutschland und dann für den Sommer zu Freunden nach Schweden.

Jürgen trank seinen leicht perlenden Lambrusco, Deva lachte debil und rührte im Milchschaum, die Wirtin, eine parfümierte italienische Mami, wirkte unglücklich, blieb aber freundlich.

Der Likatier mit den Locken erzählte ausführlich, wie der Stamm organisiert war. Es gab mehrere Kasten von Mitgliedern. Deren Namen waren gewöhnungsbedürftig. »Lebemenschen« gehörten dem Stamm zwar an, wohnten in eigenen oder in Stammeswohnungen, doch hatten sie noch ein eigenes Einkommen. Sie arbeiteten auch in externen Firmen oder waren selbständig, die meisten aber hatten eine der schlechtbezahlten Stellen in den Betrieben, die dem Stamm der Likatier selbst gehörten. Die nächsthöhere Kaste waren »Spurmenschen«. Sie wurden so genannt, weil sie auf der Spur zum »Schwurmenschen« waren. Der Schwur, den sie dann leisteten, band sie ein Leben lang an den Stamm. Sie steuerten fortan ihr ganzes Einkommen der Gemeinschaftskasse bei und erhielten vom Stamm nur ein Taschengeld, im Fall des Informatikers weniger als hundert Euro. Die Schwurmenschen durften dafür aber auch mitentscheiden, was mit dem Gemeinschaftsvermögen gemacht wurde: ob ein neues Haus gekauft, ein neues Unternehmen gegründet oder ob ein Beamer zum Fußballgucken für den Partyraum angeschafft wurde. Alle Lebenshaltungskosten übernahm der Stamm. Und über die Altenpflege machte sich niemand Sorgen: Es gab genug Kinder.

Wenn ein Schwurmensch, von denen es weniger als fünfzig gab, besonders gut in der Schwurmenschengemeinde integriert war, stieg er noch einmal auf. Er wurde ein besonderer Schwurmensch: »Existenzialmensch«. Was für Begriffe! Ich war müde und wollte diesen Ort lieber heute als morgen verlassen. Ich schlief schlecht, denn im Matratzenlager waren neue Gäste für das übermorgen beginnende Kennenlernseminar angekommen, darunter ein neben mir liegendes Paar mit einem vier Jahre alten Kind, das sich die ganze Nacht drehte und brabbelte.

Wolfgang Wankmiller gründete den Stamm im Jahr 1974 gemeinsam mit einigen Freunden als Kommune. Damals war Wankmiller siebzehn und schlank und schön. Auf aktuellen Fotografien erschien er fettleibig, so wie der späte Luther. Deswegen hing von ihm ein schwarzweißes Jugendporträt aus der Gründerzeit an mehreren Flurwänden. Seitdem hatte sich die Wankmiller-Familie als fruchtbar erwiesen, zudem waren immer neue Menschen hinzugezogen, heute besaß Likatien rund fünfzehn Häuser in und um Füssen, einen Bauernhof und etwa dreißig Wirtschaftsbetriebe: einen Esoterikversand, eine Heilpraktikerschule, eine Webdesignfirma, eine Arztpraxis, zwei Rechtsanwaltskanzleien.

Die Likatier lebten also in einem freiwilligen Kommunismus. Sie hatten, wie Damanhur, wieder ihre eigenen Riten und Feste und Götter. Sie lebten aber nicht in dem Wohlstand, den sich die Damanhurianer gönnten. Dem Stamm in Füssen schien es auch weniger wichtig, Kontakt mit der Mitte der Gesellschaft zu halten. Sie hatten sich in ihrer Rolle als randständige Menschen offensichtlich eingefunden. Die Stammesmitglieder, die viele Häuser in der Altstadt bewohnten, missachteten ästhetische Konventionen so konsequent, dass es sogar so wirkte, als würden sie sich ganz bewusst von der anderen Welt abheben.

Ich wollte einen Tag auf dem Hof mitarbeiten, bevor am Abend die restlichen Teilnehmer des Kennenlernseminars ankommen würden. Eine Frau im Wollpullover mit langem grauem Haar holte mich in der Floßergasse ab, und erstaunlicherweise stieg auch der steife Hippie Deva mit in ihr Auto ein. Wir hielten vor einer Bäckerei, Deva wünschte sich zwei Nussecken, er sagte »Nussecken« leicht lispelnd.

Wir fuhren zehn Minuten aus der Stadt hinaus, auf den Bauernhof, der vor einer pittoresken Alpentapete allein auf weiter Wiese stand. Die Frau und ihr Lebensgefährte, der auch Wollpullover und langes Haar trug, gehörten dem Stamm bereits seit den achtziger Jahren an.

Wir saßen in Jacken draußen im Windschutz der Hofwand, die Sonne wärmte uns ein bisschen. Die beiden erklärten, warum sie im Stamm lebten. »Es geht uns darum, das Leben bewusster wahrzunehmen«, sagte er. »Heute wird zu viel über den Kopf gemacht. Wir wollen wieder zum Ursprung zurückkommen.«

»Ich empfinde es nicht als natürlich, wenn jemand ins Altersheim kommt, sondern als eine Zivilisationskrankheit«, sagte sie. »Wenn wir existenzieller lebten und es nicht alles im Supermarkt gäbe, wäre die Kommunikation viel offener.«

Das also bedeutete Existenzialmensch, es war ein besonders einfacher Mensch, kein besonders erleuchteter oder hochstehender.

Beide erzählten, dass sie aus Kleinfamilien stammten, in der die Kommunikation eingerostet war, deswegen hatten sie sich für eine Kommune entschieden. Nicht weil sie die Familie ablehnten, sondern weil sie sie retten wollten. Ihre Tochter hatte gerade ein Kind bekommen, auch mit einem Mann aus dem Stamm. Sie waren junge Großeltern und vertraten die Ansicht, dass ihnen die Familie besser geglückt sei als ihren Eltern.

»Uns geht es immer darum, dass der Mensch ins Paradies zurückfindet«, sagte sie, »ins Paradies als abendländisches Bild dafür, dass er wieder sein Glück findet.«

Die Likatier glaubten auch, dass Dinge und Tiere und die Landschaft eine Seele hatten. Wenn sie einmal ein Haus gekauft hatten, verkauften sie es zu keinem Preis der Welt wieder.

Denn sie waren eine Bindung zum Haus eingegangen. In den Bergen, die sie umgaben, sahen sie jahrtausendealten Geist leben. Das alles waren uralte Gedanken der Kelten, auch der Germanen, der Urvölker. Die Likatier würden Füssen und die Landschaft nicht verlassen, ebenso wenig wie ihre Häuser. Sie dachten so ähnlich wie manche afrikanische Ureinwohner. So wie derjenige Stamm etwa, über den neulich in der Zeitung stand, er habe von der Regierung, die es auf die Rohstoffvorräte in seinem Siedlungsgebiet abgesehen hatte, nicht einmal aus seiner Heimat vertrieben werden können, nachdem man ihm die Wasserquellen verschlossen hatte. Die Menschen starben lieber, als den Ort zu verlassen, an dem ihre Ahnen gelebt hatten, denn die Orte und Seelen waren untrennbar miteinander verbunden.

Das war ein fundamentaler Unterschied zu bürgerlichen Lebenskonzepten. Die Likatier waren das Gegenmodell zum Kosmopoliten. Sie trennten nicht zwischen der Seele und den Sachen, während der moderne Mensch, selbst wenn er gern mal Bücher über das Glück der tibetischen Mönche las, die Belange der Seele seinem Ziel unterordnete, Materielles zu vermehren. Dann entfremdeten sich Materie und Seele voneinander. Ersteres wurde mehr und mehr Schwerpunkt, und die Seele erschien den Leuten als ein immer merkwürdigeres Konzept, bis es völlig unverständlich wurde. Die Likatier nannten ihre Weltsicht »Matriarchat«.

Warum nennt der Bürger Andersdenkende so schnell »Weltfremde«, »Verrückte«, »Fanatiker« oder »Wahnsinnige«? Weil der Bürger Wohlstand und Macht priorisiert und die Randfiguren der bürgerlichen Welt höhere Ziele verfolgen, worauf der Bürger im Innersten eifersüchtig ist?

An Bergen mangelt es Füssen nicht, und es musste doch ein Glück sein, darin nicht nur Steine zu sehen, sondern auch Berggeister. Wir saßen in der Sonne, um uns herum standen Alpen und liefen Hühner umher. Wir setzten Wirsingsamen in Blumenkästen. Deva füllte die Erde ein, ich fügte dann die Samen hinein. Er zitterte stark und konnte diese Arbeit gerade so schaffen. Zwischendurch holte ihn eine Frau ab, sie schimpfte, er habe seinen Zahnarzttermin vergessen, fuhr ihn hin und brachte ihn nach einer Stunde zurück. Dann pflanzten wir weiter im Akkord.

Deva, der Hippie. Er trank entgegen meiner ersten Einschätzung kaum Alkohol, Nussecken waren seine Lieblingsdrogen. Sein Gesicht wirkte eingequetscht, wenn er lächelte, schob sein Mund einen Kranz von Furchen von den Mundwinkeln bis zu den Schläfen, die Furchen wellten sich wie die Wasserkringel in einem See, in den man einen Stein geworfen hat.

Ein gelbes Stirnband hielt Devas dunkelblondes Haar zusammen. Er trug wieder seine Jeansjacke mit blassen Rosenmotiven und hatte sich über sein weit offenes Hemd eine bunte Krawatte umgehängt. Unter seiner Dreiviertelhose schaute auf Wadenhöhe eine gestreifte lange Unterhose hervor.

Nussecken, erzählte er, habe er in München jeden Tag gegessen. Die Nussecken waren die täglichen Besucher in seinem Krankenhauszimmer. Da saß er im Rollstuhl und fuhr die Flure des Klinikums Bogenhausen auf und ab, 1989, im Jahr nach seinem Motorradunfall.

Deva war nach seinem Schulabbruch durch die Welt gereist, erst mit dem Fahrrad von Hessen nach Athen, dann mit dem Motorrad durch Afrika. Er erzählte noch viel von dieser Zeit und nur sehr selten davon, was in den zwanzig Jahren danach war. Ein halbes Jahr hatte er vor dem Unfall in einem Ziegenstall auf Paros gelebt, dann war er Easy Rider im Südsudan. In der Wittelsbacherstraße in München scherte wenige Wochen später ein Auto aus. Deva wich mit seinem Motorrad aus, es geriet ins Schleudern. Er prallte mit dem Kopf gegen einen Baum und wachte, so erzählte man es ihm später, nach zwei Monaten aus dem Koma auf. Seine brasilianische Freundin war da schon zurück in ihre Heimat geflogen. Er bedauerte noch heute, dass er sie nicht geheiratet habe, dann wäre sie vielleicht trotz des Unfalls bei ihm geblieben. Er lernte langsam wieder zu gehen, zu essen, zu sprechen. Sein Vater nahm ihn zu sich, doch als er zu alt wurde, um sich um Deva kümmern zu können, suchte er eine Gemeinschaft für ihn. Die Likatier nahmen ihn auf, versorgten ihn bis heute für einen Teil seines monatlichen Schmerzensgeldes. Dass die Likatier sich um Deva sorgten, sagte vielleicht mehr über sie aus als reißerische Zeitungsartikel über das Sexleben des Stammesgurus, die vor einigen Jahren erschienen waren, wie auch die Berichte, die den Stamm als Ausbeutungssystem der Arbeiter zugunsten der Familie Wankmiller beschrieben und als gewaltbereit und durchgeknallt.

Deva mochte die Alpen und die Leute im Stamm, aber er liebte den Ziegenstall auf Paros und seine verschollene Brasilianerin. In Gedanken war er immer noch oft mit seinem Motorrad in der Wüste unterwegs. Ich glaubte jetzt zu verstehen, warum er stets so aus der Tiefe lächelte. Er war dankbar, dass er leben durfte.

Der Name »Deva« war wohl nicht sein bürgerlicher, sondern ein Künstlername. »Deva« hieß im Indischen »Halbgott, Erleuchteter«, ein Zwischenwesen wie ein Engel. Deva war vielleicht kein Engel, aber er war seinem Engel begegnet.

Fast alle Likatier arbeiteten in stammeseigenen Unternehmen. Der Arbeitsalltag war auch hier anders als in der übrigen Welt. Morgens sangen die Mitarbeiter gemeinsam. Die Arbeitsanreize waren andere als üblich. Nicht für sich selbst ein hohes Einkommen zu bekommen motivierte die Mitarbeiter, sondern die gemeinsamen Ziele der Sippe: die Aussicht, ein neues Haus in Füssen zu erwerben oder eine Schule in Österreich, um die Kinder dort selbst unterrichten zu können. Der Stamm hatte bereits ein Gebäude in Österreich, die meisten Kinder zogen dorthin um, wenn sie schulreif waren; in dem Schulgebäude unterrichteten die Mütter ihre Kinder selbst, in Österreich ist »Homeschooling«, anders als in Deutschland, erlaubt. – Im Internet stellte sich die Gemeinschaft so dar:

> Die Likatier wollen sich auf das Leben und aufeinander einlassen. Sie wollen ihren Kindern ein Zuhause geben, auf das sie sich verlassen können und wo sie sich frei entfalten können. Sie wollen ein Lebensumfeld schaffen, wo sich jeder bedingungslos geliebt und angenommen fühlen kann. Sie wollen der Vereinsamung der Menschen durch diese Gesellschaftsform ein Leben in Gemeinschaft entgegensetzen, was den Einzelnen wieder zum wertvollen Teil eines Ganzen macht. Sie wollen der Entzauberung dieser Welt mit der Magie des Lebens entgegentreten. Sie wollen schrittweise in das lebendige Paradies hineinwachsen.

Die »Medienkampagnen«, wie die Likatier sagten, die auch in der Chronik des Stammes festgehalten waren, wurden nicht fortgesetzt, seitdem der Stamm sich der Öffentlichkeit geöffnet hatte. Seitdem veranstalteten die Likatier auch ihre Kennenlernseminare. Am nächsten Morgen in der Früh würde eins beginnen – was für Leute würde es wohl anziehen?

Auf den Spuren der Muttergöttin

Die Seminartage begannen mit einem Kennenlern-Frühstück. Eine dicke Dame mit schriller Stimme begrüßte die dreizehn Teilnehmer. Das war eine Menschenmischung, für die es keine Schublade gab: ein glatzköpfiger, blasser Sachse, eine alleinerziehende Mutter aus München mit ihrem zweijährigen Töchterchen, die zwei jungen Hippies, die neben mir geschlafen hatten, beide in weiten Leinenkleidern, er mit Gitarre und sie mit ihrem kleinen dunkelhäutigen Jungen, eine Dame mit gepflegter Frisur und beigefarbener Steppjacke, Ralf aus Ostwestfalen, der aussah wie ein Ralf aus Ostwestfalen, und ein Herr mittleren Alters mit blondem Haar und rotem Fleecepullover.

Die dicke Dame erzählte von Land und Leuten wie die Reiseleiterin von Neckermann im Urlaubshotel: Die Likatier feierten neben dem Geburtstag auch ihren Zeugungstag. Die Kinder erhielten immer den Nachnamen der Mutter. Einige Menschen aus der Stadt deuteten das so, dass alle Kinder der Likatier unehelich seien, damit die Sippen die Höchstsätze der Sozialhilfe für Alleinerziehende einstreichen könnten. Die Likatier selbst beteuerten aber, grundsätzlich keine Sozialhilfe zu beantragen.

Likatien hatte eigene Namen für die Wochentage: Der Mittwoch hieß »Rauschtag«, Freitag war der »Liebestag«, Samstag der »Erostag«, Sonntage waren »Traumtage«. Sex spielte offensichtlich eine größere Rolle als in der bürgerlichen Welt, aber eine geringere als in der *Bild*. Die Likatier unterhielten überdies eine Art interspezifischer Freundschaft mit der Gattung der Wale. Die Meeressäuger waren wohl nicht gefragt worden, ob sie auch Freunde der Likatier sein wollten, aber man ging davon aus.

Dann stellten sich die Beitrittsinteressenten vor und sagten, was sie hier wollten. Ralf war Unternehmensberater. Sein Beruf war es, insolvente Hotels zu sanieren. Das gehe so, erzählte er: Er schmeiße immer erst mal den Chef raus, der es verbockt habe, kremple den Laden dann einige Monate lang ordentlich um, und dann laufe es auch wieder. Die dicke Dame guckte verständnisvoll, als erzähle ein Patient von seiner Psychose. Ralf war unglücklich mit seinem Job und machte kein Geheimnis daraus. Er lebte, wenn er arbeitete, monatelang in den Hotels, dafür hatte er dann Monate Freizeit und das Geld für aufwendige Reisen, trotzdem war er unglücklich: Er segelte nach Amerika, rennradelte rund ums Mittelmeer, skatete im Sommer durch Ostwestfalen, bis der Sommer vorbei war. Er sagte, er interessiere sich schon lange für den Stamm der Likatier, könne aber nicht genau sagen, wonach er suche.

Der introvertierte Fleeceträger hatte ein Burn-out erlitten, daraufhin seinen Arbeitsvertrag als Medizingerätevertreter gekündigt und war nun seit Monaten auf der Suche. Die alleinerziehende Mutter hielt Ausschau nach Wegen aus der verzehrenden Alleinverantwortlichkeit für alles, für die Tochter und für das Geldverdienen. Die beiden Hippies wollten in Österreich eine alternative Gemeinschaft gründen und sich hier inspirieren lassen. Der Sachse wollte nicht länger als Therapeut im Kinderheim arbeiten, denn, so sagte er, man könne gegen diese kranke Gesellschaft nicht mehr anerziehen. Er träumte daher von biologischem Landbau und von der Autarkie, aber keiner Autarkie nur für sich, sondern für eine kleine, gesunde Gesellschaft ohne Kinderheim.

Die Dame in der Steppjacke war Single und Altenpflegerin, sie wollte ihr Leben ändern. Auch eine junge Sozialpädagogin, füllige, rote Rastazöpfe, Piratenkopftuch, suchte nach Veränderung. Ferner stellte sich ein dreiunddreißig Jahre alter Ingenieur aus dem Schwäbischen vor, ein akkurater Typ mit stromlinienförmiger Brille, der seine Frau vor lauter Arbeit verloren hatte und vor den Trümmern seiner jungen Karriere stand.

Mit derart bürgerlichem Interesse hatte ich nicht gerechnet. Wieso waren diese Leute hier beim Stamm der Likatier?

Wir bekamen eine Stadtführung: Dieses Haus gehörte dem Stamm. Und dieses, ja, und auch dieses. Hier war die Heilpraktikerschule Likamundi, und da saß unsere stammeseigene Rechtsanwältin. In ihrem Esoterikladen in der Altstadt verkauften sie zum Beispiel diese Buchtitel: *Unser keltisches Erbe, Im Liebeshain der Freyja, Die geheimnisvolle Beziehung zwischen Mensch und Tier, Orgasmus total, Die Alchemie des Horus & die Sexualmagie der Isis*. Und ein Video über Prostatamassagen.

Wir gingen in die Heilpraktikerschule Likamundi. Dort roch es nach Holz und Güte. Wir nahmen in einem Raum im Dachgeschoss Platz, eine Fotoschau über den Stamm begann mit Synthesizermusik und der Überschrift »Dem Leben auf der Spur«. Das Filmchen versprach Neuzuzüglern abermals ein Leben in Gemeinschaft anstatt Vereinsamung, es wurden Bilder von gemeinsamen Lagerfeuern gezeigt, Bilder von den sogenannten Lech-Festspielen, auf denen nackte Likatier im Wasser umherrannten, und Bilder vom gemeinsamen Schneehausbauen im Winter. Dann war eine Zeichnung zu sehen, die eine dicke Dame mit Hängebrüsten darstellte. »Die Likatier glauben an eine weibliche Göttin«, sagte die Stimme aus dem Off. Das also war die Muttergöttin. Das nächste Foto zeigte ein Baby, welches an der Mutterbrust trank. Schließlich ertönte griechische Tanzmusik, einem Sirtaki ähnlich, und die Stimme aus dem Off erklärte, die Likatier seien ein feierfreudiges Völkchen.

Der Schwurmensch David, der zweite Leiter des Kennenlernseminars, ein Österreicher Ende zwanzig, sagte, die Diaschau habe man nach den Hetzkampagnen der Medien fertiggestellt. Sein mausähnliches Gesicht verschwand fast hinter langen Rumpelstilzchen-Haaren, einem Vollbart und buschigen Augenbrauen. Das Haar wallte über die Schultern, wie bei Albrecht Dürer auf seinem Selbstporträt. David trug eine breite Southpole-Jeans, schmutzige Skaterschuhe und einen Kapuzenpullover.

Neben ihm saß eine Stammesälteste in türkisblauer Blumenbluse. Ihre Zähne waren gräulich und standen schief, ihr Blick war freundlich. »Wir sind der erste Stamm, der sich hier wieder etabliert hat«, sagte sie. Sie sprach alemannischen Akzent: »Die Kelten, die haben ja das halbe Jahr Feschte gefeiert.« Allein das Fest, mit dem die Götter um reiche Ernte gebeten worden seien, habe Tage gedauert. Die Frau sagte, vielleicht sollte man das auch heute wieder einführen: feiern und die Götter um reiche Ernte bitten, anstatt die Felder mit Kunstdünger zu besprühen. »Aber wir hängen heute alle noch zu fescht in diesem Leischtungsdruck.«

Die Beitrittsinteressenten schauten interessiert, einige schrieben mit. Der Sohn des Hippiepärchens lief krakeelend durch die Stuhlreihen.

Die Likatier lebten in Sippen zusammen. Die Sippen gruppierten sich um die Mutter. Meist lebten mit ihr alle ihre Kinder, ihre Eltern und ihr aktueller Lebensgefährte.

Der Rat der Schwurmenschen hatte bereits vor vielen Jahren beschlossen, dass der Stamm mit Ausnahme des Kindergeldes keine staatlichen Transferleistungen annehme. Für die rund hundert Lebemenschen, die lose mit dem Stamm alliiert waren, war diese Regel allerdings nicht verbindlich. Daher hatte die Geschichte, die sich die Leute in Füssen erzählten, vielleicht doch einen wahren Kern, nämlich dass das Geschäftsmodell des »Wankmiller-Clans« auch auf Sozialhilfezahlungen basiere. Jemand fragte die Seminarleiter nach Haftpflichtversicherungen. »Des isch ja das Letschte«, antwortete die Frau. Und zusätzliche Rentenversicherungen? »Kein Thema, wir bauen uns da unsere eigenen Ressourcen auf.«

Der Mann aus Sachsen nickte zustimmend. Einige Resthärchen auf seiner Glatze widersetzten sich dem Gesetz der Schwerkraft und standen voller Spannung nach oben ab. Der introvertierte Beitrittsinteressent im roten Fleece, der Wanderschuhe anhatte und seinen Kinnbart fein gestutzt, fragte mit einfühlsamer Stimme, wie der Stamm es mit der freien Liebe handhabe. »Desch ist ganz individuell«, sagte die Muttergöttin. Manche Paare blieben in lebenslanger Treue beieinander, manche Männer hatten zwei Frauen gleichzeitig, manche Frauen sieben Kinder von drei Männern.

Die Interessenten für einen Stammesbeitritt fragten höflich und einfühlsam: Die soziale Ächtung des Stammes durch die Füssener Bürger müsse doch schlimm sein? Jener Füssener, die sich um das saubere Stadtbild sorgten? All die Medienkampagnen? Immerhin überlegten sich diese dreizehn Leute mehr oder weniger ernsthaft, einer auch für sie ganz neuen Kultur beizutreten, doch sie stellten kaum kritische Fragen und nahmen alles so hin, wie es erzählt wurde. Es schien so, als wollten sie unbedingt, dass alles hier besser ist.

Abends spielte ich mit den jugendlichen Likatiern Fußball. Auf einem Bolzplatz mit Alpenblick spielten wir acht gegen neun. Es war für sie immer problemlos möglich, zwei Mannschaften aus dem Stamm zu rekrutieren. Später guckte ich mit den Fußballern Bayern München gegen Olympique Lyon. In dem Zimmer eines jungen Likatiers standen ein Beamer und eine Leinwand, in drei Reihen saßen sie vor der Leinwand, auf Bett, Stühlen und dem Boden, eng wie Fans in der Kurve. Sie tranken Schlosspils aus Plastikflaschen und jubelten bei jeder Flanke der Bayern. Ich konnte mich nicht auf das Spiel konzentrieren, denn die Fans waren interessanter. Ich sinnierte darüber, wer wessen Bruder war und wer wessen Cousin, viele sahen sich ähnlich. Hausarbeit und Großfamilie, viel mehr Kinder als Alte – was in Tausenden Jahren Menschheitsgeschichte normal und seit fünfzig Jahren nicht mehr war, galt uns plötzlich als sektenhaft und gruselig.

Von den jungen Erwachsenen entschieden sich viele dafür, im Stamm zu verbleiben. Die Likatier brachten ihren Kindern von früh an bei, dass es nicht gut sei, ein Leben als Rädchen im riesigen Getriebe der modernen Wirtschaft zu führen. Das nehme zu viele Freiheiten. Die Entscheidung etwa, wann ein Paar Kinder bekommt und wie viele, war im Stamm ganz frei, in der freien Welt aber von vielen Faktoren abhängig: der beruflichen Situation, der des Partners, der Wohnsituation. Oft begrenzte die Wohnungsgröße die Kinderzahl auf eines oder zwei. Die Ausbildung der Kinder und deren Karrieren waren hier nachrangige Ziele. Die meisten jungen Erwachsenen blieben im Stamm. Idealerweise sollten sie einfache Berufe erlernen. Die Likatier glaubten nicht an die Notwendigkeit einer standardisierten oder gar akademischen Ausbildung. Im Verzicht auf Diplome sahen sie sogar Vorteile: Wenn eine Heilerin Medizin studiert hätte, könnte das mitunter verhindern, dass sie den Patienten ganzheitlich wahrnehme. Manche studierten aber trotzdem oder machten ganz gewöhnlich eine Ausbildung in externen Betrieben. Ihr Begriff von Individualität unterschied ihr Denken elementar von dem der Moderne. Den Individualismus lehnten sie ab.

Am nächsten Nachmittag saß ich mit dem Unternehmensberater Ralf und dem introvertierten Mann im roten Fleece in einem Café. Beide waren etwa fünfzig Jahre alt und recht angetan von den Likatiern, fanden sie und die Wohnräume aber zu schmuddelig. Ralf sagte zwar, so wie die Likatier könne er nicht wohnen, setzte dann jedoch fort: »Letztlich finde ich aber, das ist wohl die Zukunft.« Im Moment kaufe er sich gegen die innere Leere sechsmal im Jahr neue Klamotten. »Krankhafter Konsum weit über dem Vernünftigen«: So könne die Gesellschaft nicht auf Dauer funktionieren.

»Dieses Leben, fünfzig Stunden Arbeit in der Woche, das geht so nicht weiter«, sagte der Mann im roten Fleece.

Am Abend war eine Männerrunde. Dazu trafen sich die Likatier regelmäßig, es gab auch Jungs- und Mädelsrunden sowie Treffen vieler anderer Gruppen. Introvertierte trafen sich in der Gruppe Secret, Temperamentvolle waren in der Gruppe Bombay assoziiert.

Wir saßen wieder im Dachgeschoss der Heilpraktikerschule. Die Abendsonne schien herein, sie erleuchtete die Mähne des Gesprächsleiters Mark von hinten golden. »Männer, ich schlage als Thema für unsere Runde vor: ›Die Rolle des Mannes im Matriarchat‹. Oder hat jemand ein besseres Thema?« Nein, das hatte niemand.

Wir saßen ideenlos auf unseren Holzstühlen, einige Likatier, Ralf, der blasse Vollmondmann, der Introvertierte, der junge Vater, barfuß und in grüner Leinenflatterhose. Niemand stellte sich mit den üblichen Daten seines Lebenslaufs vor, Beruf, Hobbys, Kinderanzahl, sondern mit einigen Sätzen, die den Kern der Person und Lebenssituation beschrieben. Ein Stammesmitglied sagte: »Kurz zu mir: Vater war im Krieg Bomberpilot bei der Luftwaffe, Mutter servile Hausfrau, sicher versteht ihr, warum ich dem Stamm beigetreten bin.«

Das Matriarchat, sagte der Moderator, bedeute nicht, dass die Frauen alles bestimmten, sondern dass man das weibliche Prinzip als höchste Kraft ansehe, als »göttlich«, und nicht das männliche Prinzip.

Die Leute erzählten, was sie unter Mann, Frau, männlichem und weiblichem Prinzip verstanden. Quintessenz: Die Rolle des Mannes im Matriarchat war es, zu arbeiten, aber nicht zum Selbstzweck, sondern um eine Familie zu versorgen. Matriarchat bedeute nicht, sagte der Moderator, dass das Hausmütterchen, sondern dass das weibliche Prinzip das Größte sei. Mit diesem Prinzip war gemeint, dass der Mensch alles empfange und sich dessen auch bewusst sei. Der Bauer mache ja keinen Weizen, sondern empfange ihn. Menschen allein könnten gar nichts produzieren, sie empfingen alles, so wie ein Säugling von seiner Mutter. Der Mensch sei schon nicht unabhängig geboren, und er werde nie unabhängig, er empfange bis zum Tod und vergesse es nur irgendwann, nur weil er laufen lerne und sprechen und programmieren.

Mir fiel dazu ein Vers Goethes ein, ich dachte, Goethe macht sich immer gut, meldete mich, kam dran und sagte:

Alles Vergängliche
Ist nur ein Gleichnis;
Das Unzugängliche,
Hier wird's Ereignis;
Das Unbeschreibliche,
Hier wird's getan;
Das Ewig-Weibliche
Zieht uns hinan.

Die Verse zu Fausts Tod, als der alte Hurenbock doch noch erlöst wurde. Am Ende erschien das Größere, was nach dem Tod kam, bei Goethe als das »Ewig-Weibliche«.

»Ja, Goethe mögen wir sehr«, sagte der Moderator mit einer Stimme wie schmelzender Camembert und mit verklärtem Blick. Ich dachte an Rainer, den Waldmenschen, der in der hinteren Ecke des Matratzenlagers lebte. Wenn das Gerücht stimmte, dass er tagsüber in den Wäldern lebte, war Rainer vermutlich ein Mensch, der nur noch empfing. Er hätte das Matriarchat gelebt. Er lebte auch davon, dass die Likatier ihn durchfütterten, aber mit solchen Leuten mussten die Likatier leben, wenn sie schon für das Matriarchat waren.

Zu späterer Stunde saßen wir alle im Partykeller. Auch der Schwurmensch David war ein Anhänger des Matriarchats. Politisch sei er ein Linker, sagte er, sei aber gegen jede Form des Versorgungs- und Hartz-IV-Staates. Dieser Gedanke führte uns zu dem Grund, warum er hier eingetreten war. Er sagte, nur in Gemeinschaften, die so klein seien, dass der Mensch direkt mit jedem kommuniziere, sei ein humanes Handeln möglich. Man kann Menschen lieben, aber nicht die Menschheit.

Das war der späte Rousseau – die Einsicht, dass nur in kleinen Gesellschaften menschliches Handeln möglich sei: »Misstraut jenen Kosmopoliten, die in der Ferne in ihren Büchern Pflichten suchen, die in ihrer Nähe zu erfüllen sie nicht bereit sind. Ein Philosoph liebt die Tataren, um davon entbunden zu sein, seine Nachbarn zu lieben.« Er sah ein, dass übermäßige Reflexion zu nichts Gutem führe; vielleicht war das ja auch der Inhalt des Buches, das meine Zimmernachbarin im Ökodorf gelesen hatte: *Wie Sie Ihre Hirnwichserei abstellen.* Aber sie hatte sich dabei wohl nicht so viel gedacht.

Am nächsten Morgen ging ich über den Friedhof spazieren, der über der Altstadt neben dem Kloster lag. Die alten Gräber waren wunderschön. Ich stand vor dem Grabstein von Frieda und ihrer Mutter:

> Hier ruht tief betrauert von den Ihrigen
> Freifrau Paula v. Dobeneck
> geb. Rück
> geb. 16. März 1863 zu Tirschenreuth
> gest. 21. März 1899 zu Füssen
> und ihr Töchterchen
> Frieda
> geb. und gest. 11. Febr. 1897

Der 11. Februar 1897 lag so lang zurück, doch Friedas Schicksal bewegte mich. Es machte demütig. Tragik ließ den Menschen niederknien. Demut. Das Leben empfangen. Das Matriarchat.

Vor dem Eingang des Klostergartens stand eine Steinbank. In ihrer Mitte befand sich eine Steinskulptur von Jesus oder einem Hirten, der aussah wie Jesus. Er trug Blumen. Links und rechts von ihm waren Kerben zum Hineinsetzen. Ich setzte mich zur Rechten des Jesushirten in die Sonne, schaute auf die Stadt hinab und auf das Kloster, in dem Gebeine lagen, aber kein Mensch zu sehen war; und ich blickte hinauf zum Hirtenjesus, der einen Bart trug und langes Haar, ebenso wie die Likatier.

Dann verließ ich Füssen. Monate nach meiner Reise bekam ich von einem Mitglied des Stammes, an das ich mich nicht erinnern konnte, folgende E-Mail:

Lieber Jan,
ich bin der H. vom Stamm der Likatier. Wir haben uns ja während des Kennenlernseminars getroffen, und ich möchte mich einmal bei Dir melden. Wie Du mitbekommen hast, haben wir ja verschiedene Betriebe und wirtschaftliche Unternehmen und möchten unsere wirtschaftliche Autarkie durch den Aufbau neuer Betriebe forcieren. Ich möchte Dich in dem Zusammenhang fragen, ob Du die Möglichkeit besitzt, uns beim Aufbau neuer Betriebe mit einem Darlehen zu unterstützen. Vielleicht hast Du ja Lust, Dich auch vom maroden Banksystem zu verabschieden und lieber mit Gleichgesinnten zusammenzuarbeiten, um alternative Geldkreisläufe aufzubauen. Wir würden für ein Darlehen 4 % Zinsen zahlen, auch bei kürzeren Laufzeiten. Vielleicht hat die Idee, Geld in einem nachhaltigen Zukunftsprojekt wie dem Stamm der Likatier anzulegen, ja einen gewissen Charme für Dich.
Über eine kurze Nachricht von Dir, wie Du zu diesem Thema stehst, würde ich mich sehr freuen.
Liebe Grüße aus Likatien sendet Dir
H.

KAPITEL 8

Ein mittelalterliches Gehöft in Thüringen

Auf halbem Weg vom Bürger nach irgendwo war auch ein Paar in Thüringen, Silvio und Catrin Roßberg. Sie faszinierte das Mittelalter, dahin begannen sie Schritt für Schritt zurückzukehren.

Silvio holte mich am Busbahnhof ab, er hatte sich eine mittelalterliche Lederhose angezogen, Lederschuh-Unikate und ein Leinenhemd, dessen Halsöffnung mit einer Kordel zusammengebunden war. Sein brauner Bart war der einer Ziege, und seinen Schopf hatte er über den Schultern zum Pferdeschwanz zusammengefasst.

In Ostthüringen, zwischen Gera und Zeulenroda, war das Land so grün wie im Allgäu, aber die Berge waren noch Hügel. Ich war in Frankfurt wieder in die Bahn umgestiegen. Silvio holte mich in Auma ab und fuhr mich zu seinem Mittelalter-Gehöft. In dem Tal, in dem wir ankamen, floss braun ein Bach, der »Weida« hieß. Eine Straße führte von beiden Seiten herab in das Tal, von Göhren nach Döhlen, und die wenigen Autos, die hindurchfuhren, wurden hier langsam, als verneigten sie sich vor dem Dorfidyll. Doch die Fahrer wollten nur die Federungen ihrer Autos schonen, denn die Straße war kopfsteingepflastert.

In Döhlen gab es vierzehn Häuser, und alle Zeiten hatten Spuren hinterlassen. Die Kirche war barock, sie stand auf dem Friedhofshügel, der höchsten Erhebung im Dorf, um sie herum standen Marmorgrabsteine wie Felsrelikte von der letzten Eiszeit, ohne Wege und erkennbare Ordnung. Die Höfe waren aus DDR-Beton oder aus Fachwerk, einige hatten Schieferdächer, andere waren ganz mit Schiefer verhüllt. Die Straßen hatten keine Namen.

Das Mittelalter-Gehöft war das wohl älteste Haus im Ort. Auf einem Schild stand über der schwarzen hölzernen Eingangspforte »Gut Erdenpfad«, darunter die Warnung vor dem Hunde. Wir traten ein, und ein Bullterrier-Mischling trat vor uns. Als er aufhörte zu bellen, zwitscherten nur noch die Meisen und Schwalben, und unten rauschte leise der Bach.

Jetzt sah man das Gehöft. Drei Gebäude umrahmten den grasbewachsenen Innenhof: Wohnhaus, Scheune, Gesindehaus. Auf der unteren Hangseite war ein Hühnerfreigehege. Darunter lief der Bach, und ein Hektar Land drumherum gehörte zum Gut. Der Hahn krähte, obwohl es Nachmittag war. Vor dem Pfarrhaus stand eine alte Gurkenmagnolie, die fast so hoch war wie das Haus selbst. Ihre Äste waren geschwungen wie arabische Schriftzeichen.

Wein rankte die Hausfassade hinauf. Es roch nach gemähtem Gras und feuchter Wäsche. Im Innenhof stand ein alter, windschiefer Pferdefutterwagen auf Holzrädern, der so klapprig aussah, dass er jeden Moment einstürzen musste. Hätte man einen Zugochsen vorgespannt und wäre er losgelaufen, wäre aus dem Wagen ein Mikadospiel geworden. An den Hauswänden standen weitere Sammelstücke aus vorindustrieller Zeit: Geräte zum Pflügen, Jäten, Säen, alle riefen danach, sich in die Erde bohren zu dürfen und wieder von Ochsen oder

Menschen gezogen zu werden. Sie standen da wie eine museale Erinnerung an harte Zeiten, aber auch wie eine Androhung von deren Wiederkehr. Räder, Ketten, überzogen vom Rost. Pflüge, Eichenbalken, Mühlsteine, Balken, Tröge und leere Truhen voller Geheimnisse, schmiedeeisern und archaisch. Silvio Roßberg hatte sie bei eBay gekauft. Seine neuesten Käufe wollte er bald wieder nutzen: eine Dickmilchzentrifuge und eine Dippelmaschine – Geräte, auf deren Namen in Kreuzworträtseln niemand mehr käme.

Speck ist tot, Schinken lebt

Silvio, ein Name, der in Thüringen nicht so selten ist, bedeutet im Italienischen so viel wie »Waldmensch«. Das war Silvio nicht, aber er sah so aus. Er hielt seinen Rücken und Hals auffällig gerade. Am Hals und oberhalb der Hände schauten Tätowierungen aus seinem Hemd heraus.

Er hatte vor, Schritt für Schritt in die vorindustrielle Zeit zurückzukehren. In einigen Jahren wollte er fast alle Nahrung, die er und seine Frau Catrin brauchten, selbst produzieren, nur noch mittelalterliche Kleidung tragen, alte Tierrassen halten, kaum noch Strom und Öl verbrauchen. Das Wasser kam schon aus dem Berg. Die Quelle hatte so hohen Druck, dass dieser das Bergwasser ganz von allein durch die Wasserhähne heraufdrückte, ohne dass eine Pumpe nötig war. Andere Zukunftsprojekte verharrten noch im Stadium der Zeichnung: ein Kühlschrank, der nur von kühlem Quellwasser betrieben sein würde, und eine Freiluftbadewanne, die künftig unten am Bach stehen und im Winter mit Holz beheizt werden sollte. »Das Mittelalter wird immer schöngedacht, doch es war eine schwere, entbehrungsreiche und dunkle Zeit, niemand will da leben. Aber die Urigkeit und Naturverbundenheit, die waren gut«, sagte Silvio Roßberg.

Die Gebäude baute er mehr und mehr zurück, damit sie wie aus einer seit Jahrhunderten vergangenen Zeit aussahen. Gras mit der Sense mähen, auf Kompostklos und eine Biokläranlage umstellen: das volle Programm. Aber andererseits wollten sie auch nicht ganz mittelalterlich leben. Ihre Kleidung im Bach waschen etwa, das müsse nicht sein, sagte Silvio. Und von Freiluftbadewannen im Mittelalter hatte auch noch kein Historiker geschrieben.

Erst vor wenigen Tagen hatte der gebürtige Stadtmensch Silvio sein erstes Schwein geschlachtet. Es hieß Speck. Dessen Brüderchen Schinken lebte noch. Es würde im Herbst an der Reihe sein. Das Fell des toten Wollschweinferkels hing zum Trocknen in der Sonne.

Es war Silvio Roßberg nicht leichtgefallen, vor Speck und Schinken zu treten und eines auszuwählen. Beide quiekten und bekamen ihr Grasfutter. Silvio packte Speck, weil es schlechter wuchs, oben am Fenster stand Catrin in der Küche und hörte Specks letzes Quieken, das dumpfe Pong des Bolzenschussgeräts. Ihr wurde übel, so wie es manchmal auch ist, wenn Städter die Natur entdecken. Catrin und Silvio, die beide schon Großeltern waren, aber erst in ihren Vierzigern, standen am Anfang ihrer Zeitreise.

Am ersten Abend brannten Kerzenleuchter an den Wänden des Treppenhauses, es gab Spiegeleier von eigenen Hühnern. (Warum servierte man mir ständig Hühnereier?)

Silvio erzählte seine Krankengeschichte. Darum hielt er seinen Hals so gerade: Vor sechs Jahren hatte er sich ein Quad gekauft, als er es vom Händler nach Hause fuhr, hatte er einen Unfall, das Quad überschlug sich mehrfach. Auf dem Röntgenbild sah der Arzt einen Halswirbelbruch und mehrere schlecht verheilte Halsverletzungen aus alten Zeiten: Als junger Förster in der DDR war ihm mal eine Kiefer auf den Kopf gefallen, beim Judo hatte ihn ein Ringer mit dem Kopf auf den Boden fallen lassen, beim Trucktrial, dem Sport, den er nach der Wende machte, hatte er sich mit seinem Tatra 8-13 mehrfach überschlagen. Jetzt hatte er zwei gebrochene und verknorpelt zusammengewachsene Halswirbel, zwei schiefstehende, was zu einer sogenannten Verengung des Spinalkanals geführt hatte. Seine Adern und Nervenstränge waren also am Hals eingeklemmt, sodass er bei hohem Blutdruck, etwa durch körperliche Belastung, starke Kopfschmerzen bekam. Er konnte kaum drei Stunden schlafen in der Nacht, denn wenn er schlief, weckte ihn der Kopfschmerz. Am Esstisch zuckte er oft zusammen, hielt sich die Schläfe und kniff die Augen zusammen.

Leider war auch sein Herz nicht mehr gesund. In der DDR war er in seiner Jugend im Verein BSG Mast Mehla Hobby-Bodybuilder gewesen, der Verein hieß wirklich Mast. Er kaufte Eiweißkonzentrat vom Fischladen aus Gera und ließ sich leider auch das Anabolikum »Oral-Turinabol« verschreiben; davon ist ihm eine Herzrhythmusstörung geblieben. Er steckte nun in einer Zwickmühle: Für sein Herz war es wichtig, dass er sich körperlich viel bewegte, doch bewegte er sich zu viel, kamen die Kopfschmerzen. Handwerkliche und leichte Landarbeit, wie er sie seit mehr als einem Jahr hier tat, schienen daher angebracht. Er war wie Sisyphus zu ewiger Quirligkeit verdammt.

Auf dem Hof lebte auch ein Heilpraktikerpärchen, das seit einiger Zeit auf spiritueller Suchreise war. Sie hatten hier fest einziehen und mit Catrin und Silvio zusammen in Gemeinschaft leben wollen. Erst verstanden sich die vier prächtig, doch immer mehr stellte sich heraus, dass die Vorstellungen von der gemeinsamen Zukunft zu unterschiedlich waren. Der Mann des anderen Pärchens bestand auf Frauentausch und freier Liebe. Jetzt mussten sie bald wieder ausziehen. Für übermorgen luden mich die beiden zum Brunch ein.

Noch pflügt der Jeep, bald der Ochse

Um halb sechs, wenn der Rasen noch nass war, begann Silvios Tag. Früh am Morgen fütterte er die Hühner. Eine Gans war gebissen worden, es kamen Ratten in den Stall, Silvio stopfte Ritzen in der Wand mit Beton. Er ließ die Tiere aus ihren Ställen und fütterte sie: Gras- und Löwenzahnbüschel sowie Heu für die Kaninchen, Grasberge für die Wollschweine, die die Hälfte des Futters gleich wieder in den Schlamm trampelten, Hafer und Wasser für die Gänse, Weizen für die Hühner, die fünf Tage gebraucht hatten, um den leicht erkennbaren Weg über ihre neue Hühnertreppe hinaus aus dem Stall ins Freigehege zu finden. Die beiden Zwergschafe, Mutter und Sohn, mussten sich ihr Gras selbst suchen. Silvio ließ sie aus ihrem kleinen Stall heraus.

»Morgen«, sagte er zu ihnen.

»Mäh«, sagten die Zwergschafe.

Er hatte sich die Tiere nach ihrer Mittelaltertauglichkeit ausgesucht: kleine, alte Rassen, nichts Hochgezüchtetes oder Genmanipuliertes. Diese Kleinviehwirtschaft war ökonomisch unvernünftig, das Futter für die vier Schweine kostete rund achtzig Euro für einen Winter, genauso viel wie ein fettes Schwein.

Eine Getreidetonne kostete beim Nachbarn acht Euro, drei dieser Tonnen genügten dem Geflügel für ein ganzes Jahr. Das Getreide selbst anzubauen wäre grob unvernünftig gewesen, Silvio müsste dafür Wochen arbeiten, aber vielleicht würde er es eines Tages machen. Im Winter brauchte Silvio die meiste Zeit dafür, Holz zu zerhacken und zu heizen.

Der Umzug ins Mittelalter ging langsam voran. Den letzten Pflug des Kartoffelackers hatte Silvio mit einem alten Wendepflug gemacht, ihn jedoch nicht hinter ein Zugtier, sondern hinter seinen Geländewagen gespannt.

Am Bachufer schleppte ein Arbeitshelfer Steine von einem Ort zum anderen. Es war Thomas, den Silvio als »meinen Knecht« vorstellte, ein alter Freund aus gemeinsamen Motorsportzeiten. »Landgewinnung«, sagte Silvio und schaute dem Steine tragenden Knecht dabei zu. »Einige gönnen sich halt Zigaretten und Alkohol, und ich gönne mir ab und zu mal den Thomas, der schwere Sachen macht. Herrlich!«

Silvio führte mich durch die Kellergewölbe. Das Pfarrhaus war bis vor wenigen Jahren noch vom Dorfpfarrer bewohnt gewesen. Die Keller- und Erdgeschossräume rochen nach Steingruft, altem Holz, feuchtem Basaltgestein und Rauch, über den Boden lief eine Maus, unter den Decken flogen Schwalben, eine Holztreppe führte wieder hinauf in die Wohnräume. Im Treppenhaus lag ein Liederbuch der thüringischen Landeskirche von 1966, ein Erinnerungsstück an die jahrhundertelange Vergangenheit des Gehöfts.

Die evangelische Kirche war in Döhlen eine mächtige Großgrundbesitzerin gewesen, und sie beschäftigte hier am Pfarrgehöft Landarbeiter, die in den aus Lehm und Stroh gebauten Gesindekammern lebten. Im zwanzigsten Jahrhundert fuhr die Kirche ihr landwirtschaftliches Engagement zurück und konzentrierte sich auf die Verkündigung. Auf dem Pfarrgehöft gab es ein Bild aus der Zeit des Nationalsozialismus, auf dem das Konfirmandenzimmer zu sehen war mit zwei Porträtgemälden an der Wand: Adolf Hitler und Martin Luther.

Zweieinhalb Jahre zuvor hatte Silvio den Hof für achtzigtausend Euro von der Kirche gekauft. Als der Anruf kam, dass das Haus, für das sich Silvio schon länger interessiert hatte, zum Verkauf stünde, waren Catrin und Silvio gerade in Paris. Sie wollten nach Südspanien oder Marokko auswandern, doch der Bus, in dem sie unterwegs waren, passte nicht unter den französischen Brücken durch. Sie bekamen also den Anruf von der Landeskirche, ließen den Bus zurück und kehrten um. Auch ein Huskyzüchter und eine von Arbeitslosenhilfe lebende Großfamilie wollten den Pfarrhof erwerben, doch Catrin und Silvio bekamen ihn und mussten auf Wunsch der Kirche noch zusichern, in dem Gebäude keinen Swingerclub und kein NPD-Zentrum einzurichten.

Arbeiten konnte Silvio da schon nicht mehr. Er hatte einen guten Beamtenposten als Polizist gehabt, musste sich aber wegen seiner Krankheiten frühpensionieren lassen. Ihm war auf der Arbeit häufiger schwarz vor Augen geworden, er wurde dann erst vom Außendienst ins Büro versetzt und konnte dort die Augen kaum offen halten, so müde war er. »Schlaf doch mal«, hatten ihm seine Kollegen geraten, doch er konnte ja kaum noch schlafen.

An den nächsten Abenden brannten im Wohnzimmer Glühbirnen statt Kerzen, und es gab Aufschnitt vom Metzger und Supermarktkäse. Auf dem Tisch stand ein »Tetra Pak« mit Apfelmus. »Es schmeckt leider besser als unseres«, sagte Catrin.

Sie wollten aus dem Mittelalter kein Dogma machen. Heute

kauften sie auch noch Kleider von der Firma Leonardo Carbone, einem größeren Hersteller von alter Kleidung, der in Teilen der Mittelalterszene verpönt war, weil alles nicht authentisch genug sei.

»Irgendwann wollen wir unsere Kleider nur noch selber machen«, sagte Silvio. »Auch die Schuhe. Aber nicht nur Schnabelschuhe, auch normale.«

Noch nutzten sie Eimer aus Plastik und grüne Gießkannen vom Baumarkt, doch nach und nach rüsteten sie auf Holzeimer mit schmiedeeisernen Griffen um. Gerade suchte Silvio bei eBay nach alten Eichenfässern von Winzern. Solche Gefäße waren nicht einfach zu finden. Aber der Hauptgrund dafür, dass die Umrüstung dauerte, lag darin, dass sie sehr teuer war. Silvio sprach von kaum einem Thema lieber als von der Zukunft, die immer mehr wie eine Vergangenheit sein sollte, welche er selbst nur aus Büchern kannte, die von Autoren geschrieben waren, die wiederum diese Vergangenheit selbst nur aus Büchern kannten.

Die Wohnung, in der früher der Pfarrer lebte, war nicht mehr pietistisch karg, sondern derb mit Massivholz und rotbraunen Kacheln eingerichtet. In der Küche hingen an Ketten aufgezogen getrocknete Pilze, Knoblauch, Chili, Blüten, Würste, Räucherkäse. In seinem früheren Leben hatte Silvio Roßberg fast nur mit Fertigzutaten gekocht. Im Wohnzimmer, der alten Bibliothek, stand in einer Ecke die Uniform eines schwarzen Ritters. Die Ritterrüstung hatte ein spitzes Nasenteil wie ein Schnabel, in einem James-Bond-Film wäre darin der feindliche Agent versteckt gewesen, bald würde er sich drehen und schießen. Über dem Kamin hingen gekreuzte Schwerter.

Silvio Roßberg, siebenundvierzig, hatte eine Lehre zum Forstwirt gemacht, fand die Monokulturen im Großforst unerträglich, ging nach der Armee zur Polizei. Einmal, erzählte er unter den Blicken des Ritters, hatte er bei der Partei vorsprechen müssen, weil er von seinem dreizehnten Gehalt nur neunundneunzig Pfennig in kleinen Münzen an die SED gespendet hatte. »Aber ich war kein Regimegegner, kein Held«, sagte er. Er war ein DDR-Polizist, fuhr SED-Funktionäre oder den Polizeichef von Zeulenroda zur Jagd, fuhr sie zu Festen und zurück, als sie im Delirium waren, holte für die Herren in den Zentrallagern die besten Stücke Fleisch oder seltenes Obst wie Apfelsinen ab, er war in der ersten Reihe Zuschauer der Dekadenz der späten DDR-Elite und sagte, er habe den nahenden Untergang gespürt.

Kurz vor dem Ende der ostdeutschen Demokratie nahm er bei einer Leipziger und Jenaer Montagsdemonstration noch Demonstranten fest, wenig später wurde er in den Beamtendienst der deutschen Polizei übernommen und begleitete Geldtransporte, wurde Drogenfahnder. Mit neunzehn hatte er sein erstes Haus gebaut, fast allein, nach der Wiedervereinigung baute er ein größeres mit Fußbodenheizung, Fitnessraum, einem amerikanischen Poolbillardtisch, einem achtundsechzig Quadratmeter großen Wohnzimmer mit französischem Kamin und einer Etage für seine beiden Kinder. Jahre später wurde im Wald ein Blockhaus frei, weil sich der Vorbesitzer erhängt hatte. In dem Haus gab es keinen Strom- und Wasseranschluss, Silvio kaufte es und zog 2001 mit Kindern und Frau ein, sie lebten fast autark auf viereinhalb mal achteinhalb Metern, draußen stand eine Hütte für die Kinder.

»Ich hatte Sehnsucht danach, wieder mit der Flinte auf dem Rücken durchs Revier zu streunen, ich wollte einen Schlussstrich unter dieses Schneller, Höher, Weiter ziehen, ich hatte Sehnsucht nach der Natur«, sagte Silvio.

Neben der Arbeit gründete er den Freizeitpark Abenteuerland Thüringen, bot Truck-Safaris durch Thüringen oder Marokko für Manager an. Mit den Incentive-Reisen erlöste er manchmal mehrere zehntausend Euro an einem Wochenende. Er machte viel Sport, doch beim Marathon oder Mountainbike-Rennen begannen ihn plötzlich jüngere Kontrahenten zu überholen. Er war immer auf der Überholspur gefahren, aber nun wurde er überholt und wurde müde. Er bemerkte, dass in der Sportszene viele Bekannte immer härter gegen das Älterwerden ankämpften. Sie trainierten mehr und mehr, färbten sich die Haare und bräunten ihre Haut. Es reichte Silvio. Die Idee vom Landleben schien ihm als eine Rettung.

»Als ich erstmals ins Pfarrhaus reinkam, dachte ich: Hier bleibst du, und das wird deine Burg. Ich bin jetzt froh, dass ich hier bin und aus dieser Spirale wieder raus«, sagte er, »dass ich jedenfalls fast raus bin, denn manchmal kommt noch Post vom Finanzamt.«

Zum Glück konnte er seine Steuerschulden noch von einem gut gefüllten Konto überweisen. Denn mehr und mehr würde es in Zukunft nötig sein, dass die beiden weniger Geld ausgeben. Silvio bekam eine Rente in Höhe von siebenhundert Euro. Er wollte gern auf die Krankenversicherung verzichten, aber das war ja gesetzlich nicht erlaubt. »Ich bin schon krank, was soll ich dann noch mit einer Versicherung?«, sagte er. Catrin arbeitete drei Tage in der Woche als Mutter-Kind-Trainerin.

Sein Pensionärsdasein machte Silvio gelegentlich ein schlechtes Gewissen. Er wusste, dass die Nachbarn darüber sprachen. Er arbeite nicht und lebe vom Staat, wurde gesagt. Doch er würde gern mit den Gesunden tauschen, sagte er; dreitausendzweihundert Euro hatte er vorher netto verdient. Und jetzt tat ihm jeder falsche Schritt weh. In seiner Kraftsportlerzeit hob er hundertzwanzig Kilo schwere Gewichte. Heute konnte er kaum noch einen vierzig Kilo schweren Zementsack ziehen.

Vom Pfarrhaus aus führte eine überdachte Holzbrücke über den Bach. Kleine Fenster ließen Tageslicht herein. Im Januar war ein aufgeregter amerikanischer Professor vorgefahren. Er sagte, er wolle ein Buch über gedeckte Holzbrücken in Europa schreiben. Hundert hatte er bereits gefunden, dieses war die hundertunderste. Es waren nur noch wenige Wochen bis zum Andrucktermin, der Professor fotografierte die Brücke schnell, vermaß sie und fuhr wieder weg.

Catrin Roßberg, eine zierliche Frau mit blasser Haut, trug ihre blonden Haare hochtoupiert. Wir bauten am dritten Morgen gemeinsam ein Gemüse-Rondell, indem wir die Erde zum Schutz vor Schnecken mit gebrochenen Dachziegeln umsteckten.

Catrin hatte eine anstrengende Kindheit in Karl-Marx-Stadt, sie half ihrer Mutter bei der Kindererziehung ihrer Geschwister, weil ihr Vater vom Alkohol krank war. Jede Sommerferien besuchte sie ihre Urgroßeltern auf einem Bauernhof in Sachsen. Dort gab es Hasen, Enten, Bienen, einen Bach und eine Brücke. Einer ihrer Lehrer sagte früher mal zu ihr: »Lies das Manifest, doch lies auch die Bibel, aber sag niemandem, dass ich das gesagt habe.« Catrin las die Bibel, aber sie konnte keine Christin werden, wegen der unglaublichen Geschichten von der jungfräulichen Geburt und wegen der Inquisition, aber sie wurde auch keine Kommunistin. Als Catrin 2008 mit Silvio zum ersten Mal den Mittelalterhof betrat, glaubte sie den Ort gefunden zu haben, an dem sie alt werden mochte.

Der Anfang auf dem Hof war hart. Die beiden fuhren drei Lastwagenladungen Mist aus dem alten Pferdestall, viele Container Schutt und Müll aus dem Pfarrhaus. Silvio und Catrin waren anders ausgestiegen als Jörg Remus. Sie hatten ihre Wohnung nicht auf zwölf Quadratmeter verkleinert, sondern massiv vergrößert: Die drei Hofgebäude zusammen hatten rund tausend Quadratmeter Wohnfläche.

Vielleicht war der Ausstieg auf dem Mittelalterhof unvernünftig. Silvio war krank, und Catrin würde nicht viele Steine allein schleppen können. Kinder lebten keine mit ihnen auf dem Hof. Aber wichtiger als die Vernunft schien den beiden die Perspektive. In drei Jahren, zu seinem fünfzigsten Geburtstag, wollte Silvio alle Bauarbeiten erledigt haben und Landwirt sein dürfen.

Adam Smith, der Advokat der Arbeitsteilung, hätte diesen Hof einmal aus dem Jenseits besuchen müssen. Er hätte sehr gestaunt: Ein Ehepaar machte alle Arbeiten selbst, und es funktionierte. Vielleicht würde Smith seine positive Sicht der Arbeitsteilung im Jenseits revidieren wie Luther die Rechtfertigungslehre. Das Internet machte es einfach, Arbeiten selbst zu erledigen, die man früher nicht allein geschafft hätte. Ohne das Internet könnten Catrin und Silvio nicht ins Mittelalter zurückreisen; für alle Probleme gab es in den Foren Lösungen: Wie erkenne ich weibliches und männliches Entenküken? Wie baue ich einen Schafstall? Wie erkenne ich Schweinekrankheiten? Was tun nach dem Hochwasser? Wie repariere ich einen Ochsenpflug? Wie mache ich Holundermarmelade? Was tue ich, wenn im Pfarrhaus plötzlich eine Wand aufreißt? Improvisieren konnte Silvio zudem noch aus der DDR-Zeit sehr gut, in der es wenig Material gab, er nannte die Improvisation noch heute seine Stärke.

Meine Hände sind kalt, weil ich mich so klein fühle

Silvio suchte sich vor einigen Jahren neue Freunde, es waren Wahrsagerinnen, Bauchtänzerinnen und Ritter. Er fühlte sich in der Mittelalterszene wohl, auch weil sie ihn an seine Marokkoreisen erinnerte. Dort ist es ja wie bei uns vor fünfhundert Jahren, dachte er, als er durch die Altstädte von Fes oder Casablanca ging, und in Thüringen bekam er Fernweh nach dem Orient, nach dem Mittelalter.

Er erzählte von Marokko und geriet in leicht entrückte Begeisterung über Tröten, Trommeln, Gewürze, Muezzins. Ausgerechnet im protestantischen Pfarrhaus soll nun auch Thüringen fantastischer, archaischer, mystischer werden, wenn auch ohne Muezzin. Der kranke Waldmensch Silvio war vom Orient so begeistert wie die Künstler der Jahrhundertwende.

Am letzten Mittag, bevor ich abreiste, war ich bei dem anderen Pärchen eingeladen. Ich hatte den Termin vergessen, und die Frau des anderen Pärchens holte mich aus Silvios Ritterzimmer ab. Die beiden hatten einen Brunch vorbereitet. Ich merkte mir ihre Namen nicht, also nenne ich sie *»er«* und *»sie«*.

Die zwei hatten sich eines der vielen freien Zimmer zu einem Kuschelnest ausgebaut. Im Raum, der klein war wie ein Kinderzimmer, lagen zwei Matratzen. Der Tisch war mit Kuchen, Brot, Frischkäse, Avocado und Prosecco gedeckt. *Er* hatte Charisma, seine blauen Augen funkelten, sein Haar war braun und fast schulterlang. *Er* trug eine grüne Strickweste. *Sie* war achtundvierzig, sechs Jahre älter als *er* und frisch geschieden. *Sie* bezog Unterhalt von ihrem früheren Ehemann. Beide waren nicht mehr werktätig.

Sie erzählten mir von ihrem gemeinsamen inneren Weg, der seit einigen Monaten in Form einer Suche nach Gemeinschaft andauerte. Sie suchten eine spirituelle Lebensgemeinschaft, diese hier war ihnen aber nicht spirituell genug und auch zu wenig Gemeinschaft, bald würden sie weiterreisen mit ihrem Wohnmobil und weitere Gruppen kennenlernen. In der Gemeinschaft, so verstand ich seine Schilderungen, wollten sie immer weiter zurückreisen in ihre inneren Verletzungen, die sie so zu heilen gedachten. Sie wollten ihr Leben wohl der Schmerzerkennung und -bewältigung widmen. Sie unternahmen für sich und mit anderen Menschen innere Reisen in die Kindheit, ins Säuglingsstadium, in die Embryonalphase, in frühere Leben. Wer dies mitmache, erinnere sich konkret an die Situationen und an die Schmerzen, sagte *er*: »Daran, wie der Vater seinem Sohn im Popo gebohrt habe, daran, wie die hassende Mutter den Säugling im Kissen ersticken wollte, an den schmerzhaften Ultraschall im Mutterbauch.« (*Sie* und *er* glaubten, Ultraschall bereite Kindern unglaubliche Schmerzen und könne sie sogar töten, und dies komme aus Amerika, und das sei auch im Internet nachzulesen.)

»Schmerz lindern«, »Leid lindern«, »Hysterie lindern«, sagte *er* wiederholt. Als ich fragte, was *er* mit »Hysterie« meine, stieß *sie* völlig unvermittelt einen schrillen Schrei aus. Ich zuckte zusammen; es war wohl schlimmer als ein Ultraschall, und ich hielt es für einen guten Plan, dass die beiden ihre Hysterie lindern wollten. Ich fühlte mich in dieser Dreierrunde immer beklemmter, schnitt eine Scheibe Avocado ab, lutschte sie und blickte auf mein hölzernes Essbrett, derweil *er* mir alle paar Minuten mit tiefem Blick in die Augen mitteilte, ich wirke sehr beklemmt, woraufhin ich mich noch beklemmter fühlte. Mein Zahn schmerzte. *Er* sagte, *er* suche eine Gemeinschaft zum Toben, Lieben, Streiten, eine Gemeinschaft von Menschen, die ihre innersten Verletzungen gemeinsam erkennen und aufarbeiten. Und das nicht »Psychose« nannten, sondern es zuließen und sich heranwagten an ihre Wunden, um sie versorgen zu können. (So ungefähr hatte es Foucault auch geschrieben, und theoretisch leuchtete mir ein, dass man die anderen nicht zu schnell wahnsinnig nennen sollte, aber jetzt wäre ich gern einfach gegangen.)

Dann, wenn die Wunden geöffnet seien und versorgt würden, sei wieder Leben möglich, spontan, wild, intuitiv, wie die Kinder. *Sie* strahlte ihn voller Bewunderung an. *Sie* tat mir leid. So eine Reise in die bodenlose Tiefe der Innerlichkeit, die totale Subjektivität, die Realität des Traums konnte nicht gut enden. Vor der Leere der bürgerlichen Angepasstheit zu fliehen, vor »Nietzsches koketten Wanzen, die so lange nach dem Unendlichen riechen, bis das Unendliche nach Wanzen riecht« (Ernst Bloch), war respektabel, aber alle Fesseln der Vernunft abzulegen schien mir nicht als ein attraktiver Weg.

»Ach ja: Hast du schon mal ’ne Ameise gegessen?«, fragte *er* mich plötzlich und fixierte die Tischplatte.

»Nein.«

Er tippte mit seiner benässten Zeigefingerkuppe auf eine Ameise, die in Richtung Kuchen krabbelte, las sie auf und steckte sie sich in den Mund. Er kreiste den Unterkiefer, schaute konzentriert und schluckte. »Schmeckt säuerlich, nach Zitrone.« Draußen im Wald, sagte *er*, habe er auch schon mal Ameisen gegessen, die süß geschmeckt hätten, vom Harz.

»Na klar, süß vom Harz«, sagte ich und fühlte mich noch beklommener. Ich wirke immer noch beklemmt, aber jetzt habe er gesehen, dass ich innerlich mitgelacht habe, sagte *er* in seiner aufmerksamen Aufdringlichkeit.

Bald würde ich einen Bandscheibenvorfall erleiden, sagte er weiter, denn ich machte mich immer zu klein. Ich hätte mir eine freundliche Maske aufgesetzt, doch im Inneren sei ich böse und verstockt, denn ich würde meine Verletzungen nicht kennen. Ich hätte übrigens während des Gesprächs aus diesem Grund kalte Hände und Füße gehabt (das hatte ich zwischendurch erwähnt). Mein Körper, sagte *er*, durchblute nicht bis in die Spitzen, weil ich mich für so klein halte.

Als wir unsere E-Mail-Adressen austauschten, fragte *er* seine Freundin nach der Schreibweise ihres Namens. *Er* hielt in der einen Hand einen Kugelschreiber und in der anderen einen Zettel und starrte lange auf diesen. *Er* schrieb langsam, Buchstabe für Buchstabe. Er wusste nicht, wie man das @ schreibt, und kritzelte stattdessen irgendwas Seltsames hin. Er stockte lang, nachdem er das @ improvisiert hatte.

»Mann, ist das schwer, zwischen den Sphären umzuschalten«, sagte *er*.

»*Er* ist zu achtzig Prozent Seelenmensch«, sagte *sie*.

»Danke, auf Wiedersehen«, sagte ich.

Ich fühlte mich zwei Köpfe kleiner als vor dem Gespräch und wunderte mich nicht darüber, dass sich Silvio, Catrin und dieses Pärchen nicht lang verstanden, wunderte mich aber darüber, dass sie sich überhaupt mal verstanden hatten. Bei den Hausherren war sicher der starke Wunsch nach Gemeinschaft die Ursache, nach Menschen, die ihren Weg ins Mittelalter mitgingen. Silvio entschied sich dann aber, die beiden darum zu bitten, nach einer neuen Gemeinschaft zu suchen, als *er* immer nachdrücklicher die Einführung der freien Liebe auf dem Pfarrgehöft Döhlen forderte, da ohne diese keine freie Reise zu den inneren Verletzungen möglich sei. Das wollten aber weder Silvio noch Catrin mitmachen. Und was mich anging: Entschuldigen Sie, Herr Foucault, auch ich hatte nach dieser Begegnung für den Moment wieder keine Lust mehr, mich für den Wahnsinn der anderen zu interessieren.

Die Gurkenmagnolie warf in der Abendsonne ihren Schatten auf die Sandsteinmauern des Gesindehofs. Der Schatten der geschwungenen Äste sah aus wie ein Scherenschnitt aus der Jugendstilzeit, wie eine florale Träumerei. Schmale Haselnussäste sprossen aus Baumstümpfen heraus wie Schlangen aus dem Hut eines Schlangenbeschwörers. Ein bisschen Orient war schon da.

Bevor ich weiter in Richtung Bayern reiste, sah ich das andere Pärchen über den Innenhof in Richtung Ausgangspforte gehen. Sie waren zu einem ritterlichen Geburtstagsfest eingeladen.

»Bis im nächsten Leben«, sagte *er* und guckte ernst zu mir herüber, »man sieht sich immer zweimal.«

Es klang wie eine Drohung. Silvio fuhr mich kurz darauf zum Bahnhof.

KAPITEL 9

Heidelbeeren aus der Oberpfalz

In der nördlichen Oberpfalz regnete es, und es war immer noch kalt wie im April, obwohl heute der Juni begann. Ich stieg in einem Dorf aus, das die Hoffnung auf den Sommer aufgegeben hatte, und neben dem Bahnhofsgebäude stand ein alter roter Audi. Darin saß ein Mann, der mit seiner schwarzen Lederjacke, schulterlangem Lockenhaar und Schnauzbart aussah wie Richard Les Holroyd von Barclay James Harvest. Ein zeitreisender Rockstar aus den siebziger Jahren. Er winkte mir kurz zu, es war mein nächster Patient. Dafür, dass er es war, sprach auch, dass die Buchstaben seines Autokennzeichens seinen Initialen entsprachen, aber ich sollte weder seinen richtigen Namen noch den seines Wohnorts nennen.

Ich stieg ins Auto, einen Audi 80, eine Zeitmaschine. Sie fuhr los, Baujahr sechsundachtzig, außen weinrot, innen beige. Im Auto roch es nach Leder und kaltem Rauch. Sitzbezüge und Armaturenbrett waren im Farbton von hellem Milchkaffee bezogen, auf der Rückbank lagen Lautsprecherboxen, im Handschuhfach eine offene Packung Schwarzer Krauser.

Frank zündete sich eine Selbstgedrehte an, und der Geruch von kaltem Rauch verwandelte sich in den von warmem. Das waren Reisegerüche aus der Kindheit: Audi 80, Zigarettenqualm. Frank kurbelte das Schiebedach auf. Wenn der Wagen über ein Schlagloch fuhr, setzte das linke Vorderrad hart auf, die Feder war gebrochen. Der Wagen war im Zerfall begriffen, sein Fahrer hingegen wirkte jugendlich.

Aber Frank wirkte reserviert. Er sprach kein Wort mehr als nötig. Er sah aus wie ein harter Rocker, aber seine Gesichtszüge waren weich, seine Lippen schmal wie die eines Mädchenmundes. Wir fuhren bei einer Konditorei vorbei, um Kuchen zu kaufen. Da wolle er nicht rein, ich solle gehen, das Publikum sei darin immer sehr bürgerlich, sagte Frank. Dabei war er mit dem Konditor selbst gut bekannt. Er gab ihm im Sommer Blaubeeren für seine Torten. Davon hatte er viele, denn Frank lebte von einem Heidelbeerfeld. Die Erntezeit dauerte wenige Wochen, doch das Geld, das er für die Beeren bekam, genügte ihm fürs ganze Jahr. Er wollte nur aus diesem Grund namentlich nicht genannt werden: damit die Nachfrage nach seinen Blaubeeren nicht noch größer werde. Denn schon jetzt konnte er kaum so viel liefern, wie bestellt wurde.

Mit zwei Stücken Marzipantorte auf der Fußmatte fuhren wir weiter. Nach ein paar Kilometern parkte die Zeitmaschine auf einem Graswall. Von hier aus blickte man weit über eine Ebene, weit hinten zeigte sich ein Bergkamm des Steinwalds als grauer Schatten.

Wir spazierten um einen Karpfenteich herum durchs feuchte Gras, Franks Lederstiefel ließen das Wasser abperlen. Dann gingen wir in sein Haus, das von der Straße zurückversetzt lag und sich hinter Büschen und Sträuchern versteckte. Es stand frei in der Landschaft und hatte den Anschluss zum Dorf fast verloren.

Im Untergeschoss hatte Franks Haus drei Zimmer, die kaum genutzt wurden. Sie waren eine verlassene Welt aus den fünfziger Jahren mit einem holzfarbenen Plastikfußboden, der sich wellig löste, und mit Decken, die ihren Putz verloren. Ein bröckelndes Christusbild hing an der Wand. Alles zerbröselte. Den zweiten Raum hatten eine Gruppe dänischer Holzstühle und Spinnweben für sich. Hier hätten vor wenigen Jahren zwölf polnische Erntehelferinnen zugleich gearbeitet, sagte Frank, als sein Bruder in der Nähe noch ein Erdbeerfeld betrieben hatte. Das lief nicht so, aber mit den Polinnen hätten sie viel Spaß gehabt. Hier lagerten jetzt ein paar Säcke mit getrockneten Blaubeeren der Sorten Blue Crop, Duke und Elisabeth. Frank griff in einen Sack, ließ die Früchte durch seine Finger rieseln und aß die Beeren, die auf der Handfläche liegen blieben.

»Gut gegen Verdauungsstörungen«, sagte er. »Es ist einfach eine sympathische Frucht. Wenn sie da ist und der Mensch sie sieht, dann wird er gierig danach.«

Im dritten Zimmer stand mein Hochbett. Frank nannte es »das Polenbett«. Die Matratze war weich wie ein Camembert, der Bettbezug bunt, mit Pferde- und Strichmännchenmotiven. Ich hatte nicht den Eindruck, dass er schon einmal gewaschen worden war. Auf der oberen Hochbettliege konnte niemand mehr schlafen, bis unter die Decke stapelten sich Pappkartons für den Heidelbeertransport im Herbst. Tomaten und andere Pflänzchen streckten von der Fensterbank aus ihre grünen Ärmchen in Richtung Tageslicht.

In einem nahe gelegenen Dorf hatte es in den achtziger Jahren einen Amoklauf gegeben. Es gab Tote, und es stand ganz vorn in der *Bild* Zeitung. In ganz Deutschland sprach man darüber, im Dorf bis heute kein Wort, erzählte Frank und lachte spöttisch.

Eine Wendeltreppe führte weiter in diese Junggesellenwelt. Der raue Teppich roch in Kombination mit dem Treppenholz nach den siebziger Jahren. Vor dem Treppenaufgang war ein

Klozimmer, dessen Decke durchgebrochen war, aus den Tiefen der Bausubstanz schimmelte es schwarz.

»Das ist dein Scheißhaus«, sagte Frank. »An einer Stelle drückt das Wasser durchs Dach, aber nur bei Westwind.«

Frank bewohnte eigentlich nur ein Zimmer im Obergeschoss, das war moderner eingerichtet, frühe neunziger Jahre. Darin standen zwei Betten, ein Sessel, ein Glasschreibtisch, ein Computer, eine Stereoanlage und viele Bücher über den Nationalsozialismus. Wir setzten uns hin, aßen den Kuchen und sprachen viereinhalb Stunden über Heidelbeeren, die Oberpfalz und den Protestantismus.

Auf die Idee, Heidelbeeren zu züchten, war Frank gekommen, als sein Bruder noch das Erdbeerfeld hatte. Die Erdbeere war ihm aber zu kompliziert, ihre Qualität hing stark vom Wetter ab, sie wurde, wenn sie reif war, zu schnell matschig. Er las Bücher über verschiedene Beerensorten, entschied sich für die Heidelbeere, die unkomplizierteste Frucht, die lang frisch blieb, auch wenn sie schon erwachsen war. Er kaufte für mehrere tausend Euro fünfhundert Büsche, Sägespäne und Hackschnitzel, von einem Winzer einen alten Weinbergtraktor und legte die Plantage an. Zwei Jahre später – das lag nun vier Jahre zurück – war das erste Erntejahr. Er verkaufte die Beeren an Bioläden aus dem Umkreis von Weiden bis Bayreuth.

Ein Schälchen kostete im Geschäft vier, fünf Euro, und die Leute zahlten so viel, weil die Beeren aus der Region kamen. Die Erntezeit dauerte höchstens zwei Monate. Den Rest des Jahres machte die Plantage so gut wie keine Arbeit. Die Blaubeeren waren für Frank fast wie ein bedingungsloses Grundeinkommen. Im vergangenen Winter arbeitete er gar nicht, im Frühjahr ein wenig, jetzt im Juni war wieder kaum etwas zu tun, die Beeren wuchsen einfach so. Im Winter schnitt er wenige Tage lang das abgestorbene Holz von den Büschen, gelegentlich erneuerte er den Mulch oder düngte die Heidelbeersträucher mit Haarmehlpellets aus Schweineborsten. Im Juni musste er zwei Wochen Unkraut jäten.

»Man geht raus, wenn schönes Wetter ist und wenn man Lust hat«, sagte er. Heute war kein schönes Wetter. »Ich mache immer das, was mir gerade in den Sinn kommt«, meinte Frank. »Mit Leuten, die jeden Tag in die Firma gehen, abends nach Hause kommen und sich um zehn schlafen legen, kann ich nichts anfangen.«

Am frühen Abend klingelte dann das Telefon, Frank sprach kurz, legte auf und sagte: »Der Emmi ist heut ein Hecht in die Pfanne gehüpft.« Die Aussicht auf ein Abendessen war erfreulich, denn Franks Kühlschrank war leer.

Um halb elf abends, es war schon dunkel, fuhren wir los und kamen in einem winzigen Dorf an. Es hatte vielleicht zehn Häuser. Emmis Stube war großzügig geheizt, über dem Küchentisch hing ein Holzkreuz, neben der Tür ein Weihwasserbecken, auf einem Eckbrett darüber standen Bronzefiguren und Heiligenkerzen. Dass Frank so spät zum Essen kam, schien normal zu sein. Emmi, eine runde kleine Frau um die siebzig, die die Mutter eines guten Freunds von Frank war, stand noch am Gasherd. Ihr jüngster Sohn, der vierzig war und anders als seine älteren Brüder immer noch bei seiner Mutter lebte, holte Apfelwein. Er brachte ihn in einer Kaffeekanne herein. Wir tranken den selbstgekelterten Apfelwein. Emmi brachte den Hecht, der einen Paprikamantel trug.

Das Land war reich an regionalen Kulturen: kulinarisch, architektonisch, sprachlich. In Deutschland fuhr man zwei Stunden und kam in einer in vielen Nuancen anderen Welt wieder an. Der Träger dieser Merkmale war wohl vor allem die ältere Generation. Die Konsumkultur bedrohte vermutlich die Artenvielfalt.

Emmis Sohn brachte selbstgebrannten Apfelschnaps. Seit seinem vierzigsten Geburtstag vor einigen Wochen, beklagte das Nesthäkchen, verspüre er unangenehmen Schleim im Hals. Der Apfelbrand helfe, sagte er und trank derer mehrere. Frank las den *Neuen Tag*, die Lokalzeitung. Immobilien-, Todes-, Aldi-Anzeigen. Das Nesthäkchen lallte. Die erzkatholische Mutter saß nun, nachdem sie den Hecht abgedeckt hatte, auch am Tisch. Sie blickte ihren Sohn streng an und sagte, er solle sein Trinken mäßigen. Frank hielt die Zeitung noch etwas höher. Eine große Spinne krabbelte über den Fliesenboden.

Die Mutter klagte in einem bayerischen Akzent, der kaum mehr zu verstehen war, darüber, wie sehr die Milchbauern wieder über den Milchpreisverfall klagten.

Frank nahm die Zeitung kurz herunter und sagte: »Die bauen ihre Ställe aus und aus, weil der Bauernverband sagt: ›Macht das, dafür gibt es Fördergeld‹, und dann haben sie die Ställe und die Rinder und viel zu viel Milch, das läuft völlig am Markt vorbei. Emmi, wieso sagst du wieder: ›... die armen Bauern‹?«

»Jo«, sagte die Mutter und lächelte mütterlich, doch mehr sagte sie nicht.

Ihr Sohn holte die vierte Kaffeekanne Apfelwein: »Letzts Joar wor er besser, is zu fui Zitrone dran.«

Frank drehte sich noch eine Zigarette und las weiter. Obwohl er keinen Zweifel daran ließ, dass ihm etwas an dieser Welt nicht gefiel, war er mehrmals in der Woche bei Emmi zum Essen. Die beiden schienen das typische Mutter-Sohn-Verhältnis aus den siebziger Jahren zueinander zu haben. Emmi bekochte ihn, er kam, um sich bekochen zu lassen und um provozierende Pfeilchen abzuschießen, die den zufriedenen katholischen Elefanten zum Wanken bringen sollten, aber die an der dicken Haut der Mutter abprallten.

Wir fuhren nachts um drei ungeheuer langsam über einen Waldweg nach Hause. Hier gab es keine Alkoholkontrollen, und es war die kürzeste Strecke. Ein Reh ging langsam über den Weg und blieb im Scheinwerferlicht einen Meter vor uns stehen.

»Ach, der schon wieder«, sagte Frank. »Ich kenne hier bereits jedes Tier.«

Um halb fünf gingen wir ins Bett, das war Franks normaler Rhythmus.

Um zwanzig vor eins frühstückten wir Kaffee, harte Semmeln von vorgestern, Blauschimmelkäse. Das Thermometer zeigte neun Grad an. Frank hatte Rachmaninows »Toteninsel« aufgelegt, apokalyptisch brummten die Geigen.

»Mein Verstärker ist ein Geschenk Gottes, der läuft seit 1970«, sagte er.

Bayern 5 sendete später den Börsenbericht: Credit Default Swaps von Italien weiter verteuert, Schuldenkrise spitzt sich zu, Dax verliert.

Frank sagte verschwörerisch: »Sehr volatil, sehr volatil.« Sein Geld hatte er als Altersvorsorge in Aktien gesteckt.

Bezahlen mit Blaubeeren

Franks Arbeitssaison begann im August und endete im September, dann musste auch er früh aufstehen und seinen Rhythmus an den seiner Kunden anpassen. In diesen Erntewochen war der Sonntag Pflücktag. Die Beeren hielten sich eine Woche lang.

An den Wochentagen fuhr er um sechs Uhr morgens bis zum frühen Nachmittag mit seinem roten Audi die Beeren zu den Kunden. Beim Pflücken halfen ihm Bekannte und Nachbarn. Dafür bekamen sie Heidelbeeren. Und Frank half ihnen im Herbst bei der Karpfenernte oder beim Apfelmostmachen. In der Konditorei trocknete er die Heidelbeeren, die er nicht frisch verkaufen konnte, mit der Restwärme des Ofens. Dafür bekam der Bäcker Blaubeeren. Eine Schnapsbrennerei tauschte Blaubeerschnaps gegen Blaubeeren.

»Blaubeeren sind meine Währung«, sagte Frank.

Diese Ökonomie war eigentlich auch ein Tauschring wie der in der Uckermark, aber sie nannte sich nicht so, sie war keine progressive, sondern eine altmodische und theorielose Tauschwirtschaft.

Er benötigte wenige hundert Euro im Monat. Er tankte steuersparend im nahen Tschechien. Am teuersten war das Heizöl. Um sich auch das zu sparen, wollte er vom kommenden November an in Australien überwintern. Der Hin- und Rückflug wären günstiger als das Öl, das er im Winter verbrauchen würde, und dort gebe es gute Jobs in der Landwirtschaft.

Franks Vater war Agraringenieur und leitete in dieser Gegend die Landwirtschaftsbetriebe der Großgrundbesitzer. Er war ein protestantischer Bildungsbürger, konservativ und angesehen in der katholischen Gegend, auch deshalb, weil die Familie im Schloss der Barone leben durfte. Als Kind arbeitete Frank in den Sommerferien mit seinem Vater oder mit den angestellten Landarbeitern draußen auf den Feldern. Als Teenager hörte er Zappa und Deutschrock, begann nach dem Abitur ein Geologiestudium, brach es ab und fuhr mit seinem VW-Bus an mediterrane Küsten. Er wollte immer lieber in der Natur arbeiten als in einem Unternehmen, denn er fürchtete

Hierarchien, Abhängigkeiten und Mobbing. Er baute also an Schweineställen mit, arbeitete mit dem Förster, als Erntehelfer und als geologischer Laborant in einem Tiefbohr-Unternehmen.

»Ich habe mich noch nie im Leben irgendeiner Firma angedient. Wer verlässliche Arbeit macht, ist auch so gefragt, das spricht sich herum«, sagte er.

Deswegen hatte er einen Groll auf Frührentner und jammernde Arbeitslosengeld-Empfänger wie auf die ganze Sozialstaatslobby. Er bezeichnete sich als einen Sozialdemokraten, der sich um die Sozialdemokratie sorgte.

»Die ganzen CSU-Wähler hier, die mit dreißig und vierzig Jahren immer gesagt haben: ›Alle, die nicht arbeiten, sind faul und Schmarotzer‹, sind jetzt mit fünfzig in Frührente«, echauffierte er sich.

Franks Stimme klang aufgeregt. Diese Leute provoziere er gern an den Stammtischen. Er war der Bad Boy in einer satten, untergehenden Bürgerwelt. Ja, aber der Rücken schmerze schon sehr, entgegneten die Leute Frank dann. Frank selbst hätte als Geringverdiener Anspruch darauf, sein Einkommen um ein paar hundert Euro Wohngeld im Jahr aufzustocken, aber er verzichtete darauf.

Nach dem zwei Stunden langen Frühstück fuhren wir am Nachmittag auf den Flugplatz der Stadt Weiden, um einem Freund bei der Arbeit zu helfen. Die Straße kurvte durch Dörfer, die aussahen wie Franks Dorf. Die nördliche Oberpfalz war eine weite und schöne Landschaft, aber auch eine kühle. Man sah der Natur und den Häusern an, dass die Winter hier im Osten härter waren. Die massive Steinbauweise der Häuser ließ die Dörfer aussehen wie Festungen.

Franks Freund, der schon mit einem Traktor über den Flugplatz fuhr, war auch Lebenskünstler. Er hatte von der Stadt den Auftrag, den Rasen auf dem Flugplatz zu mähen, wir halfen. Ich fuhr von zwei bis neun Uhr abends mit einem John-Deere-Rasenmäher über den Platz, dann kehrten und trugen wir das Gras zusammen, bis meine Arme nicht mehr konnten und eine Zecke an meinem Bein saugte. Den ganzen Tag hatte es nur ein Snickers zu essen gegeben.

Um kurz vor zehn saßen wir dann wieder in Franks Zimmer, ich hatte Hunger, Frank saß am Computer und guckte nach Autoinseraten und Aktienkursen. Er war schlank, er brauchte wohl nicht viele Nährstoffe.

»Ich habe wirklich großen Hunger«, sagte ich.

»Ja, ja, das Landleben ist hart«, lautete Franks Antwort.

Ich ging hinunter in den Polenraum und griff tief in den Sack, in dem die getrockneten Blaubeeren lagerten, stopfte mir den Mund voll und aß, es schmeckte staubig und süß. Die Beeren waren leicht wie Styroporkügelchen.

Am Abend war im Nachbardorf ein Fischerfest, nachts, als viele der gewöhnlichen Leute schon wieder nach Hause gingen, fuhren wir hin. Sein Tagesrhythmus trennte Frank von seiner Umwelt, so wie sein Äußeres – und wie sein Inneres. Alles trennte ihn, aber er gehörte fest dazu. Er kannte jeden.

Um 23.00 Uhr erreichten wir das Bierzelt, ich aß drei Nackensteak- und ein Heringsbrötchen. Die Blaskapelle spielte noch, Maßkrüge wurden aneinandergeklatscht, die Dorfjugend lief rein und raus und trug an ihren Haferlschuhen und Sneakers den Matsch vom Vorplatz ins Zelt. Frank redete mit diesem und jenem, ich hatte den Eindruck, dass er bei den über Vierzigjährigen ein Frauenschwarm war. Er stellte mir hinten am Stehtisch zwei seiner Schulfreunde vor. Sie waren grauhaarig und bieder gekleidet, einer Lehrer, einer Diplomat im Ausland. Sie sahen aus wie alte Männer und Frank wie ein Zeitreisender, jetzt erst verstand ich, wie alt er schon war.

Das Bierzelt war mit Transparenten der Schlossbrauerei geschmückt. An unserem Tisch saß die späte Bohème des südlichen Steinwaldes: ein Tätowierer aus dem Dorf, der Diplomat, eine neununddreißig Jahre alte Frührentnerin, Frank und wie am Vorabend der Sohn von Emmi, das Nesthäkchen. Die Kapelle spielte nicht mehr, doch ein Musiker stand noch einmal auf und blies einen Marsch auf der Trompete. Betrunkene Jugendliche feierten ihn.

Gegen halb zwei waren wir die letzten Gäste. Die Frührentnerin erzählte ihre Krankengeschichte, der Tätowierer trank einen tiefen Zug und kotzte die zuvor aufgenommene Flüssigkeit quer über dem Biertisch wieder aus.

Der Diplomat erzählte eine Geschichte, die vor einiger Zeit in Berlin passiert sei: Die Leiche einer einsamen Frau sei erst Jahre nach ihrem Tod in ihrer Wohnung aufgefunden worden, aber nur deswegen, weil sich schon so viele Werbeprospekte in ihrer Küche gestapelt hätten, in die der Briefkastenschlitz mündete, dass die Werbeboten keine Gratiszeitungen mehr hätten einwerfen können.

Wir alle lachten, wir alle waren kinderlos.

Ich schlief schon viele Nächte auf ranzigen Matratzen, und ich schlief so gut, dass das kein Matratzenverkäufer glauben würde.

Am dritten Tag fand das Frühstück um 13.40 Uhr statt, es begann mit sehr harten Blauschimmelsemmeln und einer Diskussion über den Katholizismus. Der Protestant Frank regte sich gern über die Katholiken auf. Neben seinem Bett stand aber eine Ikone, ein Geschenk seiner Eltern zu seiner Konfirmation. Er sei überzeugter Protestant, sagte er, auch wenn er nicht bete, gehe er in die Kirche. Über den göttlichen Papst, die perversen Strukturen des Zölibats, die degenerierten Priestertypen hier auf dem Land ärgerte er sich aber nur deshalb so viel, weil er um all diese Institutionen fürchtete. Er hoffe, dass die sogenannten Volksreligionen als integrierende Kraft der Gesellschaft bestehen blieben, sagte er: »Kirchenaustritte sind nichts, worüber wir uns freuen sollten.« Eigentlich hätte er als Redner jederzeit gut auf dem politischen Aschermittwoch der CSU auftreten können.

Unser nächstes Thema war die gute alte Sozialdemokratie, die schlechte neue und dann die Oberpfälzer. Frank sagte über sie, er sei oft traurig, weil es mit ihnen wenig Kommunikation gebe. Mit Menschen, die seit Jahrzehnten aufgehört haben zu denken. Wenige seien anders, wie sein guter Freund. Frank schätzte wiederum den Humor, die Bodenständigkeit und den Dialekt der Oberpfälzer, doch er verachtete ihre geistige Trägheit. Sein Leben war ein jugendlicher Protest. Frank ging auf die fünfzig zu.

•

Um 18.30 Uhr begann dann der Arbeitstag. Zehn Grad, bewölkt, der Sommer fiel wohl aus.

Wir gingen auf die Plantage, um zu arbeiten. Zwei Stunden, bis es zu dämmern begann, jäteten wir Unkraut. Ich war für Reihe zweiundzwanzig zuständig. Nacktschnecken, Erdgeruch, Nieselregen, Ampfer, Disteln, Schachtelhalm, Pilze im Mulch, Rücken und Knie schmerzten abwechselnd, je nachdem, ob ich mich zum Unkraut herabbeugte oder in die Knie ging. Frank sagte, seine Kniegelenke zwickten nicht mehr, er sei an diese Arbeit gewöhnt. Aber er nutzte, während ich durch Reihe zweiundzwanzig krabbelte, selbst ein Greifgerät, mit dem er kerzengerade stehend bequem die Unkräuter aus dem Mulch riss.

Das Modell Frank & Emmi

Die Sonne ging unter. Frank hatte die Idee, am letzten Abend noch einmal Emmi zu besuchen. Wir fuhren durch den Wald, hielten vor Emmis Haus, doch sie hatte nichts gekocht. Im Dorf gab es ein Vereinsheim, wir gingen hinein. Fünf Männer spielten Karten, tranken Zoigl – das landestypische untergärige Bier – und hatten einen so starken Akzent, dass ich in ihrer Sprache nichts Vertrautes erkannte. Präparierte Hechte hingen an der Wand. Auf unseren Tellern lag Wurstsalat.

Emmi aß, und Frank geriet in Rage: »Die hassen hier Veränderungen und wollen einfach nicht wahrhaben, dass sich alles rasant wandeln wird. Ich leiste hier Basisarbeit und kläre das dumme Volk auf, das so erschreckend uninteressiert ist.« Deswegen, sagte er, bleibe er hier, er sei Patriot. »Wir haben unseren Wohlstand unseren Vätern und den geistigen Größen des Landes zu verdanken, und deshalb darf man jetzt nicht einfach sagen: ›Die Zeiten werden härter, ich bin dann mal weg.‹ Das ist schäbig, es gibt da eine Verpflichtung … Notfalls würde ich sogar zur Waffe greifen, um uns zu verteidigen«, sagte der Heidelbeerzüchter.

Emmi nickte und aß zufrieden. Vielleicht würde das Modell Frank ohne die Emmis, die sich selbst zurücknehmen und den Jugendlichen mal einen Hecht kochten, nicht funktionieren.

Frank, der nicht aus Prinzip am Existenzminimum lebte, sondern aus Prinzip nicht viel arbeitete, hatte kürzlich eine zweite Wiese gepachtet. Er wollte künftig die Aroniabeere in die Oberpfalz bringen. Sie kam aus Nordamerika, war frostresistent und wirkte blutdrucksenkend. Ein Anti-Aging-Effekt galt als erwiesen, die Beere der Zukunft. Darauf war er gekommen, weil die Zeitschrift *Naturheilpraxis* darüber geschrieben hatte. Er gab mir den Artikel zu lesen, darin stand: »Immer wieder zeigt uns das Leben, dass das Unscheinbare, weniger Beachtete oft das ist, worauf es ankommt.«

Frank holte eine Flasche Aroniabeerensaft aus der Küche: »Hier, probier mal.«

Er öffnete die Flasche, und es zischte tüchtig.

»Oh, letzte Woche war der noch gut.«

Er roch an dem Saft und trank den Rest aus der Flasche.

KAPITEL 10

Mit dem Gaukler von Telgte im Odenwald

Jörg von Winterfeld lebte seit einigen Monaten in einem Zirkuswagen. Der Wagen stand an einer Bahnstrecke in der Nähe von Münster. Das Dach und der chromglänzende Schornstein des Wagens schauten über einem brennnesselbewachsenen Erdwall hervor. Ein Zug rauschte vorüber, die Waggons schimmerten durch die Äste. Ich ging um den Wall herum und sah nun den ganzen Wagen. Er war bunt und fröhlich und hatte eine Terrasse, auf der Jörg von Winterfeld saß und sein Gesicht in Richtung Sonne hielt.

Jörg von Winterfeld hatte kurzgeschorenes Haar, er war ein großer, hagerer Mann mit etwas grobporiger Haut. Tags darauf wollten wir gemeinsam zu einem Mittelalterfest im Odenwald fahren, wo Jörg als Magister von Winterfeld auftreten würde. Der war er fast an jedem Wochenende: ein mittelalterlicher Gaukler und Minnesänger. Diesen Beruf hatte er schon seit zwanzig Jahren, und bald wollte er parallel eine neue Karriere als Liedermacher beginnen. Er übte dafür seit einigen Wochen Akkordeon.

Er machte Kaffee. Das dauerte eine halbe Stunde, denn Jörg von Winterfeld hatte eine neue Kaffeemühle. Ein einfaches Gerät aus Plastik, in das man eine Handvoll Bohnen füllte, mehr passte nicht hinein. Und dann musste man kurbeln. Das billige

Mahlwerk schluckte mühsam Bohne für Bohne. Der Gastgeber mühte sich. Züge fuhren vorbei, eine schüchterne Nordwestbahn, ein brüllender Güterzug. Nach zwanzig Minuten war das Kaffeepulver fertig.

»Die Mühle habe ich neu gekauft«, sagte Jörg von Winterfeld, »das ist auch so ein Schritt in die Einfachheit: bewusster trinken, bewusster essen.«

Er hatte die raue, lustige Stimme eines starken Rauchers. Wir tranken jeder drei Kaffee. Seine beiden Kinder, ein neunjähriger Sohn und eine siebenjährige Tochter, spielten auf dem Feld, das man von der Terrasse überblickte.

Die Kinder gingen, wir tranken Bier. Die Luft war mild geworden, die Sonne senkte sich über die Bahngleise und versprach uns ein langes Sommerwochenende. Jörg von Winterfeld legte chilenische Sonnenuntergangsmusik auf. Die Sonne ging daraufhin tatsächlich unter. Der Gastgeber warf sich einen chilenischen Wollponcho über.

Als seine Ehe zerbrochen war, ließ sich Jörg von Winterfeld diesen Zirkuswagen zusammenzimmern. Der Wagen kostete sechsunddreißigtausend Euro, er sollte ihn mobil machen und sein Leben schlichter. Vorher hatte er alles, was er besaß, als Selbstverständlichkeit hingenommen, das sollte sich ändern. Er kannte das Lebensmodell Zirkuswagen schon lang aus der Mittelalterszene. Er hielt diese Leute bis vor einem Jahr für Spinner. Ihn als alten Bürgersohn würde das nie reizen, hatte er gedacht. Nach der Trennung von seiner Frau änderte sich seine Wahrnehmung.

Wie alle Aussteiger rauchte er Selbstgedrehte, Filter von Gizeh, Tabak von American Spirit, er zündete sich eine nach der anderen an.

»Ich bin ein Suchtmensch«, sagte er, »wie mein Vater.« Der war auch ein Leben lang Kettenraucher und wurde siebenundachtzig.

Der Gaukler stammte aus der Familie von Winterfeld, die so lange preußische Generäle hervorgebracht hatte, bis es keine preußischen Generäle mehr gab. Sein Vater war dann schon Kunstmaler und Übersetzer, Wehrmachtsdeserteur und strenger Atheist. Sein Sohn begriff den Atheismus seines Vaters erst, als dieser fünfundachtzig Jahre alt war, die beiden einen Spaziergang im Garten des Altenpflegeheims Telgte unternahmen und der alte Mann plötzlich mit seinem Spazierstock zum Himmel zeigte und rief: »Ich habe das Gefühl, dass der da oben mich die ganze Zeit beobachtet.« Sein Vater sei der gläubigste Atheist gewesen, den man sich vorstellen könne, sagte Jörg von Winterfeld.

Ein Hase hoppelte durchs lange Gras, seine Löffel schossen aus den Halmen. Jetzt lief Tango. Ein Güterzug übertönte die Musik für eine Minute, er war so laut wie eine Güterzugstunde. Dann lief kein Tango mehr, sondern Gerhard Gundermann. Der war Jörg von Winterfelds Entdeckung dieses Sommers, ein Liedermacher aus Ostdeutschland, zuvor Baggerfahrer und nach der Wende plötzlich tot, da war er keine fünfzig Jahre alt. Erst lief Gundermanns Lied »Linda«, darin sang er davon, wie seine Tochter auf die Welt kam und ihn aus der Dunkelheit riss.

»Als ich das das erste Mal gehört habe, habe ich geweint«, sagte Jörg von Winterfeld. »Die glücklichsten Momente in meinem Leben waren die Geburten meiner Kinder. Das Glücksgefühl hält bis heute an. Kinder sind ein emotionaler Schlüssel für die eigene Kindheit.«

Dann sang Gundermann:

Ich sitz auf meiner Bank und lass die Zwiebel stinken,
das macht die Mücken krank und lässt die Sonne sinken.
Der Weißwein lockt und lässt den alten Papa hinken.
Ich habe heute Bock, mich ganz langsam zu betrinken.
Meine Augen tauchen in das Abendlicht.
Das ist so milde wie seit zwanzig Jahren nicht…
Das war mein zweitbester Sommer.
Ich schlürf ihn aus bis zum letzten Zug.
Ich will das alles hier haben.
Und immer wieder und nie genug.

Ein Maikäfer brummte heran und stand über uns wie der Hubschrauber im Tiefflug über Silkes Pferden. Der Käfer stieß sich immer wieder an dem Terrassendach. Er blieb auf der Plane sitzen und hatte schon zerzauste Unterflügel, dünn wie Pergamentpapier. Denn flog der Maikäfer Summsemann nahe an Jörgs Kopf vorbei in Richtung Mond.

Morgens sah ich als Erstes Jörg von Winterfeld, wie er auf der Terrasse saß und Kaffeebohnen mahlte. Er kurbelte schnell. Seine Motivation dafür, ein einfacheres Leben zu suchen, war sein Wunsch nach einem bewussteren, intensiveren Leben. Ob diese Kaffeemühle dazu beitrug?

In fünfzehn Minuten war der Kaffee fertig. Wir tranken ihn und fuhren zum Bahnhof in Ostbevern. Jörgs Frau hatte uns ihren Motorroller dagelassen, darauf kurvten wir über Feldwege durchs Münsterland, an Maisäckern und an Klinkerhäusern vorbei, ich trug zwei Rucksäcke, Jörg hatte einen weiteren um den Bauch geschnallt, mein Koffer lag unter seinen Füßen. Wir saßen im ICE Hamburg–Basel und aßen im Zugrestaurant Zitronenhuhn. Jörg von Winterfeld trug ein langärmliges weißes

T-Shirt, das seine Kinder mit einer Sonne und lila Vögelchen bemalt hatten. Es war halb zwölf, und wir bestellten Bier. Zwei konservativ gekleidete Amerikaner, ein Ehepaar in den Sechzigern, aßen am Nebentisch Zitronenhuhn und bekreuzigten sich vor dem Essen.

»Für mich gehört dieses Unterwegssein echt dazu«, sagte Jörg von Winterfeld. »Dann brechen im Kopf alte Strukturen auf. Ich liebe diese Bandbreite: Übernachten in der Besenkammer und im Fünf-Sterne-Hotel, in diesen Übergängen und Veränderungen liegt sehr viel Energie.«

In Haßmersheim im Odenwald gingen wir vom Bahnhof zur Burg. Von Weinhügeln flankiert, kurvte der Neckar durchs Tal, schmal und braun. Die Landschaft schlief, die Sonne war hellwach. Am Hang auf der anderen Flussseite lag unser Ziel, die Burg Guttenberg. Hoch ragte ihr Turm heraus, der Bergfried aus dem dreizehnten Jahrhundert, dieser Hochzeit des Mittelalters, das reich an Erfindungen war, das Geburtsjahrhundert der ersten Universitäten, eine Zeit großen Bevölkerungswachstums, das ein Vorbote des dramatischen vierzehnten Jahrhunderts war, von Missernten und Pest. Wir gingen den bewaldeten Berg hinauf, die Straße war schattig, und die Luft roch nach Moos und Sandstein.

Auf der Burg begrüßten viele Menschen Jörg von Winterfeld, darunter die Baronin von und zu Gemmingen-Guttenberg, die eine Zahnspange trug, und der Gastronom, der ein mittelalterliches Fell anhatte. Die Baronin erzählte, dass ihre Familie hier auf der Burg vor zehn Jahren auch noch sehr einfach gelebt habe, ohne Heizung, nur mit Kachelöfen in wenigen Räumen. Das Mittelalterfest war eine wichtige Einnahmequelle. Denn der Unterhalt der Burg war teuer, und das Volk arbeitete nicht mehr so bereitwillig mit wie im Mittelalter.

Magister von Winterfeld trat hier häufig auf, bei Burgfesten, Ritterbanketten, an Silvester. In der mittelalterlichen Speisekarte stand, dass man seinerzeit auch Störche gegessen habe. Am Nachmittag setzte sich eine schwäbische Gruppe an unseren Tisch. Einer trug ein schwarz-rot-goldenes Armschwitzband, einer einen Strohhut, einer eine Homer-Simpson-Schirmmütze, es waren die ersten Gäste für das Ritterbankett.

Bier trinken, Kinder werden

In einem eichenrustikalen Saal mit Blick über das Neckartal stand der Magister im roten Gauklergewand. Achtzig Leute saßen an den Tischen, es gab Kartoffelsuppe in Brotschalen. Krächzig sprach Magister von Winterfeld einführende Worte: »Und deshalb, edle Fremde, fresst viel und sauft viel.« Die edlen Fremden klopften auf die Tische, fraßen und soffen.

Der Wirt testete die Kartoffelsuppe mit einem Pendel auf Giftstoffe. Ein Pendel – wie im Paradies in der Uckermark. Doch Reiner hatte es ernster genommen als es diese Saufgesellschaft tat. Zum zweiten Gang, Schweinebraten, sang Sen, der andere Künstler, ein Sackpfeifenspieler aus Mülheim an der Ruhr: »Alle, die zur Hölle fahrn, müssen Männer mit Bärten sein.« Der Sensenmann sang, einige filmten ihn mit ihren Handys. Wenn Foucault die Digitalkameras noch erlebt hätte, hätte er sie als das Instrument der finalen Trennung von Wahnsinn und Gesellschaft beschreiben müssen.

Im vergangenen Jahr war der Magister von Winterfeld von einem Bekannten, der beim Fernsehen arbeitet, überredet worden, an einer Castingshow bei RTL teilzunehmen.

»Ernsthaft oder Kanonenfutter?«, wollte der Magister wissen.

»Sehr ernsthaft«, sagte ihm der Bekannte.

Es gab billige Schnittchen und keine Gage. Der Gaukler trat auf die Bühne, und nach zwanzig Sekunden drückte eine Jurorin auf alle drei »Buzzer« gleichzeitig: das Signal, dass es reicht. Es reichte, genügte aber nicht. Der Magister war in der ersten Runde durchgefallen, er fuhr zurück nach Hause und war doch nur Kanonenfutter gewesen.

Ein Feuerjongleur trat auf. Wir sollten immer dann »Oooh!« rufen, wenn er eine brennende Fackel hochhielt, und »Iiii!«, wenn er eine Flasche voller Petroleum hochhielt. Meine Tischnachbarn, ein Rentnerehepaar aus Neubrandenburg, schauten auch zu, und der Rentner neben mir erlaubte sich einen Scherz, indem er rief: »Ioioio!« Seine Frau, eine Dame in blumiger Seidenbluse, nahm sich ihren Mann zur Seite und flüsterte ihm zischende Worte ins Ohr. Er schwieg und schenkte sich Wein nach.

Der Rentner hatte seine wenigen Haare mit Pomade nach hinten gekämmt. Als ich erzählte, dass ich kürzlich in Vorpommern gewesen sei, wollte er nur noch über Peenemünde sprechen, die deutsche Raketenschmiede vor 1945: »War schon der Hammer, was die deutschen Ingenieure damals schon draufhatten.« Kleinbürgermoral: Der Inhalt der Taten war zweitrangig, der Ruhm zählte, und wenn sich im Licht neuer Zeiten herausstellte, dass der Ruhm nicht berechtigt war, sind wir kleinen Leute halt mal wieder böse verführt worden. Wie berühmt Peenemünde gewesen sei, seine Heimatstadt, sagte er senil, dann erzählte er detailreich von den Vögeln aus seinem Garten. Dann wieder Raketenkunst. »Ingenieur Braun aus Peenemünde, Brrrraun, weltbekannt«, sagte er, »deutsche Ingenieurskunst, schon damals führend.«

Die Rentner waren mit ihrer Enkeltochter hier, die Ende zwanzig war und am Tischende saß. Nach dem Festmahl versuchte der Magister, mit ihr zu flirten. Sie drehte sich halb zur Seite und zog zu jedem Satz des Magisters ihre Augenbrauen hoch.

Ihr Opa war stolz auf sie. »Leistungssportlerin«, krächzte er. »War jetzt in Neuseeland. – Neuseeland!«

Sen sang. »Gefällt Ihnen die mittelalterliche Musik?«, fragte ich den Rentner aus Peenemünde.

»Na ja. Ich kenn das ja aus dem Fernsehen«, antwortete dieser.

Heute war Jörg von Winterfelds Geburtstag. Bis früh am Morgen feierten die drei Mittelalterkünstler, als der Klamauk vorüber war, auf der Burgterrasse mit Bier, Wein und Kräuterrittern. Der Magister wurde zweiundvierzig und sah einige Jahre älter aus. Auf einem anderen Fest schätzte ihn eine Studentin neulich auf siebenundfünfzig.

Sen trank Kräuterschnaps und sagte: »Früher waren wir alle die Klassenclowns, und heute sind wir auf der Bühne gelandet und fristen ein erbärmliches Dasein.«

Ich lief durch die Nacht den Berg hinab in die Herberge, ging auf den Dachboden und fiel dort, im Schlaflager, in duftendes Heu. Es wärmte den Schlafsack von unten, als habe es die Sonnenstrahlen gespeichert. Am Morgen suchte ich die Toilette. Die Heuherberge war ganz auf Mittelalter gemacht. »Stallungen« waren im Treppenflur ausgeschildert, ich folgte dem Schild ins Untergeschoss. Doch die Stallungen waren nicht die Toiletten, sondern die Autogaragen. Ich dachte, ich wäre ein Pferd, doch ich war ein Ritter.

Am Samstagmorgen kamen zum Burgfest Tausende Menschen auf die Burg Guttenberg. Einige waren als Burgfräulein, Derwisch, Knecht oder Kreuzritter verkleidet. Es roch schon nach Fleisch, Knoblauch und Räucherstäbchen, als am Vormittag eine Karawane zu einer Bühne im Burghof zog, auf der Magister von Winterfeld nach kurzer Nacht krächzend das Fest eröffnete.

Zum Burghof führte eine Brücke, auf deren Mauer der Magister später saß. Er hielt sein langes, blechernes Signalhorn in der Hand, den Trichter des Horns hatte er auf der Spitze seines Gauklerschuhs abgestützt. Er sprach die Passanten an. Zu Kleinkindern im Kinderwagen sagte er: »Oh Prinzessin, freut Euch, dass Ihr Euch eine Kutsche leisten könnt. Seltsam nur, dass Ihr den Esel hinter die Kutsche gespannt habt.«

Gegelte Haare von Festbesuchern kommentierte er: »Seltsam, habt Ihr dies gesehen? Es scheint eine neue Mode zu sein, sich Schweineschmalz in die Haare zu schmieren.«

Zwei Kinder aßen Bananen. »Was habt ihr denn für sonderbare Würste?«

»Bananen.«

»Ah, Bananen, das sind doch jene Früchte, die Cristobald Columbo alsbald aus Amerika mitbringen wird.«

»Ah, ihr habt ein Zeiteisen um den Arm geschlagen, wie spät ist es denn?«

Zwölf Uhr. Zeit fürs erste Bier.

Wir rauchten auf der Burgterrasse, und Qualmwölkchen verschleierten kurz den Blick hinab auf das Neckartal, ehe sie sich auflösten.

Kurz nachdem sie sich kennengelernt hatten, wollten Jörg von Winterfeld und seine Frau vor zehn Jahren nach Chile auswandern. Es bestand die Möglichkeit, ein von einer Bekannten geleitetes Kinderheim weiterzuführen, da diese alt wurde. Aber den beiden gefiel es in Chile nicht so gut. Genauso lästig wie der permanente Bewertungsdruck in Deutschland, der sie weggetrieben hatte, erschien ihnen bald die permanente Bewertungsfreiheit in Südamerika.

»Ich hatte Sehnsucht nach der deutschen Kompliziertheit«, sagte Jörg von Winterfeld. Also zogen sie ins Münsterland.

Von der Burgterrasse aus sah der im Tal fließende Neckar schlank aus wie eine Natter. Faule Schafwölkchen klebten am Himmel, nichts bewegte sich, die Landschaft tat so, als habe sie von Galileo nichts gewusst, als sei die Erde eine Scheibe und der Himmel ihr Zeltdach. Drei Dörfer schliefen, ihre Häuser waren leider nicht aus Lehm, die Dächer öfter solarzellenblau als ziegelrot.

Jörg von Winterfeld ist in den achtziger Jahren groß geworden. Er hatte sein Germanistikstudium abgebrochen, wollte auf die Schauspielschule, die aber wollte ihn nicht, er spielte in einem freien Theater in Gummersbach den Faust, wollte schon gerade eine Schuhmacherlehre beginnen, da sprach ihn jemand von der Mittelalter-Künstlergruppe Cramer Zunft und Kurzweyl an. Es war die Blütezeit der Mittelaltermärkte. Drei Jahre reiste er mit der Zunft durchs Land.

Vor einigen Jahren saßen die Künstler abends zusammen. Jacek, ein russischer Jude, hatte seine Tageseinnahmen in einem Lederbeutel bei sich. Als er in ein Gespräch vertieft war, öffnete sein Nachbar heimlich den Beutel und faltete alle Geldscheine sauber zusammen. Später begann er in der Gruppe ein Gespräch darüber, wie man mit Geld umzugehen habe. »Jacek«, sagte er, »ich wette, du als Jude faltest dein Geld sauber, bevor du es in den Beutel steckst.«

»Nein«, sagte Jacek, »bestimmt nicht.«

Doch, sagte die Runde, sie wetteten um eine Flasche Whisky. Jacek öffnete den Beutel, sah das gefaltete Geld und zahlte den Whisky.

Das Leben als Zeitreise gefiel Jörg von Winterfeld. Er empfand es als dynamisch, seine ersten Auftritte als Geschichtenerzähler kamen beim Publikum gut an, so blieb er dabei. Eine Kollegin erfand in Anspielung ans abgebrochene Studium den Künstlernamen Magister von Winterfeld. Der Magister verdiente mit dem Geschichtenerzählen bis heute so viel Geld, dass es für sein Leben reichte, und auch für das seiner Frau und der Kinder etwas blieb. Das Geschäft war aber härter geworden. Einige Gaukler und Musiker hatten sich schon eine andere Arbeit gesucht. Der Beruf des Gauklers vertrug sich nicht gut mit dem Familienleben. Der Magister arbeitete an Wochenenden, wenn Frau und Kinder zu Hause waren. Er verließ freitagabends das Haus, das Baby schrie. Während der ersten drei Schritte, die er das Treppenhaus hinunterging, dachte er: Freiheit! Doch beim vierten Schritt begann er ein schlechtes Gewissen zu bekommen. Nach ein paar Jahren kam die Scheidung. Sein Lebensprojekt Familie war gescheitert.

In einer Budengasse hatte eine Hexe ihr Zelt aufgebaut. Über dem Eingang hing der Totenschädel eines Tiers. Die Hexe bot auf einer Werbetafel eine Befragung des Pendels für einen Euro an. Ich ging ins Zelt und bestellte diese Dienstleistung, hatte aber vergessen, mir eine Frage ans Pendel auszudenken. Die Hexe schaute ungeduldig: »Was willst du denn jetzt wissen?«

»Bin ich auf dem richtigen Weg?«, fiel mir ein.

Die Hexe schwang das Pendel: »Ist er auf dem richtigen Weg?«

Das Pendel reagierte nicht, es hing schlaff wie eine weichgekochte Spaghettinudel. Dann kreiste es ein wenig. Das Pendel wolle jetzt nicht antworten, sagte die Hexe, es wolle ernst genommen werden, die Energien stimmten nicht. Wenn man es zwei-, dreimal derart missbrauche, flögen einem die Bretter um die Ohren, sagte die Hexe. Ich zahlte den Euro und ging.

Am nächsten Nachmittag lief ein fast nackter Mann mit wuschliger Schlaffrisur, Hasenzähnen und Lendenschurz von Tisch zu Tisch und sprach die Leute an. Es war der Magister von Winterfeld in seinem Sommerkleid.

Es war interessant, das Verhältnis vom Clown zum Bürger zu beobachten. Es gab verschiedene Arten an Reaktion auf die Annäherungen des Magisters. Der erste Typ reagierte gehemmt und abweisend. Diese Leute gingen etwas langsamer weiter, wirkten angespannt und lächelten halb höflich, halb hilflos. Der zweite Typ ignorierte das Auftreten des Clowns, änderte weder Laufgeschwindigkeit noch Gestik. Der dritte Typ wählte das distanzierte Auslachen. Er verschränkte die Arme vor der Brust, hörte sich die Sprüche an und lachte kurz und von oben herab. Typ vier versuchte, die Rollen zu verkehren, er schlüpfte selbst in die Rolle des Clowns und machte seinerseits seine Scherze über den Magister, es war ein peinliches Unterfangen. Typ fünf akzeptierte seine Rolle, blieb er selbst und entspannt, und der Clown blieb unangefochten Clown. Typ sechs reagierte aggressiv.

Die Zuhörer, für die der Magister seine Geschichten am liebsten erzählte, waren die Kinder. Sie hörten mit offenem Mund zu. Magister von Winterfeld ging toll mit den Kindern um.

»Dieser Moment der totalen Freude, der bedingungslosen Liebe für einen Moment, die Faszination in den Augen«, sagte er. »Kinder spiegeln so schön, mit ihnen zu reden ist, wie die

Quelle wieder anzuzapfen, dann erinnert man sich an seine eigene Kindheit, und man merkt, da ging es nicht um Gedanken, sondern, um Gefühle, um Wahrnehmung, um Unbefangenheit. – Faszinierend, was ich gerade sage. Das habe ich so noch nie gesagt.«

Zum einfachen Leben motivierte ihn vielleicht vor allem das: dass er dies als den einzigen Weg sah, nicht ganz aus der Welt der Kinder herauszuwachsen.

Ich dachte, ein bisschen Kind bleiben, sogar wieder wie eines werden, das sei im bürgerlichen Lebensentwurf schwierig. Das war Matriarchat. Das, was die Likatier, die ja immerhin viele Kinder hatten, auch selbst wollten: Kind bleiben. In der Kindheit empfängt der Mensch alles, was er zum Leben braucht, er kennt das Gefühl nicht, dass er für sein Leben etwas tun müsste, in der Schule ändert sich das langsam, aber nicht substanziell, mit dem Arbeitsbeginn dann radikal. Es gibt einen Zusammenhang mit der Fantasie. Wie stark beflügeln den Menschen seine Träume, wenn er noch empfängt? Wie stark war der Wunsch nach und wie intensiv waren die Träume von Nähe und Annäherung, wenn man verliebt war mit dreizehn, siebzehn, fünfundzwanzig? Wie ist das mit fünfzig? Wie stark war das Freiheitsgefühl, das man beim Gedanken an Reisen verspürte, mit dreizehn, zwanzig, dreißig? Je mehr der Mensch machen kann, seine Wünsche selbst erfüllen kann oder das meint zu können, desto stärker sinkt vielleicht das Glück, das die Wunscherfüllung bringt. Träume verlieren an Intensität. Keine Utopie. Das Leben verliert an Kraft. Je »unmachbarer« der ersehnte Zustand aber ist, desto intensiver der Traum davon. Das ist das Traurige: Bürger können nicht mehr träumen, weswegen sich immer wieder der jugendliche Protest ihrer Kinder gegen sie richtet, die dann selbst so werden wie sie. Können sie denn noch von Gott träumen? Oder soll es genauso sein, wie es ist, müssen wir erwachsen werden in dem Sinn? Die Religiösen sagten in vormodernen Zeiten, Arbeit sei die Strafe Gottes für die Ursünde, und wenn es so wäre, dann musste der Mensch das Kindliche, dieses Leben, in sich verlieren, damit er umso mehr aufs Paradies hoffen darf, und dann waren die Likatier auf einem Irrweg. Ich hatte mal eine Laudatio auf einen Unternehmer des Jahres gehört. Der Laudator sagte, es gebe drei Arten von Menschen: Unternehmer, Unterlasser und Verhinderer. Das Ideal war also der Macher, das Gegenteil vom »Empfänger«. Aus eigener Kraft seinen Weg machen, das Bildungsideal, wenn man Bildung als Mittel zum Zweck dafür sah: der bürgerliche Idealweg. Aber der verächtliche Umgang mit den »Empfängern« (»Versagern«, »parasitären Existenzen«, »Unterlassern«), den der Bürger pflegt, zeigt, wie viel Ressentiment in seinem zur Schau getragenen Selbstbewusstsein steckt. Manche Aussteiger wollen Empfänger bleiben und haben in einer bürgerlichen Welt, die in ihrem Umgang mit Zigeunerexistenzen eine subtile Tendenz zum Totalitären offenbart, oft keine andere Wahl. Vielleicht könnten Aussteiger mehr Utopie verwirklichen, wenn es mehr von ihnen gäbe, zum Beispiel eine Gesellschaft schaffen, die ein halbes Jahr arbeitet, die andere Hälfte empfängt. Die Bürgermoral steht dem mächtig entgegen, die Moral, die Arbeit – und zwar losgelöst von ihrer Sinnhaftigkeit – als einen Wert an sich interpretiert.

Dazu hat auch Ilse Aichinger ein wunderschönes Buch geschrieben über jüdische Kinder im Nationalsozialismus und ihre bunte Welt, ja ihre bunte Welt: *Die größere Hoffnung*. Die Kinder, verfolgt und in aussichtsloser Lebensgefahr, sind in diesen Geschichten die Lebendigen, denn sie hoffen noch:

> Keines der Kinder dachte mehr daran, zu fliehen. Mit einem Schlag waren sie in der Offensive, unbekannte Macht entströmte ihrer Machtlosigkeit. Der babylonische Turm wankte in dem leisen Zittern ihrer Atemzüge. Feuchter regenschwerer Wind kam von Westen über das Wasser, der befreiende Atem der Welt. (…) Und wenn ihr uns verboten habt, das Kommende zu erwarten: Wir erwarten es doch.

Die SS-Schergen, Wächter und Angepassten erscheinen als grau, leblos, gefesselte Existenzen, für die es keine Hoffnung mehr gibt: »Stiefelschritte zertraten den Kies, sinnlos und so selbstsicher, wie es nur die Schritte der Verirrten sind.«

Kein *Geist der Utopie* mehr. Ernst Bloch schrieb zu seinem Buch ein Vorwort, das man noch heute nehmen könnte:

> Ein stickiger Zwang, von Mittelmäßigem verhängt, von Mittelmäßigen ertragen; der Triumph der Dummheit, beschützt vom Gendarm, bejubelt von den Intellektuellen, die nicht Gehirn genug auftreiben konnten, um Phrasen zu liefern. Und dies allein ist wichtig. Wes Brot ich ess, des Lied ich sing. Aber dieses Versagen vor dem Kalbsfell war doch überraschend. Das macht, wir haben keinen sozialistischen Gedanken. Sondern wir sind ärmer als die warmen Tiere geworden; wem nicht der Bauch, dem ist der Staat sein Gott, alles andere ist zum Spaß und zur Unterhaltung herabgesunken. Wir bringen der Gemeinde nicht mit, weswegen sie sein soll, und deshalb können wir sie nicht bilden. Wir haben Sehnsucht und kurzes Wissen, aber wenig Tat und, was deren Fehlen mit erklärt, keine Weite, keine Aussicht.

Der Magister von Winterfeld zog sich wieder sein rosarotes Gauklergewand an, bestellte ein weiteres Bier und drehte sich eine Zigarette. Wir wollten ja alle mal werden wie Hesses Steppenwolf, der Magister von Winterfeld hat es geschafft. Am Abend saßen wir auf der Terrasse, und unten leuchteten die Dörfer.

Es überraschte mich, dass sich der Magister von Winterfeld selbst als sehr bürgerlich sah: »Ich habe nie im Leben Knappheiten kennengelernt. Ich lebe großzügig, ich gehe in den Bioladen einkaufen, obwohl ich es mir eigentlich nicht leisten kann. Fast alle Künstler kommen aus einem bürgerlichen Elternhaus, ich auch. Das Grundgefühl ist ein sattes, unsere Grundlage ist eine satte. Und übrigens habe ich positive Assoziationen zum Milieu des Bürgers: die Gewissheit, dass es gut und wichtig ist, auch Menschen mit einer anderen Meinung zuzuhören, die Zuneigung zur Literatur und Kunst.«

Solch ein Steppenwolf funktionierte ja nur als Gegenmodell, wie alle romantischen Figuren; Einzelgänger, die einen inneren Weg gehen gegen den Strom. Der Blaubeerenzüchter, der Gaukler, das waren zwei Steppenwölfe, zwei Figuren einer bürgerlichen Welt.

Jörg von Winterfeld brachte mich auf die Idee, dass sie selbst Bürger waren. Sie hatten offene Augen und Ohren, sie stießen sich wie Magneten immer wieder ab vom anderen Bürger, der alles dem Wohlstand, vermeintlicher Sicherheit und der Karriere unterordnet. Sie waren aber auch keine Radikalen. Sie gurkten in Schlangenlinien durchs Leben, angezogen von dieser und jener Wahrheit, abgestoßen von denen, die den Begriff der Wahrheit, außer der eigenen, aufgegeben hatten, sie ließen sich noch von der Vernunft korrigieren, aber auch noch vom Gefühl. Vielleicht waren sie das, was man »Bildungsbürger« nannte (Michael Klonovsky hatte einmal geschrieben, Bildung heiße für ihn, sich unter lauter Gleichgesinnten nicht wohl zu fühlen). Dieses Bildungsbürgertum aber lebte heute immer seltener in Gründerstilvillen oder Landschlösschen, sondern hielt in Zirkuswagen und Bruchbuden die Stellung. War es so, dass der schlechte Bürger den guten Bürger vermehrt zum Aussteigen zwang, in den Unternehmen, in den Institutionen, in der Gesellschaft? Der Macher den Bedenkenträger. Der von sich selbst Eingenommene den Zweifelnden. Der Redende den Hörenden. Der Bildungsbürger lebte vermehrt am Rand. Die geistige Wüste in der Mitte weitete sich aus.

Frankfurter Würstchen

Vor den Frankfurter Bankentürmen stand der Imbisswagen eines früheren Bankers, der eines Tages gekündigt hatte, um nur noch Würste zu braten. Er schraubte an einem Hydranten.

»Sind Sie Herr B.?«

»Ja, aber ich bin eigentlich gar nicht mehr hier.«

»Oh, schade. Ich möchte ein Buch über alternative Lebensformen schreiben.«

»Ne, so einer bin ich nicht, ich hasse diese Alternativen. Ich bin nur kein Banker gewesen, das passte nicht, das ist alles. Jetzt mach ich eben den Imbiss.«

»Aber Sie haben doch auch auf viel verzichtet: Ihre Position, das Einkommen.«

»Wer sagt das? Wenn man das richtig macht, lohnt sich das hier auch!«

»Ich will ja nicht nur über Ökos schreiben.«

»Alternative. Ich hasse diese Leute.«

»Können wir denn mal in Ruhe über Ihr neues Leben reden?«

»Ich muss jetzt weg. Kommen Sie mal Mittwoch um elf Uhr.«

»Dann bin ich nicht mehr in Frankfurt.«

»Das ist schlecht.«

Herr B. stieg in einen Sportwagen mit dem Kennzeichen des Main-Taunus-Kreises. »Kommen Sie meinetwegen mal um elf Uhr vorbei, dann reden wir«, sagte er und fuhr in Richtung Taunus. Die Reifen wirbelten Staub auf.

KAPITEL 11

Nürnbergs junge Jesuiten

Verehrtes Publikum, nun schalten wir wieder um zu den Religiösen: Nördlich an die Nürnberger Altstadt grenzt der Stadtpark, und die Virchowstraße grenzt an den Stadtpark. Hier steht das Novizenhaus des Jesuitenordens, seine einzige Ausbildungsstätte in Deutschland, Österreich, Schweden und der Schweiz.

Die Virchowstraße ist eine feine Wohngegend, in der es Altbauten und alte Bäume im Überfluss gibt. Die Straße hat sich großbürgerliche Erhabenheit bewahrt, die Villen sind mit romantischen Türmchen oder neuantiken Säulen dekoriert, Relikten aus der Blütezeit des Bürgertums.

Virchowstraße, das ist eine ironische Adresse für Jesuiten. Sie ist nach Rudolf Virchow benannt, einem Pathologen und preußischen Liberalen, der Bismarck darin unterstützte, den Jesuitenorden im Jahr 1872 zu verbieten. Er prägte den Begriff des Kulturkampfs im Deutschen Reich gegen den politischen Katholizismus, als Bismarck die diplomatischen Beziehungen zum Vatikan einstellte oder Priester und Bischöfe verhaften ließ. Virchow hielt den Katholizismus für »absolut unverträglich mit der Kultur, als deren Träger wir uns betrachten«. Diese Zeit war der Höhepunkt des republikanischen Antikatholizismus.

Jetzt wohnten die Jesuiten also in einer Villa in der Nürnberger Virchowstraße. (In Frankreich heißen Kakerlaken im Volksmund noch heute *jésuites*.) Das pastellgelbe Rupert-Mayer-Haus war das Herz der Virchowstraße. Die Villa hatte bis zum Jahr 1969 einem evangelischen Augenarzt gehört. Er wollte, dass nach seinem Tod damit etwas Sinnvolles geschehe, und verkaufte es dem Orden ökumenisch günstig.

Die Nachbarn der Jesuiten waren die LGT-Bank, eine Unternehmensberater- und Rechtsanwaltskanzlei sowie eine Arztpraxis. Das graue Eisentor stand offen. An den Klingelschildern standen die Namen der fünf Patres, die hier lebten, nicht aber die der Novizen, zu denen ich wollte.

Ein junger Mann öffnete die Tür. Er hatte kurze blondrote Haare, ein rundes Gesicht, einen Dreitagebart und trug Sandalen, wirkte also sehr katholisch, rosig, wohlgenährt, lebensfroh: »Servus, ich bin Hans-Martin. Wir haben hier einen Hans und einen Martin, und ich bin der Hans-Martin. Ich bin übrigens dein Angelus. Wenn du Fragen hast, kannst du sie mir stellen.«

Hans-Martin ging vor. Die Flurdecken waren noch aus den fantasievollen zwanziger Jahren, himmelblau und mit silbernen Rauten. Wir gingen die Holztreppe hinauf, auf der ein unkomplizierter Teppich verlegt war.

Mein Zimmer empfing mich mit erwarteter Frömmigkeit. Kruzifix, Bibel, Jesuitenzeitschriften, ein Waschbecken aus Kunststoff. Ich fand die bürgerliche Aufgeräumtheit dieses Ortes exotisch.

In einem der vielen Räume der Villa war eine Kapelle untergebracht. Sie hatte Parkettboden, einen schlichten Altar, zwei Ikonen hingen an der Wand. Holzstühle standen im Oval. Hier trafen sich jetzt alle sechs Novizen und hier lebenden Patres zum Mittagsgebet. Auch ein älterer Nachbar, dessen Frau kürzlich verstorben war und der die Jesuiten um das gemeinsame Gebet ersucht hatte, nahm daran teil.

Ich betrachtete die Füße der Novizen. Fünf der sechs hatten Sandalen an, einer an den Zehen ausgeschnittene Lederslipper.

Die Novizen aus dem jüngeren der beiden hier lebenden Jahrgänge hatten mich für acht Tage als Gast angenommen. Jesuiten lebten oft in Gemeinschaften, doch jeder hatte seine eigenen Aufgaben in der Welt. So war der ältere Jahrgang zu Experimenten, also Arbeitswochen, im karitativen Bereich verreist, das kam häufig vor. Drei von den sechs aus meinem Jahrgang waren Deutsche: Hans Martin aus Bayern, der mich in mein Zimmer gebracht hatte, Christoph und Claus. Christoph war Anfang zwanzig und der jüngste Novize, Claus mit Ende vierzig der älteste. Claus war zwar vor seinem Eintritt in den Orden schon zwanzig Jahre Priester gewesen, aber Christoph, der nach dem Abitur hierherkam, sah priesterlicher aus als Claus. Er war blass, trug ein schlabbriges T-Shirt, hatte eine sonore Stimme und war offensichtlich sehr belesen, er sprang, wenn man mit ihm sprach, ohne geschwätzig zu werden, mühelos von Nietzsche (»… dem letzten aufrechten Gottessucher, ähnlich wie Jesaja …«) über Aristoteles zum Nahostkonflikt. Claus, der Priester, hingegen wirkte eher wie ein Geografielehrer nach den Sommerferien: dünn, groß, braungebrannt, mit einem Vollbart und Halbglatze. Dann gab es noch Hans aus Österreich. Der war ein bodenständiger Kerl vom Typ Skilehrer. Martin kam aus der Schweiz, war neununddreißig und hatte vorher schon als Richter gearbeitet. Der Schwede, Mathias, sah mit seinem dunklen Haar und Dreitagebart nicht aus wie ein Schwede, sondern wie ein Baske oder Italiener. Sie waren im Durchschnitt dreißig Jahre alt, also noch jung für Menschen, die sich für ein Priesterleben in Armut und Keuschheit entschieden hatten, aber andererseits waren die ersten bereits älter als Jesus, als er gekreuzigt wurde.

Sie hatten noch nicht ihre Gelübde abgelegt, aber für die Zeit des Noviziats das Versprechen, keusch, gehorsam und in Armut zu leben. Einige waren sicher Aussteiger: Sie hatten gutbezahlte Jobs oder die Beziehung zu ihrer Freundin aufgegeben, um hierherzukommen. Aber für Aussteiger wirkten sie andererseits brav: »Just normal«, sagte Josef Maureder, ihr Novizenmeister, immer dann, wenn er sie ärgern wollte.

Der Novizenmeister sah aber auch selbst sehr normal aus. Er hatte eine Konfirmandenfrisur – Zwei-Drittel-Seitenscheitel, graues Haar –, und auf seiner spitzen Nase lag eine goldene Brille. Pater Maureders dunkelblauer Pullover hatte Rautenmuster. Dieser Pullover sagte: »Wer mich trägt, ist ein fleißiger biederer Erdenbürger.«

Nach dem Gebet gab es Mittagessen in dem schlichten Speiseraum. Die Novizen sprachen ein Tischgebet und sangen vorher: »Maria, breit den Mantel aus.« So etwas Merkwürdiges hatte ich lange nicht mehr gesehen.

Ich legte mich ins Bett und schlief. Ich hatte kein Interesse an diesem Haus und seinen Bewohnern. Meine Toleranz für sonderliche Lebenskonzepte war in den letzten Wochen uferlos weit geworden, das war sehr anstrengend. Ich fühlte mich durch das viele Zuhören und die prinzipielle Offenheit entwurzelt und sehnte mich nach Schranken. Nur Zuhören, ohne mitzuteilen, wer man selbst war, das hielt kein Mensch aus, außer Jürgen Fliege.

Der Überdruss wollte drei Tage nicht von mir weichen. Ich aß und betete mit, doch erst am Mittwoch, als ich das Gefühl bekam, dass die Jesuiten das Gefühl hatten, ich interessiere mich überhaupt nicht für sie, erwachte zum Glück wieder mein Interesse für sie. Ich fragte mich, was sie dazu bewogen hatte, zu den Jesuiten zu gehen, wie schwer ihnen der Verzicht auf ihr altes Leben fiel, wie ihr altes Leben war. Als ich sie Monate vor meinem Besuch erstmals kontaktiert hatte, waren sie bezüglich meines Besuchs skeptisch gewesen. Als wir wenig später wieder in Kontakt kamen, waren sie noch misstrauischer, denn der Jesuitenorden war in dieser Zeit Gegenstand vieler Medienberichte über Fälle von sexuellem Missbrauch in Jesuitenschulen; und da konnten sich die Novizen wohl kaum vorstellen, dass an ihrem Orden etwas anderes für die Öffentlichkeit interessant sein würde als dieses Thema. Dann luden sie mich ein, einen Vortrag über mein Vorhaben zu halten, fanden den Gedanken interessant, dass sie Aussteiger seien wie Waldmenschen und Selbstversorger, und waren einverstanden.

Wir essen den Armen die Suppe weg

An dem Abend, an dem mein Interesse wiederauferstanden war, durfte ich Dr. iur. Martin Sarbach zu seinem Experiment begleiten. So hießen wie gesagt die Nachmittage oder Abende, an denen die Novizen in karitativen Projekten mitarbeiteten: Altenpflege, Gefängnisseelsorge, Hausaufgabenhilfe. Dies machten sie regelmäßig, Martin half in einer Küche bei der Obdachlosenspeisung.

Martin Sarbach hatte eine sehr schlanke Figur, ein spitzes Gesicht, gutmütig blickende braune Augen. Er sprach mit schweizerdeutschem Einschlag. Wir fuhren mit Fahrrädern zu den Obdachlosen.

Vierzig Arme saßen in einem Raum voll stickiger Luft. Die Obdachlosen gingen zur Essensausgabe, wo sie ein Tablett voller Nahrung für einen Euro bekamen. Hier war ganz Nürnberg versammelt: Alt, Jung, Frau, Mann. Es roch nach Schweiß und Zigarettenrauch, und Asche lag in Trinkgläsern, die auf den Tischen standen, an denen so viele Gezeichnete saßen, wie ich sie nie an einem Ort gesehen hatte. Sie luden sich fettige Nudelsuppe auf ihre Tabletts, Wurstsalat, Schweinebraten, Knödel, Kuchenreste, alte Brötchen, Spenden einer Großbäckerei. Manche nahmen sich von jeder Speise einen Teller, ein gutes Pfund Nahrung. Es sah so aus, als äßen sie nur dieses eine Mal am Tag. Mir gegenüber saß ein Mann, dessen Stimme rau war und der sich permanent an seinen rot angelaufenen Unterarmen kratzte.

»Was hast da?«, fragte ihn sein Nebenmann.

»Krätze«, krächzte er.

Ein Gast am Nebentisch sprühte seine Nebenleute mit billigem Kokos-Deo ein und lachte darüber sehr laut, die Luft im Raum wurde immer schwüler, hatte jetzt aber auch etwas von Südsee. Ein stickiger Raum voller Irrsinn.

Novize Martin nahm sich nur eine Nudelsuppe. Er saß an einem anderen Tisch neben zwei Pennern, aß die Suppe manierlich auf, aber nahm nichts nach, und sprach immer mal wieder einen Satz mit den Obdachlosen. Er und die Bedürftigen kannten sich offensichtlich, hatten sich aber nicht viel zu sagen. Da saß Martin Sarbach, so wie er noch vor zwei Jahren mit Richtern und Staatsanwälten in Zürcher Gerichtskantinen gesessen hatte, und stocherte etwas ratlos in fettiger Suppe.

Ich konnte nicht weiteressen, die schwitzige Luft, der süße Kokosgeruch und die Aussicht auf die Krätze schnürten mir den Magen zu. Ich ging auf die Terrasse und setzte mich an einen großen Tisch. Acht andere Gäste saßen da auch, ein Mann gönnte seinem Oberkörper alle Freiheit und trug langes Jesushaar, das über die nackten Schultern wallte. Er unterhielt den ganzen Tisch mit Wortspielen: »›Afrika‹ – ›Af-Aff‹ –, das kommt von ›Affen‹«, sagte er. Und wenig später: »›Emirat‹, ›E‹ – also ›A, Al‹ –, das heißt ›Gott, Allah‹.«

Neben ihm saß ein zahnloses Weib, dessen Pupille nach jedem Wortspiel ihres Nachbarn wild zu kullern begann. Ein Türke am Tisch aß so schnell und konzentriert, als habe er seit einer Woche kein Essen mehr bekommen. »Du bist Moslem und frisst Schwein, du kommst in die Hölle«, krakeelte ein stark tätowierter Mann, dem ein Schneidezahn abhandengekommen war.

»Ach was, Hunger, muss esse«, sagte der Türke.

Ich sagte kein Wort, denn mir fiel keins ein.

Drinnen gleich hinter der Glastür saß Martin, und ich sah, dass er jetzt auch nichts mehr sagte. Die Obdachlosen waren gezeichnet von ihrem Obdachlosenleben, aber auch von seelischen Wunden, die schwer sein mussten und offen. So waren Irre unter Armen, und darunter ein Jesuit, der auch arm sein wollte, und ein paar Sozialarbeiter. Alle aßen, und was ohne Zweifel gut daran war, war, dass jeder im Raum satt wurde.

Auch ein Gottesdienst fand an dem Abend statt, aber nicht jeder, der mitaß, ging zum Beten. Der Gottesdienst fand in einem Raum im Erdgeschoss statt, Stühle standen im Kreis auf einem Perserteppich, neben dem Pater und Martin nahmen drei Nonnen teil sowie drei Obdachlose. Zwei waren ältere Männer, vielleicht sechzig, einer hatte Alkoholikerhaare, fettig, grau, akkurat zurückgekämmt, mit mächtigen Koteletten. Er schaute traurig und wirkte in sich gekehrt. Der andere Ältere hatte eine Schürfwunde am Ellenbogen, und seine Arme waren eine schöne Sammlung blauer Flecken und Tätowierungen, die kaum voneinander zu unterscheiden waren. Der dritte Obdachlose war im mittleren Alter und hatte eine bemerkenswert schiefe Nase. Einer der alten Jesuitenpatres aus unserer Kommunität leitete den Gottesdienst, Joe Übelmesser, Jahrgang 1932, der übrigens ein entfernter Verwandter von Emmi war, der Hechtköchin aus der Oberpfalz, was uns beide, Pater Übelmesser und mich, zu der Feststellung veranlasste, dass die Welt doch klein sei. Pater Übelmesser predigte, Jesus werde, wenn wir tot seien, an ihn und die anderen Priester mehr Fragen haben als an die Obdachlosen, so habe er es schließlich sein Leben lang gehandhabt. Eine Nonne lächelte, die Obdachlosen zeigten keine sichtbare Reaktion.

Als Richter hatte Dr. Martin Sarbach etwa zehntausend Schweizer Franken im Monat verdient, als Novize Martin bekam er nur noch sechzig Euro. Bald wollte er einige Wochen pilgern gehen und hatte sich tags zuvor dafür eine Isomatte gekauft. Früher hätte er die beste genommen, jetzt das einfachste Modell, und selbst dafür musste er seinen Novizenmeister um dreißig Euro zusätzlich bitten. Er war neununddreißig. Die letzten Schuhe, die er in der Schweiz gekauft hatte, kosteten dreihundertachtzig Franken. Die ersten, die er sich in der Novizenzeit zulegte, kosteten fünfzig Euro. Da hatte er das erste Mal in seinem Leben eine Filiale von Deichmann betreten. Von außen sah er aus wie jemand aus der Mitte der Gesellschaft, aber sein innerer Weg war ein radikal anderer. Die Erfahrungen, die er mache, seien für Leute, die nicht glaubten, wohl nicht nachzuvollziehen, sagte er.

»Es ist eine gute Erfahrung für mich, zu merken, dass sich die materiellen Dinge so schnell relativieren.«

Nach zwei Stunden radelten wir zurück ins Novizenhaus. Ich fragte: »War das eine gute Tat, mit den Obdachlosen zu essen? Hat es irgendjemandem geholfen? Uns, den Obdachlosen?« Martin meinte, es habe zumindest niemandem geschadet.

In den biblischen Geschichten verlaufen Jesu Besuche bei Aussätzigen immer weitaus spektakulärer. Sie fallen vor ihm nieder und bitten ihn um Heilung. Nun kommt ja auch ein Jesuit nicht in der Erwartung, dass sich die Irrenden vor ihm niederwerfen, sondern als Mensch zum Zuhören. Das haben wir auch getan, zwei Stunden lang Irrsinn mit geduldigem Lächeln quittiert. War das eine gute Tat? Man könnte auch sagen, dass wir nichts anderes gemacht haben, als den Armen ihre Suppe wegzuessen. Danach ging der Geistliche wieder ins Gebet und der Arme in den Suff – bis zum nächsten Mal. Der Nachfolgeweg, den die Jesuiten gehen wollen, ist schwer definierbar.

Immer am Nachmittag haben die Novizen freie Zeit. Am nächsten Tag gingen wir durch den Stadtpark spazieren. Martin stammte aus einem katholischen Elternhaus im Kanton Solothurn und hatte fünf Geschwister. Als Kind betete er nicht wenig, ab der sechsten Schulklasse kaum mehr. Er besuchte ein mathematisches Gymnasium, studierte und promovierte in Jura, arbeitete dann als Richter am Bezirksgericht Zürich und saß für die Sozialdemokraten im Kommunalparlament. Er machte das gern, doch als an einem Tag ein junger Kollege Selbstmord beging, drängte sich die Frage nach dem Sinn in sein Leben. Er ging nun manchmal wieder in die Kirche, zufälligerweise eine Jesuitenkirche, und stellte fest, dass ihn das Gebet zu Tränen rührte, dann ging er regelmäßig.

»Die Kirche war der Rahmen, in dem die Annäherung zu Gott geschah.«

Irgendwann wussten seine Freunde, dass Martin am Sonntagabend keine Zeit hatte; sie wussten aber nicht, was er in dieser Zeit tat. Er saß im Gottesdienst, doch behielt er das erst mal für sich. Ihm schien ein zartes Pflänzchen zu wachsen, das noch geschützt werden musste. Er wollte sich noch nicht den Meinungen der anderen aussetzen.

Auszubrechen aus der bürgerlichen Schiene, in der er sein ganzes Leben gefahren war, reizte ihn indes unterschwellig schon lange. Immer wenn er durchs Schweizer Mittelland fuhr und die Einfamilienhäuschen sah, die einander glichen wie Legohäuschen, fühlte sich das für ihn so an, wie er sich eine leichte Depression vorstellte.

Er arbeitete immer noch gern, ging weiter fein essen und kaufte sich Kleidungsstücke, die so teuer waren wie ein Hartz-IV-Monatseinkommen. An einem Sonntagabend las er im Pfarrblättchen einen Text über den Heiligen Geist, den eine Theologieprofessorin geschrieben hatte. Sinngemäß: Lass dich vom Geist auf unbequemes Terrain führen. Das ging ihm nicht aus dem Kopf, er dachte plötzlich darüber nach, Priester zu werden, besuchte die Professorin, redete lang mit ihr darüber und entschied sich dafür, die Arbeit ruhen zu lassen und ins Priesterseminar Chur einzutreten. Seine Freundin weinte. Seinem Bruder sagte er es am Telefon: »Es gibt Neues, du musst dich setzen.«

»Was, du wirst Vater?«, fragte sein Bruder, ein Betriebswirt.

»Nein, ich gehe ins Priesterseminar«, sagte Martin.

Der Bruder musste sich dann wirklich setzen. Erst am nächsten Tag rief er wieder an und sagte seinem Bruder, er bewundere dessen Unternehmergeist. Die Kollegen vom Gericht staunten, viele sagten: »Das ist schon in Ordnung, wenn es dir guttut und dein Weg ist.« Das Gönnerhafte in dieser Aussage störte Martin.

Er legte auch sein Stadtratsmandat nieder. »SP-Politiker geht ins Priesterseminar«, stand am nächsten Tag auf den Werbeplakaten an den Zeitungskästen des *Tages-Anzeigers*. Besonders die Politiker der Christlichen Volkspartei hätten sehr befremdet reagiert, sagte Martin. Die Sozialdemokraten fanden es gut, dass er seine Sache durchziehe, waren von der Sache aber nicht so angetan.

Im Freundeskreis war es ähnlich. Einige Freunde überspielten ihre Hilflosigkeit, indem sie die Frequenz von Kirchenwitzen erhöhten. »Warum muss auf jedem Gipfel so ein Scheißkreuz stehen?«, fragte einer beim Wandern. »Nur weil du gerade Stress mit deiner Freundin hast, musst du ja wirklich nicht ins Priesterseminar«, sagte ein anderer. Martin Sarbach erschreckte sich nicht nur darüber, dass seine Freunde ihn nicht verstanden, sondern viel mehr noch darüber, dass sie keine Fragen stellten, um ihn zu verstehen.

Wir saßen auf einer Parkbank und blickten auf den Ententeich. Ein junges Teichhuhn folgte seiner dicken Mutter krakeelend über das Grün des widerlichen Wassers nach.

Dann war Martin nach Chur gezogen. Auch im Priesterseminar wuchsen die Bäume nicht in den Himmel. Martin war da, um Gott zu finden, und hatte dafür sein Leben eingefroren. Doch die meiste Zeit wurde in den Seminaren über uninteressante Details der Liturgie gestritten. Er war nach einigen Monaten so weit, dass er ernsthaft darüber nachdachte, sich als Einsiedler in eine Berghütte zurückzuziehen. Im Gottesdienst flossen keine Tränen mehr. Es war ein trostloser Winter, und in Zürich konnte er sich auch noch nicht wieder blicken lassen.

Auf den Frühling war Verlass, er brachte Krokusse und Gott und Klarheit. Von den drei Optionen Berghütte, Priesterseminar oder Jesuitennoviziat entschied er sich für die Gesellschaft Jesu.

Im September begann das Noviziat wieder mit Konflikten: Es fiel ihm schwer, auf die Freiheit zu verzichten, selbst zu bestimmen, was er sich kaufte, keinen Urlaub mehr zu haben, nicht mehr verreisen zu können, wohin er wollte. Manchmal gönnte er sich jetzt noch die Illusion, die alten Freiheiten zu haben. Dann setzte er sich am Sonntag oder Donnerstag, dem freien Tag in der Novizenwoche, für einen halben Tag mit einem Buch in ein Straßencafé. Diese kleine Freiheit genoss er mehr als die große, die er früher hatte. Die Frage, ob er ein Leben lang keusch leben könne und wolle, hatte er noch nicht beantwortet.

Jeder Tag eines Jesuiten begann um 6.30 Uhr mit einer geistlichen Betrachtung von einer Stunde. Man las für sich eine Bibelstelle oder eine aus den ignatianischen Betrachtungen, Satz für Satz, dazwischen schwieg man Minuten, in denen man sich alles sinnlich vorstellte: Wie sah Jesus aus, wie der Raum, der Engel? Wie klangen die Stimmen, rochen die Orte? So wie ein Baby die Welt über die Sinne und nicht mit dem Verstand erfuhr, so sollten die Menschen Gott erfahren.

Jeden Morgen war ich dazu mit Claus im Meditationsraum verabredet, er wollte mir bei der Betrachtung helfen. Wir hockten vor einer Chagall-Bibel, neben der ein Kastaniengesteck stand. Daneben brannte eine Kerze. Unsere Mägen quakten in die Stille wie Frösche an einem Sommerabend.

Claus las Satz für Satz: Der Erzengel Gabriel erschien und so weiter, es war die Stelle, in der Maria jungfräulich in Empfängnis trat und vom Engel über den Plan, der dahinterstand, informiert wurde. Nachdem er eine Passage gelesen hatte, machte Claus eine minutenlange Pause. Das war viel Zeit, um drei Sätze mit allen Sinnen zu erfassen. Ich war nach zehn Sekunden fertig. Dann standen mir die Sinne nur noch nach Schlafen.

»Wahnsinn, wie die Maria das gleich annimmt«, sagte Hans, der Österreicher. »Die ist ja verlobt. Hat einen Mann, und dann kommt der Engel, und sie sagt gleich: ›Okay.‹ Respekt, Maria.«

Wir saßen am Vormittag im Unterrichtsraum: wir Novizen. Pater Maureder stand vorn am Lehrerplatz. Diese Theologiestunde, die im Jesuitenjargon »Instructio« hieß, fand an jedem Vormittag statt. Heute tauschten wir unsere Erfahrungen mit der morgendlichen Betrachtung aus. Mariä Empfängnis hatte Hans stärker berührt als mich. Die Novizen waren in den ignatianischen Betrachtungen geübt. In den großen Exerzitien, dem Herzstück des Noviziats, die gerade vorüber waren, waren sie vier Wochen ganz in Betrachtungen versenkt, hatten vier Wochen geschwiegen und betrachtet, betrachtet, betrachtet. Die Novizen wirkten euphorisch, wenn sie von ihren Erfahrungen erzählten. Das konnte ich nicht nachvollziehen, alles, was ich verstand, war, dass tatsächlich Josef der wahre Held der jungfräulichen Empfängnis war, denn Josef brauchte von allen Beteiligten den stärksten Glauben.

In diesem Klassenzimmer durfte das Kreuz noch hängen. An der Wand hingen überdies Porträtfotos Ignatius' von Loyola und des Ordensgenerals Adolfo Nicolás Pachón, des obersten Jesuiten in Rom, den man früher den »schwarzen Papst« nannte. Pater Maureder skizzierte folgendes Tafelbild:

Leistungsmodell

Alles tun → Glück/Lohn (»Ich verdiene es«)

Nachfolgemodell

tun → Glück → tun → Glück ... (Geschenk)

Das Nachfolgemodell schien schon deshalb attraktiv, weil es zweimal mit dem Glück verbunden war. Nichtchristen würden dabei nicht von Nachfolge sprechen, sondern »Der Weg ist das Ziel« sagen. Das Leistungsmodell jedenfalls war nach diesem Bild nicht christlich und auch nicht das Lernziel dieser Ausbildung. Ein christliches Leistungsmodell hätte ein anderes Glaubensverständnis vorausgesetzt: Ich erfülle die Gebote und werde dafür mit einer Eigentumswohnung im Paradies belohnt. Das ganze bürgerliche Dilemma: Leistungsmodell–Nachfolgemodell.

Am Nachmittag durfte ich in Pater Maureders Sprechstunde. Er hatte ein großes Büro, auf einem Tisch, um den herum Sessel standen, lag ein Bronzekreuz, wie es jeder Novize bekam. Eine Kerze brannte. Ich kam mir vor wie ein Achtklässler am humanistischen Gymnasium, der den Beratungslehrer aufsucht. Eigentlich saßen die Novizen hier einzeln bei ihm, um über Fortschritte und Rückschritte auf ihrem inneren Weg zu sprechen.

Wir sprachen über Armut. Jesuiten lebten arm, weil Christus arm gewesen sei, sagte Josef Maureder. Teresa von Àvila hatte gesagt: »Entferne dich nie vom Menschgewordenen.« Der eigentliche Akt des Glaubens sei, sich Gott anzuvertrauen, sagte der Novizenmeister. Reichtum hingegen habe die Funktion der Absicherung. Dies sei der Konflikt zwischen Reichtum und Glaube. Deshalb Armut.

Und lebten Jesuiten in Armut? Manche Novizen sagten, das Leben hier sei sehr ärmlich. Andere, die noch Studenten waren, bevor sie gekommen waren, fanden die Wohnbedingungen sehr großzügig. »Luxuriös«, sagte einer. »Unsere vielen Universitäten, die Ausbildung, eigentlich muss das immer korrigiert werden durch die innere Bewegung, durch einen dynamischen Abstieg, eine Offenheit für die Ärmsten«, sagte Josef Maureder. Hier war der Abstieg – etwas also, was uns Deutschen große Angst machte – etwas Positives. Ein edles Ziel, dessen Erreichen aber die innere Trägheit stets mächtig entgegenwirkte.

Nun sagte Pater Maureder: »Es gab Zeiten, in denen es kaum ein Land gab, in dem die Jesuiten nicht verfolgt oder hinausgeworfen worden wären. Ja, was ist denn los mit uns? Wir müssten wieder Anstoß erregen. Aber es ist eine Hemmung da, nach außen zu sagen, was man zum Zeitgeist denkt und fühlt. Dabei hätten wir als Orden die Freiheit, unsere Meinung zu äußern.«

Die Jesuiten hatten die deutsche Geschichte der Neuzeit bestimmt wie kein anderer Orden, er überzog von der Mitte des sechzehnten Jahrhunderts an weite Teile Südwestdeutschlands mit einem Netz von Hochschulen und Kollegien und legte so die Grundsteine für das Schulsystem, jetzt machte er die Entwicklung der Gesellschaft mit oder nahm sie vorweg, ohne dass er noch große Bedeutung für die Gesellschaft besaß: Finanznot, Überalterung, Schrumpfung. Nach dem Krieg gab es jährlich sechzig bis siebzig Novizen allein in Deutschland, aber nur etwa ein Zehntel davon entschied sich nach dem Noviziat für den Ordensweg. In den vergangenen Jahren hatte sich die Novizenzahl je Jahrgang auf fünf bis zehn eingependelt. Davon blieben dann aber fast alle im Orden.

Auch wenn er große Villen besaß, beklagte der Jesuitenorden einen Geldmangel. An einem Morgen las Pater Maureder einen Brief vor, der aus München von Pater Eberhard von Gemmingen kam, dem Chef des Jesuiten-Magazins. Er bat um Adressen von Menschen, an die der Orden das Heft versenden könne, kostenlos und mit Spendenquittungen. Und auch für seine Informationsbroschüre über Erbschaften suchte der Orden noch Abnehmer. In diesem Jahr waren alle seine Werke in Deutschland defizitär.

Von der Kirche bekam der Orden die Gehälter derjenigen Patres, die Aufgaben in Diözesen übernahmen. Das sahen einige Jesuiten kritisch, da es abhängig machen könne von der Diözesankirche. Der Orden werde mehr und mehr sparen müssen, an seinen Aufgaben, am Lebensstandard seiner Mitglieder, sagte Pater Maureder. Und er fand das gar nicht schlecht: Denn wenn auch die äußerlich sichtbare Lebensform eine arme wäre, sagte er, würde das den Jesuiten guttun. Pater Maureder sagte, er hätte nichts dagegen, in einen Plattenbau am Stadtrand zu ziehen. Die meisten seiner Novizen sahen das anders: Nach außen hin alternativ zu leben, das habe etwas Pharisäerhaftes.

Die Lebensgemeinschaft funktionierte ökonomisch nicht ganz anders als Damanhur oder Likatien. Es war wieder das Konzept der Großfamilie: Man teilte sich Fernseher, Auto, Speiseraum und Duschen und verzichtete dafür auf Privatvermögen. Einer hielt den anderen mit aus, die Kündigung einer Arbeitsstelle riss den Betroffenen nicht in die Katastrophe. »Wir haben, verglichen mit der Gesellschaft, ein Mehr an Rücksicht, ein Mehr an Miteinander«, sagte der Novizenmeister.

In einer Abendmesse predigte Pater Maureder zum Evangelium vom Salz der Erde. Er erzählte die Geschichte einer Exiliranerin. Sie sei in Teheran auf Drogen gewesen und habe sich prostituiert, und junge Christen flüsterten ihr auf der Straße zu: »Du wirst Christus kennenlernen, und er wird dein Leben verändern.« Sie besuchte eine Gemeinde in einer Baracke am Stadtrand, las in einer englischen Bibel, sei fundamental erschüttert gewesen und habe am nächsten Tag ein neues Leben begonnen. Pater Maureder blickte durch seine Goldrandbrille die Novizen an und sagte: »Ihr seid das Salz der Erde. Wir sollten nicht nur artig aufsagen: ›Jesus ist der Sohn Gottes‹ und so weiter, das ist doch zum Kotzen. Sondern wir sollten die fundamentale Erschütterung unseres Glaubens spüren und weitertragen.«

»Pater Maureder hat heute sehr drastische Worte benutzt«, sagte Martin Sarbach beim Abendessen, »das zeigt, dass er mit irgendetwas unzufrieden ist.«

Vom freien Kapitalmarkt in den Gehorsam

Das Auswahlverfahren der Jesuiten war ähnlich streng wie das des Ökodorfs Sieben Linden. Je kleiner die Gemeinschaft, desto genauer schaut man sich offenbar an, mit wem man zusammenleben will. Die Novizen mussten mehrere Aufnahmegespräche führen, der Orden verlangte ein psychologisches Gutachten, ein Motivationsschreiben und zwei Briefe von Freunden, die die Persönlichkeit des Bewerbers beschreiben. Die Ausbildung dauerte lang und ist für den Orden teuer. Jesuiten studierten jeweils sechs Semester Theologie und Philosophie, die Theologie an einer Jesuitenhochschule im Ausland. Dazu kam das Noviziat, ein Praxiseinsatz von zwei Jahren und ein Aufbaustudium nach freier Wahl von wiederum sechs Semestern, etwa Mathematik oder Psychologie.

Es lag nicht viel mehr als drei Jahre zurück, dass mein Angelus Hans-Martin Rieder, damals siebenundzwanzig, als Finanzmathematiker ein wenig zum großen Erdbeben an den Finanzmärkten, das ein Jahr später passieren sollte, beigetragen hatte. Er war bei der Bayerischen Landesbank beschäftigt, die später mehrere Milliarden Euro infolge der Weltwirtschaftskrise verlor. Hans-Martin programmierte Computersoftware, mit der Risiken von Wertpapieren berechnet wurden. Seine Diplomarbeit hatte den Titel »Zum spezifischen Zinsrisiko auf Basis von Credit Default Swaps«.

Die Bayerische Landesbank war in dieser Zeit noch wie eine Behörde. Sein Job galt als einer fürs ganze Leben, die Kollegen waren keine Karriereroboter, die Arbeitszeit moderat, vierzig Stunden in der Woche. »Du bist jemand, der sein Leben lang bei uns bleibt«, sagte sein Chef. Zwei Jahre später, ein halbes Jahr nach dem Zusammenbruch der Investmentbank Lehman Brothers, kündigte Hans-Martin.

Zum Abschied stellte er Bier und Spanferkel hin. Eine Kollegin fragte ihn zu seiner Zukunft bei den Jesuiten: »Darfst du dann noch mit Frauen sprechen?« Ein anderer: »Kriegst du dann nur noch Wasser und Brot?« Wieder andere meinten aber im Eindruck der Bankenkrise, vielleicht habe er genau die richtige Entscheidung getroffen.

»Wenn einige Banker eines Tages Exerzitien machten, dann hätte ich auch von hier aus viel für die Wirtschaft getan«, sagte Hans-Martin.

Er war Vollblutkatholik, Messdiener vom Kommunionskind bis zum Banker, doch die Entscheidung, alles hinzuschmeißen und Jesuit zu werden, war die erste wichtige Entscheidung in seinem Leben, die er nicht vom Kopf her getroffen hatte.

Vom Herzen her hätte er auch gern eine Familie gegründet. »Das war die Frage: Wo hängt das Herz mehr? Und das war, den Weg mit Gott zu gehen. Alle meine Freunde bauen jetzt Häuser, bekommen Kinder und heiraten, und da sehe ich mich nicht, da würde mir etwas fehlen. Ich glaube, die Gesellschaft ist sich gar nicht darüber im Klaren, was ihr gerade verloren geht mit dem christlichen Fundament, daran will ich etwas tun.«

Einfach war das nicht. Er arbeitete zur Zeit in einem Krankenhaus. Ein Patient beachtete ihn überhaupt nicht. Als der erfuhr, dass Hans-Martin Jesuitennovize war, interessierte sich der Mann plötzlich für ihn und sagte: »Oh, dann verdienen Sie bestimmt viel Geld.« Als Hans-Martin ihn über sein Einkommen aufklärte, sagte der Patient: »Oh, dann musst Du ja fröhlich sein.«

Warum Gehorsam? Dieses Gelübde sei verbunden mit der Überzeugung, dass Gott die Oberen im Orden leite, sagte er. Die Grenzen des Gehorsams seien da, wo ein Erfüllen dem Gewissen widerspricht. Es schien ihm nicht konsequent, dass die aufgeklärte Gesellschaft den Gehorsam im Orden so kritisch sah. In der freien Wirtschaft ordne sich jeder Angestellte seinem Arbeitgeber unter, oft ganz enorm. Er verkaufe zwei Drittel seiner Lebenszeit an das Unternehmen, müsse loyal sein, den Wohnort wechseln und so weiter. Jeder Beamte verkaufe sich an den Staat. Und Ordensleuten werde dieses Versprechen als Freiheitsflucht angekreidet.

Im Garten des Novizenhauses waren die Pflanzen mit Schildern versehen, die auf passende Bibelstellen verwiesen: »Markus 14, 26/Ölbaum«, »Johannes 15, 5/Wein«, »Jesus Sirach 24, 4/Zypresse« oder »Matthäus 6, 28–30/Lilien«.

An zwei Abenden in der Woche gab es Bier: sonntags, weil das der Tag der Auferstehung war. Und dienstags war der Gemeinschaftsabend. Dann standen auf dem Tisch des Gemeinschaftsraums im Keller einige Flaschen Ammerndorfer Bräu und Pyraser Angerwirts Weizen sowie Chipstüten, Toffifee und Milka Caramel.

»Das ist jetzt sehr bürgerlich«, entschuldigte sich Hans-Martin, »aber die Süßigkeiten sind Geschenke von Gästen.«

Der Gemeinschaftsabend war nach nicht einmal einer Stunde beendet, wir gingen um 22.00 Uhr schlafen.

Von der Sommerromanze in die Keuschheit

Mathias kam aus einem Land, das etwa so katholisch ist wie die Türkei, nämlich aus Schweden. Wir saßen auf dem Balkon des Novizenhauses in der Sonne, die nun, Mitte Juni, zum ersten Mal auf dieser Reise eine heiße Sommersonne war.

Mathias kam dem Klischee aus dem neunzehnten Jahrhundert, als die Jesuiten als schwarze Elitetruppe des Vatikans galten, farblich am nächsten mit seinen schwarzen Sneakers und dem schwarzen T-Shirt, auf das ein Logo von Absolut Vodka aufgedruckt war. Er hatte dunkelbraunes Haar, Koteletten und leichte Sommersprossen. Er liebte New York, Monty Python, Mozart, deutsches Bier, Kant und Marilyn Manson und wirkte nicht wie jemand, der sich für die Keuschheit entscheidet.

Sein Weg zur Keuschheit war ein langer und las sich wie das Drehbuch zu einem Film: Mathias' biologischer Vater war Finne. »Papa« nannte er aber den neuen Mann seiner Mutter. Beide Väter waren Wirtschaftswissenschaftler und nichtreligiös. Mathias' Lebensweg hingegen klang wie eine verklärte Heiligenbiografie. Er erzählte sie so: Im Konfirmations-Vorbereitungskurs betrat er im Alter von vierzehn Jahren erstmals eine Kirche. Darin hatte er ein Heimatgefühl, wie er sagte. Er beschäftigte sich mit der Bibel, Zweifel rissen ihn hin und her, dann betete er: Gibt es dich, Gott? Was soll ich tun, um die Antwort zu finden? Er nahm seine Bibel, klappte zufällig irgendeine Seite auf und erwischte die Apostelgeschichte eins:

> Dann beteten sie: Herr, du kennst die Herzen aller; zeige, wen von diesen beiden du erwählt hast, diesen Dienst und dieses Apostelamt zu übernehmen. Denn Judas hat es verlassen und ist an den Ort gegangen, der ihm bestimmt war. Dann gaben sie ihnen Lose; das Los fiel auf Matthias, und er wurde den elf Aposteln zugerechnet.

»Matthias«: Tatsächlich hatte Mathias ausgerechnet diese Stelle erwischt, die einzige in der gesamten Bibel, in der der Name Matthias vorkommt. Obwohl sich jener Matthias offensichtlich mit doppeltem t schrieb, empfand Mathias dies als Zeichen Gottes. Er hätte ja auch verrückt sein müssen, es nicht so zu sehen.

»Das hat ganz viel mich beeindruckt«, sagte Mathias, der erst vor wenigen Monaten begonnen hatte, Deutsch zu lernen. Er zappelte mit den Beinen auf und ab und redete schnell. Die Sonne trieb ihm Schweißperlen auf die Stirn. Vielleicht hatte er auch Angst, nicht verstanden zu werden.

Eine Nachbarin hatte Mathias, als er fünfzehn Jahre alt war, einmal gefragt: »Mathias, solltest du nicht Priester werden? Das würde zu dir passen!« Er war Protestant und wunderte sich sehr, warum sie »Priester« gesagt hatte und nicht »Pfarrer«.

Er las mehr christliche Literatur und kaufte sich eines Tages ein Buch vom Wühltisch: den Pilgerbericht der heiligen Birgitta. Darin wurde das Kloster Vadstena erwähnt, das Birgitta infolge einer Christuserscheinung hatte errichten lassen. Da wollte er hin.

In den Sommerferien verdiente er Geld für die Reise. Als er in den Herbstferien genug zusammenhatte, telefonierte er mit den Birgittaschwestern, meldete sich als Besucher an, sie waren einverstanden, und er stieg in den Zug nach Vadstena. Er sah dort das erste Mal in seinem Leben eine Nonne und lebte eine Woche bei den zwölf Schwestern. Er war sechzehn. Just normal? Die Blätter fielen, und Mathias mähte den Rasen um das Kloster herum. Zwischendurch nahm er täglich an sieben Gebeten teil. Da habe er etwas Neues entdeckt, echte Liebe zu Christus. Er holte eine Rosenkranz-Holzperlenkette aus seiner Hosentasche.

»Ich habe den Rosenkranz regelmäßig gebetet, und das war wirklich toll und so.«

Silberne Münzen mit Heiligenprägungen hingen daran: der heilige Franziskus, Maximilian Kolbe, Birgitta, Teresa von Àvila, Ignatius von Loyola.

Bis er neunzehn war, verbrachte Mathias alle weiteren Schulferien im Schwesternkloster. Seine Mutter fand das zwar etwas ungewöhnlich, war aber der Ansicht, es sei besser, als wenn der Junge nur in Pubs rumhänge und kiffe; und sein Vater sagte: »Ach, Mathias, gib's doch zu, du hast da eine Freundin!«

Nach dem Abitur fragte sich Mathias, was er studieren solle, er wollte gern Priester werden, aber auf keinen Fall zölibatär leben. Das Zölibat fand er falsch, obwohl er vom keuschen Leben der Schwestern einen guten Eindruck hatte: »Ein tolles, heiliges Leben haben sie gelebt, nicht ein trauriges und freudloses, wie die Welt sich das immer vorstellt.« Aber die waren im Schnitt vielleicht sechzig Jahre alt, und er war achtzehn.

Außerdem war Mathias evangelisch und unsicher, ob er konvertieren sollte. Die katholische Kirche wurde in seinem Umfeld negativ wahrgenommen. Er begann, Religionswissenschaften auf Lehramt in Uppsala zu studieren, und konvertierte im April 2003. Als er fast schon bereit war, Priester zu werden, verliebte er sich in Griechenland in eine schwedische Studentin. Die beiden zogen in Göteborg zusammen. Sie war nicht religiös, und er war bereits so weit fortgeschritten, dass er täglich Stundengebete las. Trotzdem liebten sie sich, doch nach fünf Jahren ging die Beziehung auseinander. Dann trat Mathias ins Priesterseminar ein, in Uppsala war er im Seminar Missionswissenschaften der einzige Student und lernte den Professor, einen Jesuiten, und darüber den Orden kennen. Er machte die Exerzitien und hatte da wieder ein starkes Heimatgefühl.

Die Novizen waren von etwas, was sie als positiv empfanden, der Liebe zu Gott, zum Ausstieg motiviert. Die meisten anderen Menschen, die ich auf der Reise kennengelernt hatte, waren zehn, zwanzig Jahre älter und hatten aufgrund von Enttäuschungen begonnen, ihr Leben zu ändern.

Ich ging mit Mathias am Abend ins Kneipenviertel in die Altstadt. Das durfte ein Jesuit, anders als die Mönche aus Köln. Jesuiten leben nicht in Klausur, sondern als Priester oder in weltlichen Berufen, um im Austausch mit der Welt zu bleiben, aus der sie ausgestiegen waren.

Wir gingen durch den Stadtpark, der uns neben den üblichen Enten auch weibliche Reize in ihrer wenig verhüllten sommerlichen Erscheinungsart präsentierte. War das nun eine Versuchung aus dem Reich der Unterwelt? Mathias sagte, er gucke sich die Frauen schon gern an, sie seien ja nicht vom Teufel, wie man im Mittelalter gedacht habe, sondern von Gott, nur wenn nachts im Bett die Gedanken weitergingen, wie es wäre, ihnen näher zu kommen, wie ihre Brüste aussähen, dann begänne die Sache problematisch zu werden.

»Als Studenten gingen wir Frauen jagen, daran dürfen wir jetzt gar nicht denken«, sagte er. Aber wenn die Gottesbeziehung intakt sei, sei diese Versuchung nicht groß. Denn die Gottesbeziehung sei im Noviziat aufgrund der Ausrichtung des gesamten Lebens auf das Gebet intensiver als bei Leuten, die ganz in der anderen Welt lebten.

Wir setzten uns in eine Strandbar, die in der Altstadt auf einer Halbinsel im Flüsschen Pegnitz lag. Leuchtreklamen spiegelten sich auf der Wasseroberfläche, die Nacht war sternenklar, aber nur die kräftigsten Sterne konnten sich gegen den Lichtsmog der Stadt durchsetzen. Kein Stern reflektierte im Wasser. Eine Bisamratte kraulte zielstrebig durch den Swimmingpool. Die Bässe der Strandbarmusik gaben ihr den Takt an. Wir tranken schwarzes Tucher aus Flaschen.

»Ich persönlich halte das Bier wirklich für ein Geschenk Gottes«, glaubte Mathias.

An so einem Sternenabend bot es sich an, über Liebesgeschichten zu reden, und seine letzte lag nicht lang zurück. Ausgerechnet wenige Tage bevor das Noviziat begann, verliebte er sich in Schweden. In eine Frau, die ihm in seiner Erinnerung wie seine Traumfrau schien: wunderschön, klug, katholisch. Die letzten Sommertage des vergangenen Jahres verbrachte er mit ihr an Göteborgs Küste, ohne dass mehr passiert wäre als Gespräche. Die letzte Nacht machten sie durch, sie saßen an der Kaimauer und redeten über die Welt und Gott. Morgens wollte Mathias dann nach Hause gehen, war aber so in Gedanken, dass er sich verlief, zehn Kilometer in die falsche Richtung. Sein Bruder holte ihn irgendwann mit dem Auto ab und fragte, was denn los sei.

In den ersten drei Monaten in Nürnberg zweifelte er stark an seiner Entscheidung, Jesuit zu werden, und er weinte jede

Nacht. Die Heiligenbiografie bekam Brüche, aber vielleicht hatte der Drehbuchautor das genau so gewollt. Das Mädchen ging ihm nicht aus dem Kopf. Sie schrieben sich Mails, sie schickte ein romantisches Gedicht, mit dem sie Mathias für eine Nacht dankte, die ihr Herz aufgebrochen habe. Mathias entschied sich aber dafür, die Exerzitien im Dezember abzuwarten und dann zu entscheiden, ob er bleiben sollte. Das starke Heimatgefühl wiederholte sich, es war stärker als die Verliebtheit, und er sagte sich, die Sommernächte von Göteborg seien ein schöner Abschluss seines alten Lebens gewesen, doch nun habe sein neues begonnen. Treue, sagte er, sei ja in jeder Ehe eine ständige Herausforderung, wieso sollte es bei Priestern in ihrer Gottesbeziehung anders sein?

Wir zahlten unser Bier an der Theke der Strandbar, Mathias hatte seine Münzen anstelle eines Portemonnaies in eine Frischhaltefolie eingewickelt. Es war halb zwölf, und er wollte zurück ins Novizenhaus, denn er stand am Morgen noch eine Stunde früher auf als die anderen, weil er vor der Morgenbetrachtung Tai-Chi-Übungen im Garten machte.

Als wir die Strandbar verließen, sah ich, dass sie »Liebesinsel« hieß.

Am nächsten Tag brach der Internetanschluss zusammen. Mathias versuchte stundenlang, ihn zu reparieren. Der Rooter schien defekt zu sein. Auch Pater Maureder und sein Assistent Pater Steiner versuchten, das Problem zu lösen; sie standen neben dem Rechner im Computerraum im Erdgeschoss und konnten doch nicht helfen.

»Ich kann zwar erklären, wie der Herr in die Hostie kommt, aber nicht, wie das Internet in den Computer kommt«, sagte Pater Steiner.

Ignatianische Exerzitien

In der Instructio am Freitag erzählten sich die Novizen von den Bildern, die ihnen während der großen Exerzitien bei der ignatianischen Betrachtung zur Geburt Christi gekommen waren.

»Josef nahm ein warmes Tuch und half beim Säubern des Säuglings«, sagte einer.

»Ich habe die Plazenta herausgetragen«, sagte einer.

»I hob g'dacht: ›Wieso muss da an Rindviech dabei sein?‹ Und dann hob i g'dacht: ›Wenn da schon ein Rindvieh dabei ist, dann bin i dos‹«, sagte Hans.

Hans hatte die Geburt Jesu aus der Perspektive des Ochsen beobachtet.

Dann sprachen wir über die ignatianische Betrachtung der Menschwerdung, die ein zentrales Stück ignatianischer Spiritualität ist. Pater Maureder erzählte dazu folgendes Gleichnis:

> Ameisen bauen einen Hügel. Um Tannennadeln dafür zu finden, müssen sie eine Straße überqueren und in den Wald laufen. Sie gehen immer denselben Weg, und Autos fahren immer mal wieder vorbei und zerquetschen Ameisen. Ganz blöd sind die Ameisen aber nicht: Sie denken kurz nach, wenn sie eine tote Ameise sehen, machen einen Bogen darum, aber gehen dann doch wieder irgendwann den alten Weg.
>
> Eine Frau sieht das und hat Mitleid. Sie versucht, die Ameisen umzuleiten durch ein Rohr, das einige Meter weiter unter der Straße herläuft. Sie stellt ihren Fuß in den Weg, es nutzt nichts. Sie schubst Ameisen rüber zum Rohr. Ein paar gehen durch, doch wenig später gehen wieder alle auf der Straße des Todes.
>
> Dann sagt die Frau: »Ich müsste eine von euch werden und eure Sprache sprechen, um euch den Weg des Lebens zu zeigen.«

Der mitleidende Gott habe sich ins Leben hineinbegeben, der Gott, der bis zum Kreuz mitleide, den die Bosheit des Menschen erschlagen habe, sagte der Exerzitienmeister. Aber das noch größere Problem der Menschen als ihre Böswilligkeit sei ihre Blindheit. Der Mensch sei blind, aber er wäre eigentlich fähig, Gott eine Antwort zu geben, so wie Maria dem Engel.

Meist saß Pater Maureder in den Instruktionsstunden mit angewinkelten Armen in der hinteren Reihe und wirkte introvertiert und unnahbar wie ein Lehrer der alten Schule. Doch jetzt begann er sich zu begeistern. Er gestikulierte, seine Arme tanzten durch die Luft, und er sagte das einzige Mal in der Woche einen persönlichen Satz: Die Betrachtung der Menschwerdung, und zwar die daraus gewonnene Erkenntnis, dass Gott kein Marionettenspieler sei, sondern ein Gott, mit dem wir in Dialog treten könnten, habe ihn mit neunzehn so berührt, dass er ihn dazu bestärkt habe, in den Jesuitenorden einzutreten. Da war er keine zwanzig.

»Hybris!«, hätte der Waldmensch aus dem Westerwald in den Klassenraum gerufen, wäre er ein Novize gewesen.

Maria hätte auch Nein zum Engel sagen können, als er sie fragte, ob sie vom Geist Gottes ein Kind empfangen wolle, sagte Pater Maureder. Wir alle seien immer frei, Nein zu sagen – oder Ja. Nur im Dialog sei Liebe möglich. Daher habe sich der König auch das Bettelgewand anziehen müssen und nicht das Königsgewand. Warum er sich denn nicht einfach zeige, damit wir ihn als Gott klar sähen? Weil das eine liebevolle Beziehung ausschlösse, und dafür unterwürfigen Gehorsam verlangte, antwortete Josef Maureder, und es war schon bemerkenswert, dass die Jesuiten, die sich frei dafür entschieden hatten, gehorsam gegenüber dem hoffentlich von Gott geleiteten Ordensoberen zu leben, diese Art von Gehorsam gegenüber Gott kritisch sahen.

Im Grunde, sagte Maureder irgendwann später ohne erkennbaren gedanklichen Anschluss an das Gleichnis, im Grunde sollte es wehtun, mutwillig eine Ameise zu töten. Oder einen Stuhl, auf dem man Jahre gesessen habe, in den Container zu schmeißen. »Ich habe doch eine Beziehung zur Schöpfung und zum Stuhl«, sagte er. So ähnlich hatten es die Likatier auch gesagt, so ähnlich ebenso die Damanhurianer. Es gab vielleicht mehr Gemeinsamkeiten zwischen meinen Aussteigern als zwischen ihnen und den Menschen aus den Reihenhäusern. Doch wenn man sie alle zusammenbrächte, würden sie sich wahrscheinlich nicht gut verstehen.

Hupen und Gesänge drangen am Freitagabend von draußen in den Essensraum herein. Jemand fragte, ob heute die Fußball-Weltmeisterschaft begonnen habe. Hans-Martin bejahte die Frage. Er habe das am Morgen in der Zeitung gelesen.

Am Sonntag trugen alle Stoffhosen, Hemden, manche eine Krawatte. Das Mittagessen war feiner, es gab Spargel und Braten. In einem Österreicher Frauenkloster, erzählte Pater Maureder, aßen die Schwestern zweimal in der Woche Fleisch. In einer Besuchergruppe war einmal ein strenger Vegetarier, der das streng kritisierte.

»Wissen Sie«, sagte ihm eine der Schwestern, »wir müssen manchmal arbeiten.«

Als mir Claus beim Mittagessen Wasser nachschenkte, wollte ich fast Amen sagen. Zum Salatbüfett ging ich mit kleinen Schritten und geradem Rücken, brav wie ein Messdiener. Ich musste mich zusammenreißen, mich normal zu benehmen, auch wenn überall Kreuze hingen. Vielleicht ist, als ich ein Kind war, irgendwas mit meiner Erziehung falsch gelaufen. Vielleicht war es auch Zeit, weiterzuziehen, und schließlich war ich am nächsten Tag mit einem weiteren Heiligen verabredet: einem Typen, der seit langer Zeit kein Geld mehr benutzt.

Ich ging aus dem Eisentor hinaus auf die Virchowstraße. Bei meiner Ankunft war es mir so vorgekommen, als halte das Tor die Novizen von der Welt fern. Nach einer Woche merkte ich, dass das Tor die Welt draußen halten sollte, was auch sehr hilfreich war, um ihnen den Start in einen so radikal inneren Lebensweg zu erleichtern. In eineinhalb Jahren würde niemand von ihnen mehr hier sein. Mathias konnte sich vorstellen, mit Obdachlosen zu arbeiten oder in China zu missionieren, wo die Leute noch Moral und Ethik suchten, während in Europa alle schon ihre Moral gefunden hätten, sagte er einmal, so wie ein Unternehmer über Absatzmärkte für Autos sprach. Hans wollte Priester werden, aber »kein Sakrament-Spendeautomat«, sondern einer, der Zeit für seine Gemeinde hatte. Hans-Martin wollte Brücken bauen zwischen der christlichen Ethik und der Finanzwirtschaft. Christoph reizte die Wissenschaft, vielleicht auch in China, dessen Sprache er sprach. Entscheiden würde das keiner von ihnen selbst, das war die Aufgabe des Provinzials. Manchmal war die Mission der Jesuiten lebensgefährlich. Kürzlich waren zwei Patres in Russland ermordet worden, und einen Pater hatte man gerade wegen Morddrohungen aus Istanbul abgezogen.

KAPITEL 12

Leben ohne Geld in München

Pavlik hatte keinen festen Wohnsitz. Er stellte mir frei, in welcher Stadt wir uns treffen. Ich entschied mich für München, denn ein Leben ohne Geld in einer Stadt mit viel Geld auszuprobieren erschien mir besonders interessant.

Für »zwischen zehn und zwölf Uhr« hatten wir uns im Biergarten am Chinesischen Turm verabredet. Auf eine exakte Zeit wollte sich Pavlik, der sich »Elf« nannte, nicht einlassen, denn er reiste aus Bochum an, und Reisen ohne Geld hatten den Nachteil, dass die Ankunftszeit vorher nicht feststand.

Im Biergarten standen zwei schwarz gekleidete Sicherheitsleute vor leeren Biertischreihen. Es regnete leicht. Der Elf war schon da, er saß unter dem Dach des Chinesischen Turms auf einer Bierbank, hatte eine grüne Jacke an, eine schmutzige Militärhose mit ausgebeulten Seitentaschen und Rissen an den Knien. Er trug Wanderschuhe, die gegen das Unterwegssein rebellierten, indem sie sich auflösten. Er sah aus wie ein Obdachloser.

Er lebte auch fast so. Aber er tat das freiwillig, er dachte sich etwas dabei. Bereits seit mehr als einem Jahr nannte sich der siebenundzwanzig Jahre alte Pole Pawel Jósef Stanczyk nicht mehr »Pawel Jósef«, sondern »Elf Pavlik«. Der sollte sein endgültiger postbürgerlicher Name sein. Er roch, wie ein Mensch riecht, der sich und seine Kleider einige Tage und Nächte nicht gewaschen hat.

Pavlik blickte mich musternd und freundlich durch seine schwarze Kunststoffrahmenbrille an, die Gläser vergrößerten seine Augen. Er trug ein schwarz-gelb gestreiftes Kopftuch eng über der Stirn zusammengerafft, es fiel ihm über die Schultern und ließ ihn aussehen wie einen Pharao. »Ich sitze seit gestern Abend hier«, sagte er. Er war schneller von Bochum nach München getrampt als erwartet. Die Fahrt hatte nur dreizehn Stunden gedauert. Ich bot ihm eine Quarkschnecke an.

»Enthält sie tierische Produkte?«, fragte der Elf.

»Ja, Quark.«

»Tut mir leid, dann kann ich sie nicht essen, weil du sie gekauft hast und damit die Nachfrage nach Quark erhöht hast. Hätten wir sie als Abfall in einem Container gefunden, würde ich sie essen.«

Ich sah drei anstrengende Tage auf mich zurasen wie einen D-Zug in eine Herde mittelalterlicher Zwergschafe.

Sein Zelt und den Rucksack, in dem sein gesamter Besitz steckte, hatte Pavlik einige Kilometer weit nördlich im Englischen Garten im Gebüsch versteckt. Wir würden sie am Abend wieder holen, bevor wir uns einen Schlafplatz suchen mussten. Jetzt sollten wir aber damit beginnen, nach einem Mittagessen zu suchen. Mehr als Essen, Trinken, Luft und etwas Schlaf brauchte man ja nicht zum Überleben, sagte Elf gut gelaunt. Sehr viel mehr hatte er auch nicht mehr, seit das Geld aus seinem Leben verbannt war.

Wir gingen an einem See vorbei, unter einer lärmenden Brücke hindurch, und stießen bald an ein Ende des Parks. Pavlik faltete einen Stadtplan aus, den ihm Touristen geschenkt hatten. »Sankt Nikolaus«, sagte er und zeigte auf eine Stelle in der Nähe unseres Standorts, »let's go there.« Sankt Nikolaus war ein Altenheim der Diakonie, ein guter Ort zum Betteln. Wir gingen hinein, auf dem Boden glänzten Kacheln, und Plastikblumen standen auf dem Empfangstresen. Die Rezeptionistin fragte, was wir wollen. Pavlik erklärte es ihr: »Ich bezeichne mich als Elfen. Ich mache ein Experiment, Leben ohne Geld, und er ist Journalist und begleitet mich für ein paar Tage. Wir lehnen den Gebrauch von Geld ab. Könnten wir bei Ihnen ein Essen bekommen?«

Die Dame schaute skeptisch, aber ihr Blick war nicht vernichtend, sondern er enthielt auch ein wenig Sympathie. Sie ging in ein Büro, um die Heimleitung nach einer Essenserlaubnis zu fragen, und kam mit ablehnender Antwort zurück. Viel Glück, sagte sie, ein interessantes Experiment sei das, aber sie sagte nicht, warum sie dieses Experiment interessant fand.

Pavlik warb für eine Welt, in der die Menschen sich nur noch beschenken. Er lehnte nicht nur das Geld, sondern auch Tauschgeschäfte ab.

Im Sommer lebte er eigentlich auf dem Land. Dort half er auf Biohöfen bei der Ernte mit. Er bot seine Arbeit über seine Internetseite jedem an, wofür die Voraussetzung war, dass er sich mit den Zielen der Arbeit identifizieren kann. Seine weiteren Bedingungen waren: Die Unterkunft musste möglichst naturnah sein, er verlangte vegane biologische Verpflegung und war bereit, am Tag maximal drei Stunden körperliche Arbeit zu leisten und dazu bis zu vier Stunden Arbeit am Computer.

Die Nachfrage nach seiner Arbeitskraft war aber gering.

Hielt er sich in einer Stadt auf, lebte er von Armenspeisungen und vom Containering, also von Nahrung, die er in den

Abfällen der Supermärkte fand. Das hielt er, anders als Tauschgeschäfte, für korrekt, weil es die Nachfrage nach konventionellen Lebensmitteln nicht erhöhe und somit auch nicht die Produktion. Als er mir erzählte, dass er im urbanen Umfeld von Müll lebe, bereute ich, mich mit ihm in einer Stadt getroffen zu haben.

Es wurde Nachmittag. Wir gingen in Richtung Bahnhofsmission. Die sei immer für einen Tee und für einen Kuchen gut, sagte der Elf. Aber sie lag mehrere Kilometer vom Sankt-Nikolaus-Heim entfernt. Wir gingen die Gründerzeitstraßen Schwabings und die Leopoldstraße hinab, klassizistische Gebäude schauten auf uns herab, die Universität, Staatsministerien, wir gingen auf den Odeonsplatz, die Münchner Bourgeoisie schwärmte uns geschäftig entgegen. Wir müssten Alternative finden, Hacker oder Troublemakers, sagte der Elf, die seien hilfsbereiter als diese Leute hier.

Pavlik lehnte auch Staaten wie überhaupt alle »künstlichen Identitäten« ab, wie er sie nannte. Seinen Personalausweis und Reisepass hatte er deshalb einem Papierwolf zum Fressen gegeben, bevor er sich im Sommer 2009 während eines Aufenthalts in einem Ökodorf in Portugal dazu entschloss, fortan Elf zu sein.

Er zeigte sich fest davon überzeugt, dass in wenigen Jahren die Mehrheit der Menschen freiwillig, nur durch vernünftige Einsicht, auf Geld verzichten würde. Damit wären viele Probleme dieser Zeit gelöst: Der Staat könne sich und seine Kriege nicht mehr über Steuern finanzieren, die Zentralbanken könnten so viele Euros drucken, wie sie wollten, und keiner würde sie haben wollen, glaubte Pavlik.

Am Odeonsplatz begegneten wir einer Verkäuferin der Obdachlosenzeitschrift *Biss*. Die Frau erzählte uns von ihrem

Schicksal: Sie war drei Wochen lang obdachlos gewesen, vor einigen Jahren am Bodensee, dort schlief sie in einer Baracke, und die Bauern gaben ihr, wenn sie fragte, nicht einmal das Fallobst. Es sei schlimm gewesen, ganz schlimm, doch jetzt sei sie wieder zurück im Leben.

Pavlik fragte die Zeitschriftenverkäuferin, wo es in der Stadt gute Obdachlosenspeisungen gäbe. Sie empfahl uns das Bonifatiuskloster, dort gebe es von acht bis zehn Uhr morgens Essen, sagte sie. »Aber so was hab ich noch nie in Anspruch genommen, man soll ja besser arbeiten gehen. Arbeitet ihr?«

»Nein, wir leben ohne Geld. Wir lehnen es ab, an der finanzwirtschaftlichen Ökonomie zu partizipieren«, sagte Pavlik. Die Frau blickte fragend.

Obwohl wir alle drei irgendwie Obdachlose waren, verstanden wir einander nicht, zumindest verstand Pavlik die Frau nicht, und sie verstand, ebenso wie ich, Pavlik nicht. Dann gingen wir beide weiter in Richtung Bahnhof, und Pavlik sagte: »Dass man immer denkt, es gebe nur Reiche und Arme – Arme, die aber gern Geld hätten –, das stört mich. An die vielen Leute, die kein Geld verwenden möchten, denkt niemand.«

Es war ein Fehler gewesen, dass ich am Morgen nicht meine Wander-, sondern Lederhalbschuhe angezogen und Erstere bei Freunden gelassen hatte. Schon jetzt scheuerten die Schuhe an den Fersen. Der Elf hatte sich eine Stofftasche um die Schulter gehängt, ich trug zwei Jutebeutel mit meinen Sachen für die nächsten Tage: Schlafsack, Handtuch, Zahnbürste, Unterhose. Kein Geld. Nur zwanzig Euro für den Notfall, aber das war mein Geheimnis. Keine EC-Karte, keine Dokumente, so wie Elf.

Wir erreichten die Bahnhofsmission, die sich links neben den

Gleisen versteckt hatte. Die Obdachlosen sahen hier in München gepflegter aus als die in Nürnberg, und es roch nicht nach Schweiß, sondern nach Reinigungsmitteln. An einer Theke schenkte ein Fräulein Tee und Kaffee aus und verteilte Schmalzbrote.

Pavlik trat an den Tresen: »Ich bezeichne mich als Elfen. Ich verwende kein Geld, und er ist ein Journalist und begleitet mich ein paar Tage. Wir lehnen, wie gesagt, den Gebrauch von Geld konsequent ab. Könnten wir bei Ihnen ein Essen bekommen?«

»Zu uns kommen eigentlich Menschen, die kein Geld haben, und nicht Menschen, die keines verwenden wollen. Aber ihr könnt Tee und Brote bekommen, wenn ihr wollt.«

Ich nahm nur einen Früchtetee, Pavlik ließ sich zwei Schmalzbrote geben. Er fragte mich, als er sie in der Hand hielt, was dieser Aufstrich sei.

»Schmalz. Das ist Schweinefett, vielleicht auch Fett von Gänsen.«

Er guckte angewidert, als halte er rohes Schneckenfleisch in der Hand, stand auf, ging mit den Broten wieder zum Tresen, gab sie zurück und bekam zwei neue Brote mit Margarine. Der Veganer war fast in eine tierische Falle getappt.

»Ich esse keine Tiere oder tierischen Produkte«, sagte er der Mitarbeiterin.

Ich mochte kein Brot nehmen, wurde aber auch vom Tee nicht satt. Nach der Teepause begann die Suche nach einem Abendessen. Jetzt wollte Pavlik Netto-Supermärkte aufsuchen, da man in deren Containern am besten gutes Essen finde. Denn der Netto trenne die Lebensmittel vom anderen Müll und sperre seine Müllbehälter in der Regel nicht zu. Elf holte einen DIN-A4-Zettel aus seiner Hosentasche und entfaltete ihn. Es war ein blasser Ausdruck eines Stadtplans von Google Maps aus dem Internet, mit Markierungen an den Orten, an denen Netto-Märkte waren. Tintensparend ausgedruckt, fast unsichtbar.

Auf dem Weg zum nächsten Netto in Schwabing kamen wir am Bonifatiuskloster vorbei. In der gläsernen Pförtnerkabine stand ein großer Mönch im schwarzen Habit. Er sagte mitleidsvoll, am nächsten Morgen könnten wir zum Essen kommen, es gebe auch eine Kleiderausgabe und die Möglichkeit zu duschen. Pavlik freute sich über diese Informationen, denn er benötigte dringend neue Schuhe und auch eine Dusche. Wir bedankten uns und gingen weiter, ohne den Mönch über das Glück des Lebens ohne Geld zu informieren.

In der Arcisstraße beanspruchte ein monumentales Gebäude einen ganzen Straßenblock für sich. Es war die Technische Universität. Pavlik witterte die Chance, darin einen freien Internetzugang zu finden. Er wollte im Internet in Containering-Foren nachlesen, auf welchen Parkplätzen man in München Essen finden kann. Wir betraten die TU, gingen durch Flure und Treppen hinauf, und im Flur des Lehrstuhls für Kommunikationsnetzwerke, zweiter Stock links, stand eine Bürotür offen. Wir guckten hinein, zwei junge Chinesen guckten heraus. Sie quittierten unsere Frage nach einem freien Internetzugang mit Blicken, mit denen sie auch eine Giraffe angeschaut hätten, die plötzlich in ihrem Büro gestanden hätte. In der Bibliothek im Innenhofgebäude hätten wir eine Chance, sagte einer.

Das sah von außen aus wie ein Raumschiff. Drinnen fragten wir am Infoschalter nach kostenlosem Internet. Wenn man einen Antrag auf Mitgliedschaft ausfülle, dürfe man kostenfrei ins Internet. Man brauche aber einen Wohnsitz in Deutschland. Also füllte ich den Antrag für Pavlik aus, letztlich aber scheiterte unser Versuch daran, dass auch ich mich nicht ausweisen konnte. Wieder hatte die deutsche Bürokratie große Träume zunichte gemacht. Pawlik blieb gut gelaunt, obwohl München seine Rolle zuverlässig spielte und uns das Leben schwermachte.

»Heute Abend müssen wir noch im Hellen einen Platz fürs Zelt finden. Und wir waschen uns in der Isar«, frohlockte Pavlik. Die Luft hatte siebzehn Grad, und die Isar führte Hochwasser, reißend und trüb.

Wir finden Puffreis im Müll

Wir gingen durch die Maxvorstadt in Richtung Norden, vorbei an einem Vinzenzmurr-Fleischer, in dessen Schaufenster Schweinehaxen für sich warben, und an einem Dönerladen, in dessen Schaufenster der Fleischkegel tanzte wie Hühnerbeine im Schlaraffenland. Auch die Speisegaststätte »Pommes XXL« und ein Würstelstand schienen mir reizvolle Angebote zu machen. Pavlik sah das anders: »Alles ungesunde, billige Zutaten. Wenn Leute für sich selbst kochen, nehmen sie die besten Zutaten. Wenn sie Geld dafür haben wollen, nehmen sie die schlechtesten.«

Im Bioladen »Mutter Erde« schenkte uns der Chef auf Nachfrage drei Dinkelbrötchen, und obwohl er mit seinem Palästinensertuch und Vollbart so aussah wie ein Sozialkämpfer, interessierte auch er sich nicht näher für Pavliks Geldtheorie.

Drei Kilometer weiter nördlich an der Leopoldstraße fanden wir zwar immer noch keinen Netto, aber dafür einen großen Lidl-Markt, auf dessen Parkplatz fünf Tonnen standen. Sie waren offen. Nebenan war eine Shell-Tankstelle, der Elf nahm sich dort mehrere Plastikhandschuhe aus einer Box neben dem Papierspender. Pavlik zog sich die Handschuhe über und begann die Tonnen zu durchwühlen. Er lehnte sich weit hinein und balancierte gekonnt seinen Körper, der mit dem Bauch auf der Tonnenwand auflag. Im ersten Container lagen Obst, Gemüse und Verpackungen. Die Konsistenz der meisten Nahrungsmittel war eher flüssig als fest, Brokkoli und Tomaten waren zu hochinteressanten Gärsäften gereift. Es roch wie auf einer Müllhalde, der Abfall schwamm in einer bräunlich grünen Suppe, Schimmelpilz schien sich mit dieser Melange angefreundet zu haben.

Der Elf fischte unerschrocken in der Ursuppe und fing zwei anständige Honigmelonen, eine gelbe und eine grüne. Sie trugen Spuren von Schimmelsoße an ihren Außenhäuten. Aber innen könnten sie noch gut sein, sagte Pavlik.

Die zweite Tonne war eine Enttäuschung, darin lagen nur Styroporverpackungen. Die dritte Tonne war mit einem Bügelschloss versperrt. In der vierten lagen ganz oben sechs Packungen von einem Kindersnack, Puffreis in Milchschokolade, sie waren doppelt verpackt, die eigentliche Packung gelb und jeder einzelne Puffreis-Schoko-Riegel in hellblauen Tüten: »Kid Crunchy«. Sie waren noch haltbar, aber merkwürdigerweise rochen sie, obwohl sie verpackt waren, deutlich nach Puffreissnacks. Wir packten den fetten Fang in unsere Beutel: einen Camembert, duftenden Schokopuffreis bis ans Ende aller Tage, Golden Toast, haltbar bis morgen, fünf Bananen, die oben halboffen waren, ein schönes Bund Karotten.

Wir gingen weiter in Richtung Norden, dorthin, wo der Elf seinen Rucksack versteckt hatte. Das Abendessen war gesichert, nun mussten wir einen Schlafplatz finden. Lastwagen und andere Autos rasten auf sechsspurigem Asphalt an uns vorbei. Wir machten ein Erinnerungsfoto mit dem Selbstauslöser: der lachende Elf und das lachende Ich, in den Händen zwei Leinenbeutel und eine Ikea-Papiertragetasche mit dem Müllfund, hinter uns Beton, Autos und der graue Himmel. Neulich, erzählte der Elf, habe er einen Albtraum gehabt: Er habe geträumt, dass er Geld benutze.

Als wir nicht mehr weit vom Englischen Garten entfernt waren, kamen wir an einem Friedhof vorbei. Der Nordfriedhof lag zwischen dem Englischen Garten und unserem Highway, also durchquerten wir ihn. Die Gräber veranlassten Pavlik zu der Bemerkung, er würde nach seinem Tod gern als Kompost fungieren, man solle ihn einfach in der Erde vergraben, ohne Sarg und Grabstein, und Erdbeeren auf ihm pflanzen. So wäre die in ihm gespeicherte Energie wenigstens noch für etwas nützlich.

Wir erreichten ein Wasserbassin. Es war aus einem Stein wie Marmor und hatte Ähnlichkeit mit einem Swimmingpool. Das klare Wasser war zum Füllen der Gießkannen für die Gräber gedacht. Am Rand des Bassins war ein Wasserhahn montiert. Wir begannen darunter unser Abendessen abzuspülen. Hier auf dem Friedhof, sagte ich, könnte das Wasser eventuell mit Kolibakterien verseucht sein, wenn es einfaches Grundwasser sei und nur zum Gießen der Grabpflanzen gedacht. Pawlik nahm den Einwand zur Kenntnis und roch intensiv an dem Wasser, das er mit den Händen aus dem Bassin abgeschöpft hatte. Er schüttelte den Kopf und meinte, das Wasser sei gut.

»Wir sind doch in einer sehr komfortablen Lage«, sagte er. »Es gibt hier frisches Wasser, es ist warm draußen, und es gibt keine wilden Tiere, keine Löwen, keine Tiger.«

Neben dem Bassin setzten wir uns auf eine Parkbank. Gegenüber lag das Grab der Familie Westermeier mit Luise, Wilhelmine, Marie, Hans und Maria. Es war schon Abend, vielleicht halb neun. Unser Menü begann mit den nicht zermatschten Hälften der Bananen (Pavlik aß die ganzen Bananen). Als zweiten Gang gab es Biobrötchen und Toastbrot, belegt mit dem halb geschmolzenen Camembert. Auf der Packung Golden Toast klebte ein orangefarbenes Schild: »30 % billiger«. Pavliks Teelöffel war unser Universalinstrument, er hatte so viele Funktionen wie ein Schweizer Taschenmesser. Mit dem Griff des Löffels konnte man den Camembert in Scheibchen zerteilen und auf dem Brot verstreichen, ebenso schabten wir damit die Karotten ab, die es als Nächstes zu essen gab. Alles schmeckte so süßlich, die Vögel sangen so zart. Als Dessert aßen wir den Grießbrei von Landliebe mit dem Multifunktionslöffel. Schließlich aß Pavlik neun Kid Crunchys, ich nahm drei Riegel von dem Puffreis. Fin du menu.

Wir gingen über den Friedhof und fanden, nachdem wir einen Trauergast gefragt hatten, ein Ausgangstor, das in den Englischen Garten führte. Hier in seinem Nordteil war der Garten wilder als im touristischen Süden, in dem wir uns am Morgen getroffen hatten. Das Gras seiner Wiesen war lang, er war durchsetzt von launischen Bächen, die sich trennten und wieder eins wurden und dann doch wieder spalteten und die Waldinseln umschlossen wie die Muttergöttin ihre Geschöpfe.

Pawel Jósef Stanczyks Großvater war Alkoholiker gewesen, und auch der Vater des Elfen trank. Pavlik hasste Alkohol und noch mehr die Leute, die »für Geld« Werbung dafür machten, um den Alkohol dann »für Geld« zu verkaufen. Verantwortung schien Pavlik ein wichtiges Thema zu sein, und Leute, die etwas für Geld taten, übernahmen nicht genug Verantwortung, fand er. Sein Vater musste seit Jahrzehnten allerhand stupide

Jobs machen: Bier verkaufen, in einer Gewürzfabrik schuften. Für Geld, nur für das Geld.

Pawel Jósef hatte eine bewegte Kindheit. Seine Eltern ließen sich scheiden, als er vier Jahre alt war, und Pawel wollte am liebsten bei seinem Vater bleiben. Doch der hatte nicht das Sorgerecht. Er nahm Pawel und seinen größeren Bruder und flüchtete mit ihnen. Jahre zogen sie durch Polen, es war eine ewige Flucht vor der Mutter und der Polizei. Oft blieben sie nur eine Woche an einem Ort. Pawel wurde erst in der vierten Klasse eingeschult. Er war mehr ein Flüchtling als ein Nomade.

Als Pawel Viertklässler war, schien die Flucht beendet. Sie ließen sich in Danzig nieder, wo er nach dem Abitur Schiffsingenieurwesen zu studieren begann, er brach das Studium aber bald ab. Dann studierte er Informatik und reiste nach zwei Jahren mit seinem Cousin nach Amerika. Dort wollten sie ein halbes Jahr Traveller sein und auch arbeiten, um sich die Dollars für die Reise zu verdienen. Der Cousin kehrte dann wie geplant zurück nach Polen. Pawel blieb.

Die bekannte Überlebenskünstlerin Heidemarie Schwermer hatte mir die E-Mail-Adresse des Elfen weitergeleitet. Auch die Gruppe der sogenannten Schenker, Menschen, die dem Geld entsagt hatten, war klein und gut vernetzt. Heidemarie Schwermer selbst hatte auch viele Jahre auf Geld verzichtet und darüber ein Buch geschrieben: *Das Sterntalerexperiment*.

Heidemarie war eine oft enttäuschte Idealistin, die als Lehrerin scheiterte, deren Ehe in die Brüche ging, die an eine Hindu-Sekte geriet, der es aber immer wieder gelang, ihr Leben zum Besseren zu ändern. Sie kurvte auf ihrem Lebensweg von einer Therapie über die nächste Therapeutenausbildung in die nächste Therapie. Sie bemerkte, »welchen übertriebenen Stellenwert bare Münze in unserem Sozialgefüge hatte«, und verzichtete mehr und mehr auf Geld. Sie verschenkte ihren Besitz und hütete fremde Häuser, wenn deren Bewohner verreist waren, und durfte sich dafür am Kühlschrank bedienen, und sie initiierte ein Tauschnetzwerk, ein Geben und Nehmen auf Stundenbasis ähnlich wie in der Uckermark. Sie konnte sich keinen Arztbesuch mehr leisten, betete vermehrt, und plötzlich passierten Wunder. Ihr Buch ist die Autobiografie einer einfachen Frau, die deswegen etwas zu erzählen hat, weil sie ein Leben lang an ihrer Naivität festgehalten hat und sich von Engeln leiten ließ. Sie schreibt kluge Sätze:

> Es geht nicht darum, arm oder reich zu sein, unglücklich oder glücklich, sondern es geht darum, Zusammenhänge zu schaffen, in denen die Einzelnen sinnvoll und wahrhaftig leben können, zwischen Geben und Nehmen, Aktivität und Passivität, Schaffen und Ruhen, Handeln und Besinnen. (...) Die Wirtschaft kennt nur das Entweder-Oder, das krank macht, einengt, Abhängigkeiten schafft.

Aussteigen war oft der Versuch, eine Antithese zu dieser Welt zu formulieren.

Pawel Jósef fand in New York Arbeit in der Kuchenfabrik Juniors Cheesecake. Dort arbeiteten viele Polen, die meisten, wie auch er selbst, illegal. Er fühlte sich in der polnischen Gemeinde zunächst wohl. Er lebte hier besser als in Danzig.

Pawels Arbeitskollegen tranken nach Feierabend viel Bier und gingen anschließend in immer dieselbe Tabledance-Bar. Irgendwann störte ihn die Monotonie. Ebenso wie seine Erfahrungen in der Fabrik. Die Inhaber der Kuchenfabrik behandelten die Gastarbeiter gelegentlich jähzornig, Pawlik empfand es so, als luden sie ihre eigene Unzufriedenheit auf die Arbeiter ab. Er machte Verbesserungsvorschläge, doch sie wurden nie umgesetzt. Alles blieb, wie es war, und es gab sogar mehr und mehr Druck für die Arbeiter, obwohl die Firma, wie Pavlik glaubte, viel Geld verdiente.

Er kündigte und zog nach San Francisco, in die Stadt des heiligen Franziskus, weil sein Herz in dieser Zeit an elektronischer Goa-Musik hing und ihm die Musikszene der Westküste mehr zusagte.

Den letzten bezahlten Job seines Lebens – als Programmierer – hatte er im Sommer vor drei Jahren gekündigt. Pawel musste einen Internet-Fragebogen für Kunden eines Touristikunternehmens programmieren, der dem Nutzer nach Beantwortung eine Empfehlung ausgab, welche Reise für ihn die richtige sei. In Wahrheit war das Ergebnis aber rein zufällig. Es hatte nichts mit den Antworten zu tun. Das war Betrug. Pawel sagte seinen Chefs, er wolle das nicht machen, sondern wolle etwas tun, was den Menschen nutzte und nicht der Firma. Nach vier Monaten wurde er entlassen.

Dann lebte er vom Ersparten, genoss das Leben auf Goa-Partys und schaute sich im Internet Videos über psychedelische Drogen an. Er zog auf eine illegale Cannabisplantage an der Westküste, half bei der Ernte und zeltete auf der Plantage, mitten im Winter. Pawel nahm dafür kein Geld, durfte aber so viel Cannabis rauchen, wie er wollte, bekam den Zeltstellplatz umsonst und die Mahlzeiten. Er fror, fühlte sich jedoch frei wie eine Seemöwe.

Im März, als die Luft milder wurde, zog er an den Strand von San Francisco. Auf der Geburtstagsfeier des von der Szene hochverehrten Musikers Goa Gil erfuhr Pawel einen vierundzwanzig Stunden andauernden LSD-Trip. Er nahm in dieser Zeit auch an sogenannten Tipi-Zeremonien im indianischen Ritus teil, nahm magische Pilze zu sich, und nun begann Pawel, der vorher ein Rationalist gewesen war, wie ein Indianer oder wie Heidemarie Schwermer zu beten: dafür, dass ihm Ideen kommen, wie er seine Intelligenz für eine große Sache einsetzen könne, die der Menschheit nützlich sei, und nicht nur für einen Cannabisbauern oder neureiche New-Economy-Arschlöcher.

Irgendetwas stank am Geld, darauf verdichteten sich seine Gedanken. Pawel selbst verzichtete konsequenterweise fortan darauf. Keine andere Spezies nutzte Geld, dachte er, das könne also nicht natürlich sein. Das Geld war ungesund, etwas Zerstörerisches, eine Ursache der Betrügereien, des Stehlens, des Raubs, der Gier, der Entfremdung. Der Elf Pavlik lebte fortan auf der Straße in San Francisco, in einem Park, der so groß war wie der Englische Garten in München. Selbst in den Obdachlosenheimen, in denen er nun aß, machten die Wohltäter die Arbeit nicht aus Liebe zu den Armen. Es gingen unter den Wohnungslosen Gerüchte um, dass die Vorstände der Hilfswerke achtzigtausend Dollar im Jahr verdienen, die gute Sache war wohl auch den Diplompädagogen nur ein Vorwand, um sich Jobs zu verschaffen.

Pawel erkannte es als einen Systemfehler, dass all die professionellen Helfer einen sehr engen Fokus auf ihre Aufgabe hatten und darüber hinaus keinerlei Verantwortung für die Menschen. Ein Arzt etwa behandelte einen Obdachlosen, der gestürzt war und sich ein Bein gebrochen hatte, und schickte ihn dann wieder raus, wo er weitertrank und wieder stürzte. Und von den Mitarbeitern der Suppenküche seien die Armen zwar mit Suppe versorgt worden, aber behandelt worden wie Häftlinge.

Er hatte in diesem Sommer sehr viel Zeit, um nachzudenken. Er las über Yoga, den Maya-Kalender, Buddhismus, Computerprogrammiersprachen. Die Gottheit Shiva inspirierte ihn. Seine Brille ging kaputt. Und er lebte, da er kein Geld mehr in die Hand nahm, ein halbes Jahr ohne Sehhilfe. Seine Sehschwäche betrug minus vier, und erst als sein Vater ihn einmal in San Francisco besuchte, brachte er seinem Sohn eine neue Brille als Geschenk mit. Derweil hatte Pawels Bruder in Polen ausgerechnet als Kreditvermittler zu arbeiten begonnen. Irgendwann in diesem Sommer ohne Brille im Park kam Pavlik die Erleuchtung, in der viele Fragen ihre Lösung fanden: Die Menschheit müsste das Geld abschaffen, aus freiwilliger Einsicht aller Menschen, und müsste ihre Volkswirtschaften anders organisieren. Dafür wollte er fortan werben.

Er hatte das Geld schuldig gesprochen, und nicht die Menschen für ihre Verantwortungslosigkeit, für ihren Egoismus oder ihre Bequemlichkeit.

Als die Abenddämmerung begonnen hatte, erreichten wir das Versteck. Das Waldstück lag hinter einem Holzpavillon an einem Bachufer. Der Bach mündete weiter hinten in einen Wasserfall, der aus der Ferne rauschte. Der Elf raschelte im Halbdunkel durch die Büsche wie ein Reh durchs Unterholz. Er war darauf spezialisiert, seinen Besitz im Gebüsch zu verstecken, so wie Hunde ihre Knochen vergraben. Er kam mit einem riesigen Rucksack zurück, der in einer wasserfesten Plane verpackt war. Die war mit Nacktschnecken gespickt.

»Did you ever sleep on a bench?«, fragte er.

»No, never.«

»No? You will love it. Once you ever start with it you can't stop.«

Da es also dämmerte, bauten wir unser Zelt heute nicht auf, sondern begannen unsere Sachen unter dem Holzdach des Pavillons auszubreiten. Pavlik versprühte wahrhaft amerikanischen Enthusiasmus. Wir würden also auf der Parkbank schlafen. Amazing, lovely, I will truly love it.

Die Bank lief rund um einen Pfeiler und war an keiner Stelle lang genug, als dass man sich hätte ausgestreckt hinlegen können. Ich schlief daher lieber auf dem steinernen, etwas feuchten Boden. Der Elf schlief auf der Holzbank. Er lag in einer Embryonalstellung gekrümmt um den Pfeiler, der das Dach trug.

Pavliks Idealwirtschaft war die Freeconomy oder Peer Economy: Die Menschen machen Arbeit für andere, wenn sie Lust darauf haben oder weil sie eine Notwendigkeit erkennen, nicht aber, weil sie Geld brauchen. Daher lehnte Pavlik auch alternative Währungen ab, etwa den Uckertaler. Er wollte nicht, dass jemand Marmelade deswegen macht, um dafür Taler zu bekommen, sondern weil er gern Marmelade macht, weil er das gut kann und einsieht, dass Marmelade notwendig und gut ist. Niemand sollte mehr Jobs machen, in die er sein Herz nicht einbringt. Für unangenehme Arbeiten, erwartete Pavlik, werde die Anerkennung in der Peer Economy steigen. Das Klo müsse erst mal genug stinken, bis jemand die Notwendigkeit sehe, es zu putzen. Das Geld verbieten würde er aber nicht wollen, allein schon, weil er keinen Staat wolle, der dies tun könnte. Er lehnte ja »künstliche« Gebilde wie Staaten ab.

Am Morgen wurde ich erst gegen sieben Uhr wach. Der Elf saß schon auf der Bank und schnitt eine Melone auf. Er hatte alle Sachen gepackt und versteckt und freute sich auf die Dusche im Bonifatiuskloster. Jogger und Hunde liefen an uns vorbei.

Wir aßen die überreife, aber nicht verdorbene Melone und Puffreis-Schoko-Riegel. Sie taten so gut.

Als wir Schwabing erreichten, stand die Kirchenuhr auf halb neun. Es war zu spät, um das Kloster rechtzeitig zu erreichen. Meine Langschläferei war schuld daran, dass der Elf schmutzig bleiben musste. Also setzten wir uns ein neues Ziel: Mittagessen finden. Ich schlug die Mensa der Universität vor, von der wusste ich, dass die Studenten dort ihre Tabletts nach dem Essen auf Fließbänder stellten, die in die Spülküche führten. Ich dachte, wir könnten an diesen Bändern darauf warten, dass halbvolle Teller vorbeirollen und wir aus ihnen Nahrung fischen wie Bären aufsteigende Lachse aus einem Wildbach.

Wir erreichten die Mensa und versuchten unser Glück, doch der Fluss führte keinen Fisch. Alle Schälchen und Teller waren leer. Aus der Küche schaute eine Spülfachkraft wachsam auf uns. Dann schwamm doch eine mickrige Plötze vorbei: Ich griff sie mir: eine Kidneybohne aus einer Essigsoße. Ich aß sie bei lebendigem Leibe und trank die Essigsoße in einem Zug. Das war dem Elfen zu blöd, er ließ weitere Salatsoßen vorbeifahren, aber grinste verschwörerisch, so als gehöre ich jetzt dazu.

Ich fühlte mich wie ein magerer Straßenhund in einem spanischen Touristenort, der um die Tische der Restaurants schleicht und auf das Mitgefühl fettleibiger Deutscher hofft. Schließlich klaute ich noch einen marinierten Champignon vom Salatbüfett, wir nahmen uns Traubenzuckerplättchen, die am Ausgang kostenlos auslagen. Pavlik sagte, als wir durch die Aula der Mensa zurück nach draußen gingen, er sei erstaunt darüber, dass auch die Studenten so brav seien in München. Wir müssten ein paar »Troublemakers« finden, sagte er wiederholt. Pavlik war ein gutmütiger Anarchist.

Die Geldwirtschaft schien Pavlik nicht viel besser als die Sklaverei. Die Sklaverei, sagte er, bedeute, dass der Eselbesitzer seinen Esel schlage, den er vor die Kutsche gespannt habe. In der Geldwirtschaft halte man dem gefesselten Esel die Karotte vor die Schnauze. Der Elf wollte eine Welt, in der alle Esel freiwillig liefen. Ich dachte an das Ökodorf Sieben Linden und an Silke, deren Pferde ja auch freiwillig liefen und zu der wir Hilfsarbeiter auch freiwillig gelaufen waren.

»Was war dein erster Job?«, fragte er mich.

»Als Schüler war ich Fahrradkurier bei einem Buchladen, Jonscher, zweimal die Woche.«

»Hättest du das ohne Geld gemacht?«

»Nein, natürlich nicht. Es hat manchmal auch Spaß gemacht, aber oft hatte ich auch keine Lust, es hat geregnet und geschneit, und ich musste immer fahren. Nein, ohne Geld hätte ich das nicht gemacht.«

»War es denn sinnvoll?«

»Kann ich nicht beurteilen, die Lieferungen waren meist Zeitschriften für Ärzte oder Anwälte, ich habe nie reingeguckt. Also sagen wir ›Arzt-Zeitschriften‹ … Das finde ich weder sinnvoll noch sinnlos, für die Ärzte wird es Sinn gemacht haben, zumindest für die Verlage, ich bewerte das nicht, ich finde es neutral.«

»Ich hätte mir eine Liste geben lassen mit allen Bestellungen und klar gesagt, was ich liefere und was nicht. Zum Beispiel: Ich liefere gern die Zeitschriften für Anwälte, aber keine Porno-DVDs.«

Die Zeitverluste in einer solchen Welt der totalen Konsequenz wären enorm. So wie gestern: zehn Stunden Laufen für einen Tee und ein schimmliges Abendessen.

Auf dem Studentenkongress in Bochum, von dem Pavlik angereist war, hatte er über die Zukunft der Universität in einer Welt ohne Geld referiert, was ja auch eine Welt ohne Studiengebühren sein musste, weshalb die Organisatoren des Asta Pavlik in ihr Programm aufgenommen hatten. Doch bei seinem Vortrag fragte er zur Überraschung der Studenten in die Runde: »Wer von euch hat denn schon mal die Klos geputzt in der Uni? Und wer den Flur gewischt?« Es sei still gewesen, niemand habe sich gemeldet.

In Amerika hatte sich Pawel angewöhnt, keine Formen mehr von *to be* zu verwenden. Er hielt es für falsch, dadurch Identitäten zu schaffen. Er hätte nie gesagt: »Ich bin ein Elf.« Er sagte: »Ich betrachte mich als einen Elfen.« Niemand »sei« ein Journalist. Sondern arbeite vielleicht als Journalist, aber sei auch Fußballspieler, Gitarrist, Koch, Pilzesucher oder Familienvater. Immer dann, wenn ich einen Satz mit einer Form von »sein« sagte, verbesserte mich Pavlik sofort.

Erich Mühsam hatte einen der Aussteiger von Ascona so beschrieben, als habe er den Elfen Pavlik gemeint: »Sein Ideenkreis war ein sehr begrenzter, aber innerhalb seiner Begrenztheit doch ein sehr tiefer.«

Tags darauf wollte Pavlik gern Studenten von der Welt ohne Geld erzählen. Wir gingen, um einen Ansprechpartner zur Verwirklichung dieser Idee zu finden, ins Asta-Gebäude und klopften an die Büros der Studentenvertreter. Eine Studentin öffnete uns. Pavlik erörterte ihr seine Philosophie.

»Ich nenne mich einen Elfen«, sagte er, und sie schaute verständnisvoll. Und da morgen der Tag des weltweiten Studentenprotestes sei, wie sie ja sicher wisse, wolle er einen Vortrag anbieten. Die Studentin wusste nichts von diesem Weltprotesttag. Sie gab sich interessiert, ging an ihren Rechner und trug Pavliks Ansinnen als Terminankündigung in die Facebook-Gruppe »Asta LMU« ein.

»Dein Name war Pavlik?«, fragte sie.

»Nein, Elf Pavlik.«

Im Nebenraum standen Computer mit kostenlosem Internetzugang. Der Elf setzte sich an einen und schrieb an Dutzende Studenten, deren E-Mail-Adressen ihm die Studentenvertreterin gegeben hatte:

Hello,
I call myself elf Pavlik (…). Since I personally prefer working on practical solutions for problems over protesting, I proposed oganizing workshops in interested universities with goal of starting that day working groups which will work on:

** gathering and publishing information on current organizational details of educational institutions they participate in*

** clarifying challenges and problems which make them unhappy*

** working on preparing detailed and realistic proposals of changes which we can make to solve those problems*

(…) Since I currently stay in München I would like to help with organizing working group(s) in Ludwig-Maximilians-Universität München. I apologise for such a short notice (16th is tomorrow!) currently I camp in Englischer Garten and had hard time with finding internet access =)
Since I don't have easy internet access I will just wait tomorrow June 16th, Wednesday from 9AM at Studentenwerk LMU

München, Leopoldstr. 15 in front of the Asta office. I write this email from here using one of those fancy Mac computers. I will wait here until 11AM unless some of you find it interesting and decide to join, than we can spend the rest of the day working on the topic!
To explain shortly what I do in München. Since May 2009 (little over year) I live strictly without using money, and I already lived most of 2008 without using money in California. Person named Jan who writes a book about alternative ways of living asked me for an interview, we ended up deciding to spend together few days somewhere without using money (...)
I apologise again for such a short notice and possibly confusing email. I invite everyone interested to participate in working group tomorrow solidarizing with students around the globe in Day of United Symbolic Actions (...)
Hope to see you tomorrow,
elf Pavlik

Tags drauf ab neun Uhr wollte er also auf interessierte Studenten warten, um mit ihnen Zukunftsfragen zu diskutieren. Unterdessen war es 15.09 Uhr, und mein Hunger war größer als der Englische Garten.

Träumen auf Nacktschnecken

Auf dem Klo des Münchner Studentenwerks trank ich am Wasserhahn eine Minute wie ein Kalb am Euter seiner Mutterkuh, denn wir hatten heute überhaupt noch kein Wasser gefunden, nur etwas Essigsoße, zum Essen hatte es eine Kidneybohne gegeben, ein Melonenstück und die übliche Puffreisschokolade.

Wir gingen über die Leopoldstraße zum Lidl. Um fünf erreichten wir ihn, und wieder hatten wir Glück: Alle Container auf dem Parkplatz waren offen und voll. Doch leider hatte sich das Waschpulver einer aufgeplatzten Packung über Früchte und Camemberts gelegt wie Neuschnee über eine Almwiese. Die Brote hatten das Waschmittel aufgesogen. Vermeintliche Joghurts entpuppten sich bei genauerem Hinsehen als Becher mit abgelaufener Katzenmilch. Aber wir fanden auch genießbare Äpfel und einen Käse und gingen damit wieder zum Friedhof.

Dort setzten wir uns an den Rand eines Bassins aus Marmor und wuschen mit dem klaren Wasser, das für die Grabpflanzen gedacht war, das Obst. Mit Blick auf das Grab der Familie Westermeier aßen wir Äpfel und Käse mit dem Toastbrot von gestern. Einen Zehnerpack Eier versteckte Pavlik, der sich als Elfen bezeichnete, hinter einem Busch. Er wollte sie tags darauf wieder abholen und für die Studenten braten, die zu seinem Workshop kommen würden.

»Der Grund, warum ich kein Geld mehr benutze, ist einfach«, sagte er, »weil ich klar sehe, dass es keine Zukunft hat.«

Manchmal kam er mir in seinem Idealismus vor wie der heilige Franziskus, der Unternehmersohn. Auch er hatte nach der Einsicht gelebt, dass keinerlei Eigentum die Verhältnisse unter den Menschen regeln solle. Denn sonst, meinte Franziskus, leide die liebende Aufmerksamkeit für den anderen, das gesellschaftliche Miteinander insgesamt. Die Franziskaner machten es sich deswegen zur Regel, dass die Brüder kein Geld annehmen sollen, weil Geld die Beziehungen zerstöre.

Am Abend bauten wir in einem Waldstück, das von keinem Spazierweg einsehbar war, Pavliks Igluzelt auf. Als es im Englischen Garten inmitten von knöchelhohen Wucherpflanzen stand, gingen wir für die Abendtoilette in einen nahen Biergarten. Wegen des Nieselregens waren die Tische und Bäume verwaist, sie standen traurig da wie Ruderboote in einem Seehafen im Herbst. Auf der Toilette putzten wir uns die Zähne. Draußen saßen immerhin drei Zuschauer in Regenjacken unter dem Dach der alten Bäume und sahen auf einer Leinwand das Fußballspiel Brasilien gegen Nordkorea. Auch wir guckten uns die zweite Halbzeit an. Die Nordkoreaner spielten, so sagte der Kommentator, in ihrem Heimatland bei Fußballvereinen, die »Ministerium für Staatssicherheit« oder »25. April« hießen, nach dem Gründungstag der Armee. Sicher fanden es in diesem Moment die Parteifunktionäre vor ihren nordkoreanischen Schwarzweißfernsehern auch merkwürdig, dass in Europa Fußballvereine »Red Bull« oder »Bayer« hießen, und die Funktionäre dachten wohl: »Finsterer Kapitalismus!«

Ich fragte den Elfen, ob ich ihn am nächsten Tag zum Essen einladen dürfe. Er lehnte das entschlossen ab. Damit würden wir den Geldfluss weiter ankurbeln, und er könne es nicht gutheißen, wenn im Lokal Kellner arbeiteten, die dies nicht deswegen täten, weil sie uns gern bedienten, sondern für Geld.

Wir gingen im Dunkeln zum Zelt. Durch die Büsche schwebten Glühwürmchen, sie leuchteten grün und flogen so gerade durch die Luft, als ziehe sie ein Waldgeist, der seiner Geliebten eine Perlenkette schenken wollte, auf eine Nylonschnur auf. Ich beleuchtete das Zelt mit meiner Taschenlampe. Seine Außenhaut und der Eingang waren voller Nacktschnecken.

Um halb sechs zwitscherten die Vögel, als seien sie von Sinnen. Wir schlüpften aus dem Zelt heraus. Pavlik versteckte den Rucksack, das Zelt blieb stehen. Wir gingen los, um heute rechtzeitig die Klosterdusche zu erreichen.

Urwald, Bäche, Radfahrer, Wege, Regen. Meine Füße schmerzten. Nach zwei Stunden erreichten wir Sankt Bonifatius. Es war acht Uhr, und es gab heiße Dampfnudeln mit Vanillesoße, Früchtetee und Joghurts. Pavlik holte sich eine Dusch- und eine Kleidermarke. Dem Zivildienstleistenden, der einen seltsamen Oberlippenbart trug und die Marken vergab, erzählte der Elf von dem Hintergrund seiner Bedürftigkeit. Es handle sich um ein Experiment, und so weiter.

Was würde er wohl in zehn Jahren sagen? Jetzt wirkte er noch jugendlich, und man nahm ihm seinen Idealismus ab, doch irgendwann würde jeder ihn für einen Trinker halten, der er ja niemals werden würde. Man gab ihm einen Termin zum Duschen in einer halben Stunde. Pavlik bot dem Zivildienstleistenden, wie immer, wenn er Hilfe annahm, an, dass er selbst auch gern bei irgendeiner Arbeit mithelfen wolle, doch, wie üblich in der professionellen Armenhilfe, war das nicht vorgesehen.

Einige Gesichter erkannte ich aus der Bahnhofsmission wieder. Ein Mann, der an unserem Tisch saß, hatte seinen Kopf auf seine auf dem Tisch verschränkten Arme gelegt und schlief. Ein junger Mann mit ganz entrücktem Blick und halb verfaulten Vorderzähnen saß mir schräg gegenüber. Er zeichnete mit einem Kugelschreiber Porträts anderer Essensgäste. Wenn eins fertig war, ging er stolz wie ein kleines Kind zum Porträtierten, um ihm das Werk zu zeigen. Die Leute quittierten seine Kunst mit schiefen Blicken oder unbeteiligtem Nicken. Dann ging der Mann zurück und zeichnete den nächsten Gezeichneten. Die Gesichter traf er recht präzise. Sie hatten etwas Karikaturistisches.

Nach der Dampfnudel gab es Erbsensuppe. Ich sollte für Pavlik eine mitbringen, wenn sie vegan sei. Der Koch sagte leicht gereizt, ja, sie sei vegetarisch. Ich holte zwei Teller Suppe, doch darin schwammen Speckstücke. Pavlik sagte: »Igitt. Wenn ich das äße, wäre es für mich so eklig, wie Menschenfleisch zu essen.« Ich aß also beide Teller der Menschenfleischsuppe, morgens um neun nach einer Dampfnudel, zwei Actimel und einer Banane, nachdem es gestern fast nichts zu essen gegeben hatte außer Puffreis und einem Friedhofskäse. Mein Magen fühlte sich an wie mit Steinen gestopft.

»Pavlik«, fragte ich, »hast du manchmal das Gefühl, mehr zu nehmen als zu geben?«

Nein, sagte er, heute nehme er zwar Kleider und Dampfnudeln, aber dafür helfe er der Menschheit mit seinen Gedanken über das Geld, in den nächsten dreitausend Jahren in Harmonie leben zu können, ohne all die alten Fehler zu wiederholen. Im Verzicht darauf, Schlechtes zu tun, sah er einen wertvolleren Beitrag als den der Leute, die ihre Rechnungen pünktlich zahlten, dann aber einen Berg Müll hinterließen.

Pavlik ging zum Duschen. Rechts neben mir saß ein Obdachloser, Ende fünfzig, in T-Shirt und Trainingshose. Er las wie entrückt in der Bibel. Ich musste mit jemandem reden nach dem vielen Zuhören und erzählte Achim, dem Obdachlosen, von den Ansichten des Mannes, der sich »Elf« nannte. Achim blickte auf und sagte ernst wie eine Priesterin im Orakel von Damanhur: »Der Weg, den er geht, ist genau der richtige. Er hat eine Wahrheit erkannt und folgt ihr. Will ein edler Mensch sein. Er muss daran verzweifeln. Damit er Gottes Gnade findet, damit er die Gnade erkennt. Sein Leben ohne Geld ist auch eine Art, sich über andere zu erheben. Es ist vom Wort Gottes abweichend, sich eigene Gebote aufzustellen. Der Herr schickt seine Kinder in die Verzweiflung, damit sie an sich verzweifeln und ihn erkennen.«

Als ich von dem Kölner Kloster und den Novizen erzählte, sagte er: »Gottes kleine Kinder sind hier zu finden, nicht in den Klöstern und Gottesdiensten. Diese Priester wollen den Menschen beim Suchen von Gott helfen, aber sie haben ihn doch selbst nicht gefunden.«

Pavlik kam zurück. Im Keller war er Meister Proper begegnet. Er trug ein blütenweißes T-Shirt und neue weiße Socken aus der Spendenkiste. Auch hatte er sich Boxershorts genommen, weiß und mit Geiermotiven verziert. Die Geier trugen Weihnachtsmannmützen, obwohl es Juni war. So war es eben in Wühlkistenwelten. Elf hatte es jetzt eilig. Es war neun Uhr, und er musste schnell ins Asta-Büro, wo hoffentlich viele Studenten auf ihn warteten. Er ging vor.

Ich sprach noch kurz mit Achim. Er stammte aus der Pfalz und war ein Evangelikaler. Hier in München schlief er hinter Büschen. Er war kein echter Obdachloser.

»Journalist?«, erschreckte ich mich.

Nein, aber auch er machte ein Experiment. Ein paar Wochen unter Obdachlosen leben. Bis vor ein paar Tagen war er noch in Frankfurt gewesen, er reiste durchs Land und lebte wie ein »Penner«. Seinen Beruf und seinen Nachnamen wollte er nicht verraten. Seine Theologie klang orthodox: »Diese Klagen, was Gott alles an Elend zulasse auf der Welt, sind immer ein mutwilliges Beiseiteschieben. Denn die Menschen, die das beklagen, sehen nicht, was alles Gutes geschieht im Elend und Krieg, wie viele Leute dann wieder beten, wie die Schöpfung sich dem Schöpfer zuwendet.« Aber Achim hatte noch kein Erdbeben erlebt. Ich erzählte wieder von Pavlik. Achim schlug in seiner Bibel die Stelle 1. Timotheus 6, 10 auf und las vor: »Die Geldliebe ist die Quelle alles Bösen.«

Pawel Jósef Stanczyk entsagte der Quelle alles Bösen nun konsequent. Weihnachten 2008 hatte er Amerika verlassen. Er flog auf Kosten seines Vaters nach Polen, denn er wollte seine liebe Großmutter noch einmal besuchen. Dann aber wusste Pawel nicht mehr, was er machen sollte. Er wurde im Eindruck vieler polnischer Fleischklößchen erst mal Vegetarier. Er entschloss sich dazu, gegen Kost und Logis auf Bauernhöfen zu leben. Sein Vater sagte zu Pawel, er sei doch der Anwalt des Teufels: Auf Geld zu verzichten sei reiner Irrsinn. Seine Mutter, die in zweiter Ehe in der Schweiz lebte, sagte ihrem Sohn, er sei doch verrückt. Geld werde es immer geben. Seiner Oma erzählte Pawel, es brächen wunderbare Zeiten für Elfen an, wenn bald viele Menschen ohne Geld lebten. Aber auch sie sagte ihm, er sei verrückt, er solle doch als Programmierer arbeiten, er sei so ein kluger Junge. Im Mai vergangenen Jahres benutzte er dann das letzte Mal Geld. Er kaufte sich als vegan beworbene Wanderschuhe, das waren Schuhe ohne Leder, und ein Flugticket nach Portugal, wo er das Ökodorf Tamera besuchte.

Von diesem Tag an war er der Elf Pavlik.

Von Tamera aus reiste er durch Europa, wohin ihn der neue Tag trug. Im Sommer zeltete er, im Winter lebte er in einer Hausbesetzerkommune in Berlin, vier Monate in einem Raum, in dem es vielleicht fünf Grad warm war. Von seinen Gastgebern lernte er die Kunst des Containerwühlens.

Feuerzeuge, Messer oder was er sonst an Werkzeugen brauchte, fand er in Mülleimern, Trinkwasser in öffentlichen Toiletten, und in ein Krankenhaus hatte er, seitdem er Elf war, noch nie gehen müssen. Aber er gab sich zuversichtlich, dass sich dann schon ein Arzt finden werde. Er kochte bei Gleichgesinnten, meist bei Hackern, Anhängern der Open-Source-Ökonomie, die er in Internetforen kennenlernte.

Wenn er beim Schwarzfahren erwischt wurde, zeigte er dem Kontrolleur seinen selbstgebastelten Ticketersatz mit einem Passfoto, worunter stand »No Ticket« und sein Name Elf Pavlik sowie ein paar erklärende Sätze. Bislang ließen ihn die Schaffner dann in Ruhe. In eine Polizeikontrolle war er bisher noch nicht geraten, und wenn der Staat eine Gebühr von ihm verlangen würde, etwa für das wilde Campen in öffentlichen Parkanlagen, dann würde er auch den Polizisten erklären, wer er sei, warum er so lebe, und er würde argumentieren, er habe das Gesetz, das wildes Campen verbietet, niemals unterschrieben. Er würde zu dem Polizisten nicht als Repräsentanten des Staates sprechen, sondern zu Herrn Heinz, dem Familienvater Heinz, denn auch das war einer seiner Grundsätze: Er sprach nie mit Menschen als Vertreter einer Institution, sondern immer mit dem Menschen selbst, da er ja keine künstlichen Gebilde, keine Institutionen anerkannte. Denn dass Menschen nicht mehr für sich sprachen, sondern für ein Unternehmen, eine Partei oder die Polizei, das sah Pavlik als ein Grundübel unserer Zeit an.

Meist ging mir seine Beharrlichkeit schrecklich auf die Nerven, doch manchmal fand ich ihn zum Niederknien klug. In jedem Fall war er ein Individualist, der diese Bezeichnung verdient hatte.

Elf Pavlik träumte davon, eines Tages mit der transsibirischen Eisenbahn nach Wladiwostok zu fahren, aber das war für ihn nicht möglich, ehe sich die Welt vom Geld und den Staaten emanzipiert hatte, da er seinen Ausweis vernichtet hatte und nicht mehr ausreisen konnte.

Nach der Dampfnudel-und-Speckeintopf-Party genoss ich das Völlegefühl und ging langsam durch den Regen in Richtung Asta-Gebäude. Dort saß Pavlik allein an einem Computer.

Kein Student war seiner Einladung gefolgt. Niemand hatte auf seine E-Mail geantwortet. Pavlik wirkte enttäuscht, aber sagte, es sei gar nicht schlimm, seine Ankündigung sei zu spät gewesen. Ihm sei übrigens eingefallen, dass wir die Eier vom Lidl, die wir für die Asta-Leute auf dem Friedhof deponiert hatten, am Morgen dort abzuholen vergessen hatten.

Wir gammelten den halben Tag auf einer Couchecke im Foyer des Studentenwerks herum, der Regen tobte sich draußen aus. Unser Tagesrhythmus war ganz aufs Sattwerden konzentriert. Am Nachmittag begannen wir wieder, Puffreisschnitten zu essen. Trotzdem wurden wir hungriger. Unsere letzte Wanderung führte uns abermals zum Lidl, doch diesmal waren die Container leer. Wir gingen im starken Regen weiter die Leopoldstraße hinauf, und wie eine Fata Morgana erschien ein Rewe-Markt in einem glänzenden Betonbau. Wir gingen um ihn herum, der Hintereingang stand offen, wir gingen hinein und sahen drei offene Container. Pavlik fischte alles heraus, was er fand, Kekse, Käse, Knabbereien. Doch plötzlich stand ein kräftiger Mann in einer Rewe-Schürze vor uns, zeigte auf die Überwachungskamera und fragte: »Was soll das denn werden?« Wir baten ihn darum, die Abfälle mitnehmen zu dürfen, und er sagte, wenn wir sie nicht sofort liegen ließen und das Gebäude verließen, werde er uns anzeigen. Wir gingen, und der Mann rief uns hinterher, es sei nur zu unserem Besten.

Wir hatten noch zwei Orangen und aßen sie. Immer wenn ich eine Obstschale in einen Mülleimer werfen wollte, ermahnte Pavlik mich. Er hielt mir eine gelbe Tupperbox hin, wo er organischen Abfall sammelte, um ihn bei Gelegenheit in einer Grünanlage zu entsorgen, damit die Bäume noch etwas davon hätten.

»Gib es der Erde zurück«, sagte er dann.

Wenn ein Mensch sagte, er habe ausgesorgt, weil er genügend Geld habe, ist das im franziskanischen Sinne besorgniserregend. Denn dann hat er nichts mehr, um das er sich sorgen muss. Elf Pavlik war arm und hatte sehr viele Dinge, um die er sich sorgte.

Wir gingen die Ungererstraße hinauf, die hier im Norden der Stadt bereits mit der Autobahn in einen Hässlichkeitswettbewerb eingetreten war, und im nächsten Netto-Supermarkt – ja, wir hatten unseren Netto gefunden! – waren die Container verschlossen. Meine Füße gingen durch die Hölle. Wir gingen wieder zurück, folgten dem vielbefahrenen Frankfurter Ring, der den Hässlichkeitswettbewerb gewann und nun in Gestalt einer Brücke über den Englischen Garten führte. Plötzlich bekam ich Durchfall, ich ging in die Büsche, kam heraus, es mangelte uns an Papier, wir gingen weiter, mir war übel, wir hatten wieder seit zehn Stunden nichts als Puffreis gegessen: »Vom Glück des einfachen Lebens«!

Der Elf wirkte gut gelaunt wie am ersten Tag. »Ich glaube, dass ich kein Suchender mehr bin, sondern schon sehr viel gefunden habe«, sagte er, als wir auf Steinen am Isarufer in der Abenddämmerung Rast machten, »ich habe ein sehr starkes Fundament gefunden, das mir ein Leben in echter Liebe ermöglicht. Ich bin nicht religiös, aber ich habe einen starken Glauben.«

Manchmal, wenn meine Nachfragen ihm zu verstehen gaben, dass ich eine Aussage falsch verstand, immer dann wurde seine Stimme lauter, manchmal zornig. Immer und immer wieder vergaß ich, dass es seine Prämisse war, dass in seiner Idealwelt alles freiwillig, ohne Staat und Zwang geschah. Dann wurde er laut, jetzt etwa, weil ich Bedenken gegen seine Idee äußerte, dass Kinder sich ihre Eltern in Internetplattformen, die Partnervermittlungsseiten ähnelten, frei wählen dürfen.

»Entschuldigung, wenn ich manchmal laut werde, das liegt daran, dass ich dann nicht das Gefühl habe, dass ich verstanden werde«, sagte er.

Wir erreichten nach 22.00 Uhr einen Marktkauf. Er hatte zu. Das Gewerbegebiet war menschenleer. Auch der Aldi im Feringapark hatte seine Container hinter Gitter gesperrt. Nach einer halben Stunde erreichten wir einen weiteren Aldi. Die Nacht war nun ganz dunkel, der Regen hatte sich zurückgezogen. Auf einer Betonrampe, die ins Parkhaus des Aldi-Markts führte, standen Container, sie waren offen und so voll wie keine vor ihnen. Wir waren im Paradies: Bananen, Knoblauch in Netzen, griechischer Spargel, Bio-Kartoffeln. Und Blumen, ein Container wie eine Frühlingswiese. Ordentliche Ware.

Der Elf lud sich von Euphorie erfasst seine Umhängetasche voll, er strahlte beim Anblick der Bananen und zeigte sie mir: »Exzellente Ware, so etwas werfen sie weg, so schöne Bananen.«

Ich fotografierte uns mit unserem späten Fang, wie ein Angler sich mit seinem Karpfen ablichten lässt, für den er vierundzwanzig Stunden am Wasser gesessen hatte. Und wie der Angler seinen Karpfen, so warf ich meine Teile wieder zurück in den Container und sagte Pavlik, dass ich starkes Bauchweh habe und Hunger und gern diese Nacht nicht mehr im Zelt, sondern bei einem Freund in der Stadt übernachten würde. Er fand das in Ordnung und sagte, er werde den Weg zum Zelt allein zurückfinden. Ich sah den Elfen Pavlik im Dunkel des Münchner Ostens verschwinden wie einen Wanderer im Herbstnebel.

Ich schaltete mein Handy ein, rief Luca an, wenig später blendeten mich Scheinwerfer eines Autos von der anderen Seite. Es gab ein gemachtes Bett, eine heiße Dusche, unkomplizierte Spaghetti, Bier aus einer Flasche ohne Schimmelspuren, wir sprachen über Fußball und darüber, was Bekannte gerade so machten, etwas Schöneres konnte ich mir gar nicht vorstellen.

KAPITEL 13

Edelgastronom mit Schweizer Almhütte

Rudolf Wötzel hatte sein halbes Leben für Banken gelebt. Zuletzt arbeitete er bei der Investmentbank Lehman Brothers als Deutschlandchef Mergers and Acquisitions. Wötzel beendete diese Hälfte seines Lebens mit einer Kündigung, noch bevor die Bank pleiteging, und wanderte von Salzburg bis nach Nizza über hundertneunundzwanzig Alpengipfel, und als er zurück war, schrieb er darüber ein Buch, in dem kaum ein Gipfel fehlt.

Das Buch hat den Titel *Über die Berge zu mir selbst. Ein Banker steigt aus und wagt ein neues Leben.* Bis nach Nizza musste der Banker Wötzel also laufen, um dort am Strand den alten Rudi wiederzufinden. Der Gang nach Canossa war von Erfolg gekrönt. Dann fuhren Herr Wötzel und Rudi wieder vereint zurück und ließen sich auf halber Strecke in einem Schweizer Bergdorf nieder.

Im Buch beschreibt Rudolf Wötzel auch sein früheres Leben. Er bemüht sich nicht darum, es zu beschönigen, und man fragt sich beim Lesen, wie es ein im innersten Kern guter Mensch in einem Milieu, das er rückblickend als derart widerlich beschreibt, so lange aushalten konnte. Der Autor jedenfalls greift zum beliebten Verdrängungsmittel der schizophrenen Persönlichkeitsspaltung: Der Icherzähler stapft heroisch durch den

Gipfelschnee und nennt sein früheres Selbst in kursiv gedruckten Rückblicken nur noch »Herr W.«.

Dieser W. war ein Opportunist und machthungriges Arschloch, das in einem »Söldnergewerbe« seinen Weg nach oben gemacht hatte. W. ekelte sich aber zunehmend vor sich selbst, war manchmal von Schuldgefühlen geplagt, nahm trotzdem eine Karrierestufe nach der anderen. Er lernte die Spielregeln einer empathielosen Welt, maximierte Boni und Arroganz, ein Mann ohne Eigenschaften, der hohes Ansehen genoss in der emotional verkrüppelten Finanzaristokratie.

Eigentlich habe er sich für die Karriere prostituiert, reflektiert Rudolf Wötzel im Buch:

> Der Banker ist eine Edelhure. Bodylease hieß das im Beraterdeutsch, der Kunde bestimmt den Service. (...) Worin bestand eigentlich der Unterschied zwischen Herrn W. und einer brasilianischen Escortdame, die ein paar Jahre lächelnd rund um die Uhr ihren Kunden zu Diensten steht, um sich dann zur Ruhe setzen zu können?

Intellektuell und moralisch war Wötzels alte Welt so verwahrlost wie die der Päpste im Avignon des vierzehnten Jahrhunderts. Die Bergwanderung, auf der sich Wötzel auch mehrmals in Lebensgefahr brachte, wirkte wie ein Bußgang, wobei Wötzel in unseren Gesprächen zu meinem Erstaunen betonte, Schuld oder ein schlechtes Gewissen seien kein Thema für ihn, er habe sich in seinem früheren Leben immer an Recht und Gesetz gehalten, »im Ordnungsrahmen der demokratisch-freiheitlichen Grundordnung«.

Jetzt war Wötzel Buchautor und lebte im Ort Klosters in Graubünden. Ich saß in der Rhätischen Bahn, die wie in einer

Märklin-Modelleisenbahnwelt in Richtung Davos fuhr. Ich las Wötzels Buch. »Sein Grund: Sinnkrise, Burn-out, Zweifel am System«, stand auf dem Buchrücken. »Seine Vision: ein neues Leben, im Einklang mit sich selbst und der Welt.« Das Buch endete mit einem Ausblick: »Nächsten Sommer werden wir ein kleines Bergrestaurant eröffnen. Auch ein Garten gehört dazu, in ihm werden wir Salate, Kräuter und Gemüse anbauen. Mein neues Leben ist wunderbar.«

Der nächste Sommer, das war jetzt. Ich wollte dabei sein, wenn in zwei Tagen das Bergrestaurant eröffnete. Ich würde Rudolf Wötzel in seiner kleinen Berghütte besuchen und ihm bei den letzten Arbeiten helfen.

Schlappin in den Wolken

Es war der 18. Juni. Ich wartete in Klosters an der Bushaltestelle auf Wötzel. Die Lufttemperatur betrug schon wieder oder immer noch nur zehn Grad. Die Gondeln der Madrisabahn fuhren von der Talstation leer hinauf in die Wolken.

Ich hatte mein Handy wieder angestellt, um Rudolf Wötzel zu sprechen, doch ich erreichte nur seine Mailbox: »Rudi Wötzel, please leave your message.« Alle zehn Minuten wählte ich neu und hörte immer dieselbe Nachricht. Nach eineinhalb Stunden fuhr mein Gastgeber im anthrazitfarbenen Audi vor. »Hallo, ich bin Rudi, wir sind ja hier in den Bergen. Tut mir leid, ich hatte mein Mobile im Auto vergessen.«

Rudi trug eine Cordhose, schmale Lederschuhe, eine Outdoorjacke. Er wirkte gehetzt. Seine leicht gelockten schwarzen Haare hatte er mit Gel gebändigt. Ich sah wohl weniger gepflegt aus. Nach den Tagen im Englischen Garten kam ich mir vor wie ein Landstreicher: Der Bart hatte den Kampf gegen den Nassrasierer gewonnen, meine Kleider waren nicht mehr frisch. Ich entschuldigte mich, und Rudi sagte: »Macht nichts, wir sind ja in den Bergen.«

Wir kannten uns erst seit einer Minute, jeder hatte sich schon einmal beim anderen entschuldigt, und beide Male war die Sache deswegen in Ordnung, weil wir in den Bergen waren.

Von den Leuten, die ich besucht hatte, war die Mehrzahl kinderlos. Auch Rudolf Wötzel, siebenundvierzig, hatte bisher keine Zeit für Familie gehabt.

Reißend strömte ein Bach ins Tal hinab, und der Fließrichtung des Wassers entgegengesetzt kurvte Rudolf Wötzel unseren Audi die schmale Straße hinauf ins Bergbauerndorf Schlappin. Das alte Walserdorf Schlappin hatte sich in den Wolken versteckt. Als wir es trotzdem fanden, sahen wir einen Stausee, alte Steinhäuser, darunter auch das von Wötzel übernommene Berghaus Gemsli, das zwei Tage darauf seinen großen Tag haben würde.

Im Gemsli standen Stühle, lagen Kuhhornlampen und Weinkisten herum, auf dem Boden war eine Plastikplane ausgebreitet. Rudi Wötzels Hektik war begründet. Bis übermorgen war viel zu tun. Wir aßen schnell gebratene Würste, tranken ein Bier und räumten den Tisch schon wieder ab, so eine Eile war ich gar nicht mehr gewöhnt. Rudi zeigte mir mein Bett im Matratzenlager. Dort wohnte auch das portugiesische »Zimmermädchen«, wie er sagte. Sie war vielleicht sechzig. Linda trat uns in gelben Crocs und im Schlafrock entgegen. Heute war ihr freier Tag.

Wötzel fuhr hinab nach Klosters, dort lag seine größere Wohnung, und etwas weiter hatte er auch ein Edelrestaurant. War er ein Aussteiger? Er hatte der High Society jedenfalls wohl nicht abgeschworen. Aber von wie weit oben er gekommen war: Auf seiner Wanderung hatte er nach Wochen in den Bergen mal ein Klo putzen müssen und schrieb dazu im Buch: »Mein Alpin-Gulag!«

Nun war ich mit Linda allein. Wir spazierten ein Stück den Wanderweg, der am Bach entlangführte, weiter hinauf, die Gipfel lagen in den Wolken. Der Schlappinbach rauschte, und Kühe schreckten vor uns zurück, andere folgten uns träge. Das Zimmermädchen erzählte, dass an dieser Stelle im vergangenen Sommer zwei Wanderer gestorben seien, Menschen mit einer Schwäche für die Berge und einer Schwäche im Herzen.

In seinem Buch erinnerte sich Rudi Wötzel auch daran, dass er als Kind das Bilderbuch *Frederick* von Leo Lionni geliebt habe. Das ist die Geschichte von Wühlmäusen, die emsig den ganzen Sommer Vorräte sammeln und streng sind mit der Maus Frederick, die nicht mitarbeitet, sondern immer nur am Rand sitzt und sich den Himmel anschaut und die Kornblumen und die Farben genießt. Im Winter dann kehrt in der kargen Mäusehöhle Tristesse ein. Jetzt tritt Frederick auf und erzählt von den roten Blumen und dem blauen Sommerhimmel, er wird zum Dichter, und die anderen Mäuse hören ihm stundenlang zu. Auch Fredericks Träumereien waren nicht nutzlos; der junge Rudolf Wötzel war fasziniert von der Maus Frederick, nahm sie sich aber nicht zum Vorbild.

Am nächsten Morgen war das Gemsli voller Menschen. Handwerker schoben Möbel und hämmerten. Draußen war die Temperatur auf sechs Grad gefallen, und es regnete weiter. Im Kaminzimmer, das jeder Blinde für eine finnische Sauna gehalten hätte, machte das aus Deutschland stammende Personal

Schreibtischarbeit. Eine Kellnerin tippte die Getränkekarte ab. Sie suchte gemeinsam mit Rudolf Wötzel einen Namen für das Hausgetränk, einen Brennnessel-Eistee mit Zitrone.

»Was die Leute nicht kennen, da muss man sie marketingmäßig irgendwie mit neuen Worten einfangen«, sagte Wötzel. Man einigte sich auf »Gemsli-Gletscherwasser«. Der Koch brachte auf einem Probierbretterl Bergkäse mit Ingwer-Kumquat-Marmelade: »Potenzanregend.« Linda brachte uns Tee. Sie lächelte immer nur, wenn der Koch oder die Kellnerin sie auf Deutsch ansprachen, denn sie verstand kein Wort. Manchmal sagte sie: »Si, si.«

Die Kellnerin sprach mit Linda wie mit einer Idiotin: »Du finito, nix mehr Arbeit, finito jetzt«, sagte sie und schloss doch noch ein ausländisches Wort an: »Merci!« Wötzel sprach mit dem Zimmermädchen portugiesisch, er war als Banker auch eine Zeit lang in Brasilien gewesen.

Der Koch wollte ein Fußballspiel sehen, ein Techniker bemühte sich, den Empfang herzustellen, aber es gelang nicht. Rudolf Wötzel sagte: »Ich lebe schon länger ohne Fernseher und wollte hier keinen haben, aber es gibt Gäste, die kommen nicht, wenn sie eine Woche keinen Fußball sehen können.«

Für übermorgen habe er einen Spezialauftrag für mich, sagte Rudolf Wötzel. Ich würde eine Wanderung über die Berge und die nahe Grenze nach Österreich machen. Acht Stunden. Und drüben von einem der vielen Bergbauern etwas Leckeres für die Eröffnung kaufen und mit einem Rucksack voller Schüttelbrot und Schinken zurückkehren.

Das war eine gute Idee: Ich würde wandern, wie Wötzel einst gewandert war, über einen Gipfel und eine Grenze und dabei zu mir selbst finden oder zu einem Räucherschinken.

Auf seiner Wanderung hatte Herrn Wötzel immer wieder die Lebensfreude der einfachen Leute in den Bergen fasziniert. An einer Stelle, an der er schon eine Weile unterwegs ist, schreibt er in seinem Reisebericht:

> Wenn Erfolg bedeutet, seinem Herzen zu folgen und glücklich zu werden, und sei es auf die allergewöhnlichste und schlichteste Weise, dann muss ich nicht ohne Neid eines anerkennen: Der Mankeiwirt mit seiner Hütte und seiner kuriosen Passion für Murmeltiere ist weit erfolgreicher gewesen als ich mit meinem Muster-Lebenslauf und meiner Hochglanz-Karriere. Dieser Mann handelt aus innerer Überzeugung, unterwirft sich keiner Fremdsteuerung – und ist nicht gezwungen, seine Seele zu verkaufen.

Wötzel hatte ein Leben nach dem Leistungsmodell gelebt. Dazu war er von seiner statusorientierten Mutter motiviert worden, genau wie von seinem Vater, den er im Rückblick auch als engstirnigen Patriarchen beschrieb. Seine Eltern dressierten ihn auf Höchstleistungen. Doch sein Vater hatte auch ein anderes Gesicht, das er dann zeigte, wenn Vater und Sohn gemeinsam in den Bergen waren. Im Wanderurlaub, erinnerte sich Rudolf Wötzel, war sein Vater ein guter Vater.

Nach dem Abitur führte sein Leistungsweg Rudolf Wötzel ein erstes Mal in eine kleine Krise. Er war Jahrgangsbester geworden, doch das machte ihn nicht glücklich, und so blieb es auch in der weiteren Karriere: Immer wenn er ein großes Ziel erreicht hatte, schenkte ihm sein Körper einen kurzen Endorphinrausch, doch schnell machte sich dann ein Katergefühl breit, und die innere Leere musste durch ein neues Ziel aufgefüllt werden. Das war auch mir aus meinem Leben nicht ganz unbekannt.

Wötzels Selbstkritik war nach der Bankenkrise natürlich wohlfeil. Mein Eindruck war, dass er nicht aus dem Leistungsmodell ausgestiegen war, sondern sich im Rahmen des Leistungsmodells an die Erwartungen eines neuen Publikums angepasst hatte. Er stilisierte sich im Buch zum sportlichen Helden, war aber kein Held, sondern ein Banker, der dem Kollaps bei letzter Gelegenheit entgangen war.

Am Nachmittag saß Wötzel in der fast fertig hergerichteten Stube und schrieb schon an seinem nächsten Buch, einem Ratgeber mit dem Untertitel »Es ist nie zu spät für den richtigen Weg«. Er saß vor seinem Laptop, und ein Mann in einer schwarzen Lederjacke saß bei ihm am Tisch. Er guckte auf Wötzels Bildschirm, las einen Absatz und lobte den Autor sehr: »Rudi, du kannst schreiben! Du hattest in Deutsch immer eine eins, oder?«

Wötzel lächelte.

»Cleveres Kerlchen«, sagte der Mann.

Am Vorabend meiner Wanderung und der Eröffnung waren Nachbarn zum Essen eingeladen. Der eine war ein normaler reicher Schweizer im Pensionärsalter, der ausgesorgt hatte und hier seinen Sommer verbrachte, er sprach krächziges Schweizerdeutsch. Daneben saßen ein anderes Ehepaar und ein Mann aus Baden-Württemberg, der hier im Sommer als Senner arbeitete, und Rudolf Wötzel mit seiner Freundin. Ein präparierter Hirschkopf und Rehgeweihe hingen an der holzvertäfelten Wand. Der Koch, ein junger Brandenburger, war hochmotiviert. Schwungvoll stellte er die Gerichte vor: »Mit einer Idee Vanille«, sagte er, »mit einer Idee Thymian«, »... und nun eine Haselnuss-Panacotta.« Der Pensionär saß am Ende des Tisches und unterhielt alle. Die Präsentationen des Kochs kommentierte er ironisch. Mich nannte er Schreiberling.

Rudolf Wötzel lachte wie ein Rasenmähermotor, der nicht anspringen will, »Ha-ha-ha-ha – hahaha«, dann hörte er schlagartig auf, oder das Lachen ging in Husten über. Die Gesprächsthemen waren Golfspielen, Brunnenkresse, die im Tal wuchs, ob der Sommer noch kommen werde und wer schon das neue iPhone habe. Der Pensionär nahm viel Rotwein zu sich, gab sich als Kenner, und im Laufe des Abends nahm die Härte der »Chr«-Klänge in seinem Schwyzerdütsch zu. In Island gehe es den Leuten derzeit infolge der Bankenkrise schlecht, das sei ein prima Reiseziel, sagte er. Rudolf Wötzel lachte zwar laut, war aber eigentlich ein stiller Mensch. Er sagte überhaupt selten mehr als drei Sätze hintereinander.

Über die Berge zum Schinken

Am Morgen des Tages, für den der Kalender den Sommerbeginn fest versprochen hatte, lag Schlappin nicht mehr in den Wolken. Aber die Wolken waren noch da, sie waren einige hundert Meter hochgezogen. Sie ließen Schneeflocken auf das Bergdorf fallen wie Konfetti zur Eröffnung des Gemsli.

Wötzel kam mit seinem Audi aus dem Tal und lieh mir eine wasserdichte Hose und Jacke. Ich zog Plastiktüten über meine Socken, um die Füße vor dem Schneematsch zu schützen, schnürte die Wanderschuhe und setzte den Rucksack auf, mit dem ich Schüttelbrot und Schinken in die Schweiz schmuggeln sollte, und stieg den Wanderweg hoch in Richtung Schnee. Auf matschigen Pfaden ging ich an Kühen und Kiefern entlang. Wolken schwebten wie Gespenster durch mich hindurch. Auf einem gegenüberliegenden Bergkamm war die vom Nebel unscharf gezeichnete Silhouette einer Kuh zu sehen. Es schneite stärker.

Nach eineinhalb Stunden erreichte ich das Schlappiner Joch. Das war der höchste Punkt. Hier blieb der Schnee liegen und überdeckte den Weg. Darin waren keine Fußspuren sichtbar, es war offenbar länger niemand hindurchgewandert. Ich wusste nicht weiter, ging rechts an einem Bergkamm entlang, das Gefälle zum Schneefeld unten wurde steiler, mein Pfad wurde schmaler. Ich ging auf moosig bewachsenem Geröll, der Pfad war nur noch einen halben Meter breit. Ich trat unsicher auf, stützte mich mit einer Hand am Berg, rutschte aber auf dem nassen Steinboden trotzdem aus, schlitterte ein Stück hinab und krallte mich an einem Matschhaufen fest, während meine Füße an einem anderen Halt fanden. Von hier sah ich plötzlich unten auf der anderen Seite des Schneefelds eine rote Markierung am Stein, das war mein Weg. Dorthin ging ich den Pfad zurück durch das Schneefeld zurück, es war knöcheltief, das war nur ein kleines Wötzel'sches Bergabenteuer.

Ich stieg den Berg hinab, der hier schon Österreicher war. Zwei Gämsen erschraken vor meiner Erscheinung und hüpften in den Wolkenwald hinauf. Aus den Felsen sprudelten Bäche mit Urgewalt.

Nach vier Stunden erreichte ich den Ort Gargellen. Im Haus Marmotta aß ich Kaiserschmarrn, dazu lief Schlagermusik, am Tisch neben mir saß ein schwäbisches Rentnerehepaar. Sie redeten kaum miteinander, aber immer wenn er hustete, beklagte sie laut die Lautstärke seines Hustens, und es schien, als hustete er beim nächsten Mal noch lauter, um ihr seine Autonomie zu demonstrieren. Als ich die Kellnerin nach dem nächsten Schinkenbauern im Ort fragte, lächelte sie mild. Weder hier noch im nächsten Ort gebe es einen Bauern, sagte sie, nur eine Käserei gebe es, aber die habe geschlossen, es schneie ja noch und die Kühe würden erst auf die Felder gebracht. Und Schüttelbrot? Sie schüttelte nur den Kopf.

Ich wollte mein Glück in der Käserei versuchen, einem Holzhaus mit beschlagenem Fenster. Von drinnen hörte ich Männerstimmen. Der Bauer kam raus. Er hatte eine flache Stirn und glasige Augen, aber keinen Käse. Die Kühe seien erst seit gestern draußen, sagte er, Käse gebe es im Spätsommer. Weiter oben am Berg lag noch ein Hotel, aber es hatte geschlossen. Hier im Ort war der Schnee wieder Regen. Alles grau. Ich ging zurück in Richtung Schlappin. Das letzte von Menschen gemachte Stück Österreichs war eine Alm, vor der ein Kruzifix stand, aber auch die Alm war verriegelt.

Die Berge sahen aus, als habe sie jemand mit einem Filetiermesser angeschnitten, an einigen Stellen tief, an anderen ganz leicht, denn das Wasser lief in mächtigen Bächen oder kleinen Rinnsalen aus den Bergen heraus wie Blut aus einem Körper.

Ein Jäger fuhr in seinem Geländewagen vorbei. Ich fragte ihn, ob Bauern hier irgendwo Schinken verkauften, er lächelte mitleidvoll und fragte zurück, ob ich auf meiner Wanderung Wild gesehen habe. Ich verriet die beiden Gämsen, die ich auf dem Hinweg gesehen hatte, was mich sogleich ärgerte. Sie hatten sich zu Recht vor mir erschrocken.

Ich stapfte den matschigen Weg hinauf, der Wind wehte heftiger, der Regen verwandelte sich noch einmal in dicke Schneeflocken, und ich wanderte durch die Wolken in die Schweiz, wo Rudolf Wötzel an diesem Tag, an dem der Sommer begann, sein neues Leben ohne Schinken und Schüttelbrot beginnen musste.

Als ich am nächsten Tag abreiste, hatte ich nicht ein einziges Mal in Ruhe mit Rudolf Wötzel gesprochen. Mir schien es, als sei er ausgewichen. Am Mittag setzte ich mich zu ihm und bat um ein Gespräch, er aß Bratwurst und Kartoffelsalat, stocherte im Kartoffelsalat und erzählte von seinem Burn-out und von Panikattacken, die er gehabt hatte, und er sagte, er müsse sich heute noch sehr zusammenreißen, wenn er Stress verspüre. Jetzt habe er endlich einmal echte Personalverantwortung und wolle gern auch eine Familie gründen. Er hüstelte. Vielleicht war er so unruhig, weil ich ihn beobachtete, weil er die Eröffnungsfeier wegen des Schneefalls kurzfristig hatte verschieben müssen oder weil er wieder ein Buch schreiben musste. Er war ein Mann, der aus seiner Perspektive einen großen Schritt aus dem Hamsterrad gewagt hatte, auch ein Aussteiger.

Da wieder kein längeres Gespräch zustande kam, begann ich von meiner Reise zu erzählen. Irgendwann schaute er mich an und fragte: »Waren die anderen denn glücklich?«

Warum ankommen?

Jetzt bin ich wieder in meinem Leben angekommen. Da sagt nicht jeder immer, was er denkt, man spricht nicht mit dem Frank, sondern mit dem Chef, da wächst keine rot-grün gestreifte Tomate, und man weiß wirklich nicht genau, welches Blut man so an den Fingern kleben hat. Die Reise wirkt nach. Viele Weltsichten waren mir neu, auch wenn sie nicht wirklich neu waren.

Immer wieder erzähle ich von den Leuten. Gerade etwa gab es in Deutschland mal wieder einen Lebensmittelskandal, Legehennen hatten vergiftetes Futter gefressen, in das Industriefette gemischt worden waren. In der Kantine aßen wir Bauern-Omelette, und ein Kollege machte einen naheliegenden Witz über Dioxin.

»Meine Selbstversorger haben mir Eier serviert; und weißt du, was die Hühner fraßen?«, fragte ich. »Kot, den Kot der Menschen. Das ist ›Bio‹. Geschlossene Kreisläufe. Magst du denn das?«

Meine wesentlichen beiden Erkenntnisse sind »Nicht-Erkenntnisse«. Sie sind aber vielleicht gar nicht so trivial, wie sie klingen.

Erstens: *Es war gar nicht so schlimm.* Wer weiß, was noch alles auf uns zukommt und ob die Untergangspropheten mit ihrem Peak-Oil wirklich recht haben werden oder uns am Ende nicht doch die Ingenieure mit wunderbaren Windrädern vor dem Zivilisationskollaps retten und ob Multikulti nicht doch weiter funktioniert. Es war gar nicht so schlimm. Alternative Lebensformen haben auch Vorteile, und vielleicht funktionieren sie ja auch mal für mehr Menschen als bisher.

Zweitens: *Es war nie langweilig.*

Durch die Begegnung mit den Menschen, die auf Netz und doppelten Boden verzichten, geht es mir zudem so, dass ich kaum einer Sicherheit mehr traue. Das war früher anders. Es hat mich angesteckt. Ich glaube, jetzt ist es besser.

Und waren die Leute wirklich glücklich? Wahrscheinlich ist die Frage schon falsch. Glück ist so flutschig wie ein Aal. Und niemand kann es *machen*. Wer das Gegenteil behauptet, dessen Verständnis von Glück teile ich nicht, denn die Kehrseite des Glücks ist vielleicht die Tragik, die beiden scheinen miteinander rätselhaft verbunden zu sein. Beide sind häufiger bei den Lebendigen zu finden und selten bei den lebenden Toten, die ich am Anfang meiner Reise »Bürger« genannt habe. Zwar empfand ich die Lebenssituationen einzelner Aussteiger als durchaus tragisch. Sie sind aber dafür vielleicht auch manchmal glücklich. Weil man Glück nur empfangen kann. Und wer sich absichert, hat oft Empfangsstörungen.

Wenn jemand aber ein Lebensmodell als Schlüssel zum Glück verkauft, kann das nur Hochstapelei sein.

Gelegentlich machte es mir Bauchschmerzen, wenn ich beim Schreiben dachte: Beschwörst du eine neue Radikalendämmerung herauf? Die gibt es tatsächlich nur an den Rändern der Gesellschaft. Aber es gibt nicht wenige Aussteiger und meinem Eindruck nach sehr viele Menschen, die mit dem Gedanken an ein einfaches, selbstbestimmteres Leben sympathisieren. Die demografischen Umwälzungen in Deutschland und der Welt, der relative Abstieg der Alten Welt, die atomisierte Gesellschaft, vielleicht auch orientierungslose Eliten – es wäre beruhigend zu wissen, dass wir nicht in neue »zwanziger Jahre« steuern.

Foucault reiste im Rucksack mit. Getreu seiner philosophischen Weisung habe ich mir angehört, was Leute, die ja gewissermaßen Narrenfreiheit genießen, zu erzählen haben. Vielleicht waren in dem Bauchladen, den ich von der Reise mitgebracht habe, auch für den einen oder anderen Leser interessante Gedanken im Angebot. Ich habe mir auch das gemerkt: Wir haben keinen Begriff mehr von einer nichtmateriellen Realität. Wir sprechen zu wenig als Menschen zu Menschen, und die Rollenspiele kosten Energie und sind sicher der größere Quell für Entfremdung als Betonfassaden. Und wir haben keine Utopie mehr, und – zwanziger Jahre hin oder her – das ist nicht gut.

Gelegentlich hatte ich auf meiner Reise aber ebenso den Eindruck, dass es nicht gut sein muss, wenn viele an einem Ort zusammenkommen, um Gutes zu tun. Der Lehrer Ernstheinrich Meyer-Stiens hat dazu etwas Erhellendes geschrieben:

> Utopische Sozialisten (...) wollen in der Regel wahrhaftig nichts Böses. Sie wollen wie alle Idealisten immer das Gute. Aber sie wollen nur allzu leicht des Guten zu viel und oft nur das Beste. Und damit fängt das Dilemma des utopischen Sozialismus an: Man überfordert sich und andere auf dem schwierigen Weg vom Wollen zur Wirklichkeit, wenn man den Sieg des Nur-Menschenfreundlichen erwartet. Das ist die Schwachstelle aller utopischen Sozialisten und Idealisten. Denn wenn man sich nicht mehr den Bedingungen der Lebensrealitäten aussetzt, ist man – mag einer

einen noch so guten Willen haben – immer schon »auf dem Sprung, ins Böse umzuschlagen« (G. F. Hegel in seiner »Philosophie des Rechts«).

Vor zwanzig Jahren sagte Richard von Weizsäcker einmal: »Man hat den Sozialismus als feindlichen Zwillingsbruder des Kapitalismus bezeichnet. Warum sollte der Realist nicht im Utopisten seinen wahren Helfer erkennen?«

Richard von Weizsäcker! So etwas finden Bürgerliche gut. Wer oder was sind die jetzt? Der Gaukler im Odenwald hatte auch recht: Das sind Menschen mit prinzipiellem Interesse an anderen Auffassungen, Zuhörer mit grundsätzlicher Sympathie für alternative Sichtweisen. Dafür habe ich wiederum eine gewisse Sympathie. Vielleicht ist das meine persönliche Pointe: Ich bin in der bürgerlichen Welt angekommen.

Frankfurt, im Frühjahr 2011

Dank

Ich danke den Menschen, die bereit waren, mir Einblicke in ihr Leben zu gewähren, für ihren Mut und ihr Vertrauen. Ich danke dem namenlosen Selbstversorger für die interessanten Gespräche im Sommer 2009, die mein Interesse an Aussteigern weckten. Größter Dank gilt meiner Frau, die mich in umstandsvollen Monaten reisen ließ und mich mit Geduld, Zuspruch und Korrekturarbeiten unterstützte. Dank an Georg Trettin und Alard von Kittlitz für kluge Anmerkungen und Frank Jakobs für seinen wachen Blick.

Literatur im Reisegepäck

Aichinger, Ilse: *Die größere Hoffnung,* Fischer, Frankfurt, Neuaufl. 1991

Bernanos, Georges: *Tagebuch eines Landpfarrers,* Johannes, Freiburg, Neuaufl. 2009

Bloch, Ernst: *Geist der Utopie,* Faksimile der Ausgabe von 1918, Werkausgabe, Bd. 16, Suhrkamp, Frankfurt 1985

Büscher, Wolfgang: *Berlin–Moskau. Eine Reise zu Fuß,* Rowohlt, Reinbek 2004

Deckers, Daniel: »Aus der eigenen Quelle trinken. Der Orden des heiligen Ignatius von außen betrachtet«, in: *Stimmen der Zeit Spezial* 2/2006, S. 33ff.

Foucault, Michel: *Wahnsinn und Gesellschaft. Eine Geschichte des Wahns im Zeitalter der Vernunft,* Suhrkamp, Frankfurt 1973

Giacobbe, Giulio Cesare: *Wie Sie Ihre Hirnwichserei abstellen und stattdessen das Leben genießen,* Goldmann Arkana, München 2005

Hoffmann-Stier, Hedwig: »Wahrheitssucher in Ascona«, in: *Frankfurter Allgemeine Zeitung,* 23. September 1959, S. 18

Lionni, Leo: *Frederick,* Beltz, Weinheim/Basel, Neuaufl. 2010

Mühsam, Erich: *Ascona – Eine Broschüre,* Nachdruck der Schrift von 1905 in: *Von Ascona bis Eden. Alternative Lebensformen,* Schriften der Erich-Mühsam-Gesellschaft, Heft 27, S. 9ff. (darin auch Meyer-Stiens, Ernstheinrich: »Träume – Wege – Irrwege. Heinrich Vogeler: Vom Jugendstilästheten zum Malerrevolutionär«, und Piecha, Oliver M.: »Das Weltbild eines deutschen Diätarztes. Anmerkungen zum Verhältnis zwischen Lebensreform und völkischem Fundamentalismus«)

Ritter, Henning: *Nahes und fernes Unglück. Versuch über das Mitleid,* Beck, München 2004

Schwermer, Heidemarie: *Das Sterntalerexperiment. Mein Leben ohne Geld,* Riemann, München 2001

Wiechert, Ernst: *Das einfache Leben,* Langen Müller, München, Neuaufl. 2003

Wötzel, Rudolf: *Über die Berge zu mir selbst. Ein Banker steigt aus und wagt ein neues Leben,* Integral, München 2009

Zweig, Stefan: *Die Augen des ewigen Bruders,* Insel, Frankfurt, Neuaufl. 2010